Lenguaje e instituciones

Marie-Évelyne Le Poder

# Lenguaje e instituciones

## El discurso político español en Europa

PETER LANG

Bern · Berlin · Bruxelles · New York · Oxford

**Información bibliográfica publicada por la Deutsche Nationalbibliothek**
La Deutsche Nationalbibliothek recoge esta publicación en la Deutsche Nationalbibliografie; los datos bibliográficos detallados están disponibles en Internet en http://dnb.d-nb.de.

**Catalogación en publicación de la Biblioteca del Congreso**
Para este libro ha sido solicitado un registro en el catálogo CIP de la Biblioteca del Congreso.

ISBN 978-3-0343-4520-0 (Print)
E-ISBN 978-3-0343-4552-1 (E-PDF)
E-ISBN 978-3-0343-4553-8 (E-PUB)
DOI 10.3726/b20005

© Peter Lang Group AG, Editoriales académicas internacionales, Bern 2022
bern@peterlang.com, www.peterlang.com

Todos los derechos reservados.

Esta publicación ha sido revisada por pares.

Esta publicación no puede ser reproducida, ni en todo ni en parte, ni registrada en o transmitida por un sistema de recuperación de información, en ninguna forma ni por ningún medio, sea mecánico, fotoquímico, electrónico, magnético, electroóptico, por fotocopia, o cualquier otro, sin el permiso previo por escrito de la editorial.

# Índice

Lista de siglas .................................................................. 7
Introducción .................................................................. 11

## PRIMERA PARTE  CORPUS DE ESTUDIO PARA EL ANÁLISIS DEL DISCURSO DE LOS EURODIPUTADOS ESPAÑOLES

1. Corpus del currículum de los eurodiputados .......... 17
   1.1. La representación española en el Parlamento Europeo ...................................... 17
   1.2. Los datos curriculares de los eurodiputados por partido ...................................... 18
2. Corpus de los discursos de los eurodiputados ........ 29
   2.1. Los textos del corpus .......................... 29
   2.2. Los temas de interés .......................... 29

## SEGUNDA PARTE  LOS TEMAS A DEBATE

3. América Latina ...................................... 37
   3.1. El poder capitalista de Estados Unidos ............ 37
   3.2. El polvorín centroamericano .................... 40
   3.3. La defensa de los Derechos Humanos ............ 45
4. Terrorismo .......................................... 49
   4.1. La noción de terrorismo ...................... 49
   4.2. El nacionalismo vasco ........................ 50
5. La Política Regional ................................ 63
   5.1. Los instrumentos comunitarios .................. 63
   5.2. La reforma de los fondos estructurales .......... 67
   5.3. España y la política regional .................. 68
6. La Política Industrial .............................. 75
   6.1. Los instrumentos de la política industrial ........ 75
   6.2. España y la política industrial ................ 79
7. La Política Agraria Común ........................ 87

7.1. La necesidad y los objetivos de una política
   agraria .................................... 87
7.2. Los principios y los instrumentos de la Política
   Agraria .................................... 88
7.3. La aparición de los excedentes ................ 92
7.4. La nueva política agraria común .............. 94
7.5. La agricultura española frente a la CEE ........ 95
8. La política pesquera                                103
   8.1. La Europa Azul ........................... 103
   8.2. España y la política pesquera ................ 106

# TERCERA PARTE LOS DISCURSOS DE LOS EURODIPUTADOS ESPAÑOLES

9. Análisis de contenido ........................... 117
   9.1. América Latina ........................... 117
   9.2. El terrorismo ............................. 139
   9.3. La política regional ........................ 151
   9.4. La política industrial ....................... 173
   9.5. La política agraria común ................... 181
   9.6. La política pesquera ....................... 207
10. Análisis lingüístico ............................ 215
    10.1. Las características del discurso político ........ 215
    10.2. Recursos lingüísticos y estrategias discursivas en
       el discurso político ........................ 216
    10.3. Recursos lingüísticos y estrategias discursivas
       en el discurso político de los eurodiputados
       españoles. ............................... 220

**Conclusiones**                                        235

**Lista de tablas** ................................... 241
**Bibliografía** ..................................... 245

# Lista de siglas

| | |
|---|---|
| ACP | (Países: África – Caribe – Pacífico) |
| ACR | (Grupo Arco Iris) |
| AD | (Alianza Democrática) |
| AELC | (Asociación Europea de Libre Comercio) |
| AMF | (Acuerdo Multifibras) |
| AP | (Alianza Popular) |
| APRA | (Acción Popular Revolucionaria Americana) |
| ARC | (Grupo Arco Iris) |
| BEI | (Banco Europeo de Inversiones) |
| BIRD | (Banco Internacional para la Reconstrucción y el Desarrollo) |
| BRITE | (Programa de Investigación en Tecnologías Industriales) |
| BVE | (Batallón Vasco Español) |
| CAEM | (Consejo de Asistencia Económica Mutua) |
| CDS | (Centro Democrático y Social) |
| CECA | (Comunidad Europea del Carbón y del Acero) |
| CEE | (Comunidad Económica Europea) |
| CEP | (Coalición por la Europa de los Pueblos) |
| CEPAL | (Comisión Económica para América Latina y el Caribe) |
| CiU | (Convergencia i Unió) |
| COM | (Grupo Comunista) |
| CP | (Coalición Popular) |
| CTDI | (Grupo de Coordinación Técnica y de Defensa de los Diputados Independientes) |
| DE | (Grupo de los Demócratas Europeos) |
| EE | (Euskadiko Ezkerra) |
| EE. UU | (Estados Unidos) |
| EMK (MC) | (Movimiento Comunista de Euskadi) |

| | |
|---|---|
| ETA | (Euskadi Ta Askatasuna) |
| EURATOM | (Comunidad Europea de la Energía Atómica) |
| FARC | (Fuerzas Armadas Revolucionarias de Colombia) |
| FCI | (Fondo de Compensación Interterritorial) |
| FEDER | (Fondo Europeo de Desarrollo Regional) |
| FEOGA | (Fondo Europeo de Orientación y Garantía Agrícola) |
| FMI | (Fondo Monetario Internacional) |
| FMLN-FDR | (Frente Farabundo Martí de Liberación Nacional – Frente Democrático Revolucionario) |
| FSE | (Fondo Social Europeo) |
| GAL | (Grupo Antiterroristas de Liberación) |
| GATT | (Acuerdo General de Aranceles y Comercio) |
| GMC | (Grupo Mixto Congreso) |
| GMS | (Grupo Mixto Senado) |
| HB | (Herri Batasuna) |
| INI | (Instituto Nacional de Industria) |
| IP | (Izquierda de los Pueblos) |
| IRA | (Irish Republican Army) (Ejército Republicano Irlandés) |
| IU | (Izquierda Unida) |
| IVA | (Impuesto sobre el Valor Añadido) |
| LDR | (Grupo Liberal, Democrático y Reformista) |
| LKI (LCR) | (Liga Comunista Revolucionaria) |
| MCCA | (Mercado Común Centroamericano) |
| MCM | (Montantes Compensatorios Monetarios) |
| MDP | (Movimiento Democrático Popular) |
| NIC | (Nuevo Instrumento Comunitario) |
| OCDE | (Organización para la Cooperación y el Desarrollo Económicos) |
| OCM | (Organización Común de Mercado) |
| OEA | (Organización de los Estados Americanos) |
| OECE | (Organización Europea de Cooperación Económica) |

| | |
|---|---|
| ONU | (Organización de las Naciones Unidas) |
| OPEP | (Organización de los Países Productores de Petróleo) |
| PAC | (Política Agraria Común) |
| PCE | (Partido Comunista Español) |
| PDP | (Partido Demócrata Popular) |
| PDR | (Plan de Desarrollo Regional) |
| PED | (Partido Español Demócrata) |
| PIB | (Producto Interior Bruto) |
| PIM | (Programa Integrado Mediterráneo) |
| PL | (Partido Liberal) |
| PNB | (Producto Nacional Bruto) |
| PNV | (Partido Nacionalista Vasco) |
| PPE | (Grupo del Partido Popular Europeo) |
| PSC | (Productos de Sustitución de las Cereales) |
| PSE | (Partido Socialista de Euskadi) |
| PSG | (Partido Socialista Gallego) |
| PSOE | (Partido Socialista Obrero Español) |
| PSP | (Partido Socialista Popular) |
| PVD | (Países en Vías de Desarrollo) |
| PYMES | (Pequeñas y Medianas Empresas) |
| RENAVAL | (Programa de Reconversión Naval) |
| RESIDER | (Programa de Reconversión Siderúrgica) |
| RFA | (República Federal de Alemania) |
| S | (grupo Socialista) |
| SAU | (Superficie Agrícola Utilizada) |
| SEAT | (Sociedad Española de Automóviles de Turismo) |
| SELA | (Sistema Económico Latinoamericano) |
| SME | (Sistema Monetario Europeo) |
| SPG | (Sistema de Preferencias Generalizadas) |
| TAC | (Totales Admisibles de Capturas) |
| TEC | (Tarifa Exterior Común) |
| TRB | (Tonelaje de registro bruto) |

| | |
|---|---|
| UCD | (Unión del Centro Democrático) |
| URNG- | (Unión Revolucionaria Nacional Guatemalteca) |
| ZEE | (Zona Económica Exclusiva) |

# Introducción

La presente monografía tiene como objeto de estudio el discurso de los eurodiputados españoles en el seno del hemiciclo de Estrasburgo entre 1986–1987. El análisis del discurso político puede arrojar conocimientos significativos sobre los contextos (geo)políticos y las sinergias y tensiones internacionales. En este caso, el enfoque en un marco temporal y con unos actores concretos puede arrojar luz sobre la historia reciente española.

El objetivo general consiste en centrarse en los debates en los que tomaron parte los representantes españoles en el mencionado período que, de forma simbólica, cierra una década de relaciones hispano-comunitarias iniciada en 1977 con la presentación de la primera solicitud de adhesión a la Comunidad Económica Europea (CEE). En lo que concierne a los objetivos específicos, se trata de: exponer el corpus de la investigación, con vistas a analizar el discurso de los eurodiputados españoles; presentar los temas objeto de debate por su parte; y analizar su discurso sobre estos temas.

La propia investigación nos ha llevado a verificar, en primer lugar, que los eurodiputados se han interesado por temas que, considerando el período 1986–1987, tenían -y siguen teniendo- una gran relevancia para los intereses de España; y, en segundo lugar, que su discurso muestra singularidades lingüísticas específicas del discurso político.

La recogida de las intervenciones de los representantes españoles se ha llevado a cabo desde enero de 1986 hasta diciembre del año 1987. Este período ha garantizado la elaboración de un corpus representativo y simbólico, pues el 1 de enero de 1986 se firma el Tratado de adhesión, culminando la inserción de pleno derecho de España en el marco de las Comunidades Europeas; y, el 31 de diciembre de 1987, pone término a una década de relaciones hispano-comunitarias. Estas declaraciones han sido recogidas del Diario Oficial de las Comunidades Europeas (DOCE), permitiendo realizar un análisis de contenido (temático), a la vez que un análisis lingüístico de las mismas.

La estructura de la monografía consta de tres partes fundamentales: la primera de ellas, referente al corpus de estudio para el análisis del discurso de los eurodiputados españoles, se divide en dos apartados. El primer apartado, referido al corpus del currículum de los eurodiputados, muestra la representación española en el Parlamento Europeo en el período comprendido entre 1986 y 1987, por una parte, y los datos curriculares de dichos eurodiputados por partido, por otra. El segundo apartado, que se corresponde con el corpus de los discursos de los eurodiputados, alude a los textos que conforman dicho corpus, así como a los temas que suscitaron el interés de los representantes españoles; la segunda parte, relativa a los temas a debate, comprende seis apartados y radica en un análisis del discurso de los eurodiputados en temas concretos: América Latina; el terrorismo; y las políticas regional, industrial, agraria común y pesquera; la tercera parte, relativa a los discursos de los eurodiputados españoles, consta de dos apartados, y está relacionada, por un lado, con un análisis de contenido de sus discursos sobre los temas de interés anteriormente mencionados y, por otro, con un análisis lingüístico de los mismos.

Antes de adentrarse en el cuerpo de la investigación, es importante fijar en unas líneas el contexto de la adhesión de España a la CEE.

Este país ha ejercido una gran influencia sobre la historia del arte, la religión, la ciencia y la filosofía. Sin embargo, en repetidas ocasiones, se ha visto apartado del desarrollo económico y político de la Europa democrática.

Limitándose al período más reciente de su historia, a lo largo del siglo XIX, conoció el aislamiento. La guerra de Independencia, los conflictos civiles, así como la emancipación de las últimas colonias favorecieron el recogimiento canovista, caracterizado por un rechazo a tomar parte en asuntos, tanto internos como externos, y un proteccionismo cada vez más feroz. Décadas más tarde, la Guerra Civil y Segunda Guerra Mundial, con las inevitables sanciones internacionales que conllevaron, no hicieron más que agravar este repliegue; una situación que empeoró con el régimen franquista que significó el alejarse de España del resto del continente europeo.

Tras la muerte de Franco, el pueblo español demostró su voluntad de integrarse en la Comunidad Económica Europea (CEE), una voluntad que se había manifestado en 1962 por razones esencialmente económicas, pero que entonces no había sido considerada, ya que solo los estados democráticos podían soñar con ser miembros del tan codiciado "club comunitario".

La adhesión a la CEE suponía acabar con el proceso de transición que había permitido a España pasar de la dictadura a la democracia. Dos acontecimientos fueron determinantes en este proceso: por una parte, la Constitución de 1978 y, por otra, las elecciones legislativas de 1982

Introducción 13

que marcaron la victoria del Partido Socialista Obrero Español (PSOE) de Felipe González. Esta victoria muy significativa de los socialistas dio pruebas de que la alternancia política era posible.

Tras la transición, le tocaba a España asumir el paso hacia la modernización y adaptarse a la norma comunitaria. Había llegado el momento de que concentrase todas sus fuerzas en la integración europea, cuyo primer paso se había dado en julio de 1977 con la transmisión a Bruselas de una solicitud de adhesión.

Las razones que motivaban la voluntad de integración por parte de España eran de orden económico y político.

Desde una perspectiva económica, el poder atractivo de la CEE era indiscutible. Esta organización europea agrupaba democracias occidentales que contaban con varios millones de ciudadanos, a la vez que simbolizaba una Europa de progreso y bienestar. Además, representaba un enorme potencial humano, industrial y tecnológico, empeñada en mantener su soberanía frente a las grandes potencias mundiales. Supuestamente, la adhesión impulsaría la economía nacional con la puesta en marcha de políticas de saneamiento, innovación y reestructuración para adaptarse a las estructuras productivas europeas. Asimismo, la economía española, acostumbrada a vegetar bajo la protección del Estado, tendría que afrontar el desafío de la libre competencia existente en los demás países miembros de la Europa comunitaria.

A nivel político, la integración se plasmaría en una mutación histórica que insertaría a España en la familia de las naciones ricas y democráticas. De este modo, se descartaría cualquier retorno a un régimen dictatorial, puesto que los valores de libertad y respeto por los Derechos Humanos constituían el patrimonio común de los Estados miembros de la CEE (hoy Unión Europea).

¿Tendría sentido la identidad europea sin la presencia de España en el seno de la CEE? ¿Tendría sentido el proyecto comunitario sin la presencia de España en el seno de dicha Comunidad?

Una vez la adhesión hecha realidad, el Parlamento Europeo, elegido democráticamente por los habitantes de cada país miembro, iba a posicionarse como el lugar idóneo para que se expresase la voluntad del pueblo español de formar parte de la Europa comunitaria.

# PRIMERA PARTE

# CORPUS DE ESTUDIO PARA EL ANÁLISIS DEL DISCURSO DE LOS EURODIPUTADOS ESPAÑOLES

El corpus está constituido por el currículum de los eurodiputados españoles presentes en el Parlamento Europeo entre 1986 y 1987, así como por los discursos que pronunciaron durante este período.

# 1. Corpus del currículum de los eurodiputados

Esta información es relevante para confeccionar un corpus de actores que ayude a determinar las características de cada uno de ellos. Del mismo modo, en el proceso discursivo en el que están involucrados, los actores como representantes elegidos por la ciudadanía son responsables del uso que hacen de la palabra. Consecuentemente el análisis de sus perfiles es clave para poder cruzar sistemáticamente la información entre "textos y hablantes, responsabilidad e identidades, participación y voto" (Palacios Sierra y Sierra, 2009: 389).

## 1.1. *La representación española en el Parlamento Europeo* Representantes procedentes de la legislatura de 1982

Los eurodiputados encargados de representar a España entre enero de 1986 y junio de 1987 (hasta la fecha de celebración de las elecciones europeas, concretamente), fueron designados por los propios partidos políticos entre los diputados y senadores de la legislatura de 1982, conforme a la representación proporcional de cada grupo en ambas cámaras, como muestra la Tabla 1.

Tabla 1 *Los eurodiputados elegidos por partido (enero de 1986–junio de 1987)*

| Partido | Eurodiputados |
|---|---|
| Partido Socialista Obrero Español (PSOE) | 28 |
| Coalición Popular (CP) | 17 |
| Partido Nacionalista Vasco (PNV) | 2 |
| Convergència i Unió (CiU) | 2 |
| Unión del Centro Democrático (UCD) | 1 |
| Grupo Mixto Congreso (GMC) | 1 |
| Grupo Mixto Senado (GMS) | 1 |

Representantes procedentes de las elecciones europeas de 1987
Los eurodiputados cumplieron con sus funciones hasta que las elecciones europeas del 10 de junio renovasen parcialmente la representación española, con la consiguiente composición que se indica en la Tabla 2.

Tabla 2 *Los eurodiputados elegidos por partido (tras las elecciones europeas de 1987)*

| Partido | Eurodiputados |
|---|---|
| Partido Socialista Obrero Español (PSOE) | 28 |
| Alianza Popular (AP) | 17 |
| Centro Democrático y Social (CDS) | 7 |
| Convergencia i Unió (CiU) | 4 |
| Izquierda Unida (IU) | 3 |
| Coalición por la Europa de los Pueblos (CEP) | 1 |
| Herri Batasuna (HB) | 1 |

## 1.2. Los datos curriculares de los eurodiputados por partido

Los datos curriculares proporcionan información relativa a la profesión y formación de los eurodiputados como se señala en las Tablas 3 a 12.

Los datos curriculares de los eurodiputados por partido

Tabla 3 *Profesión y formación de los eurodiputados del PSOE*

| Eurodiputados | Profesión | Formación |
|---|---|---|
| Álvarez de Paz José | Abogado, periodista y profesor | Licenciado en Derecho, y estudios universitarios en Teología y Filosofía por la Universidad Complutense de Madrid |
| Arbeloa Muru Víctor Manuel | Sacerdote, historiador, escritor y poeta | Licenciado en Teología e Historia de la Iglesia por la Universidad Gregoriana de Roma. Licenciado en Filosofía y Letras por la Universidad Complutense de Madrid |
| Barón Crespo Enrique | Abogado y profesor | Licenciado en Derecho por la Universidad Complutense de Madrid; en Administración de Empresas por ICADE; y por la Escuela Superior de Ciencias Económicas y Empresariales de París (ESSEC) |
| Barral Agesta Carlos | Editor y poeta | Licenciado en Derecho por la Universidad de Barcelona |
| Bayona Aznar Bernardo | Profesor | Doctor en Filosofía por la Universidad de Alcalá |
| Bru Purón Carlos María | Notario | Licenciado en Derecho por la Universidad Complutense, completando sus estudios en La Sorbona |
| Bueno Vicente José Miguel | Profesor y consultor en empresas | Licenciado en Ciencias Físicas y Doctor en Ciencias Políticas por la Universidad Complutense de Madrid |
| Caamaño Bernal Esteban | Sindicalista y arrumbador | Trabajador del Gremio de la Vid y de la Empresa Terry del Puerto de Santa María |
| Cabezón Alonso Jesús | Director de teatro | Estudios de Derecho en la Universidad de Valladolid. |
| Cabrera Bazán José | Abogado, profesor universitario y jugador de fútbol profesional | Doctor en Derecho por la Universidad de Sevilla |

*Continuada*

| Eurodiputados | Profesión | Formación |
|---|---|---|
| Cano Pinto Eusebio | Periodista | Licenciado en Ciencias de la Información por la Universidad Complutense de Madrid; en Filosofía y Letras por la Universidad de Salamanca; y diplomado superior en la "École des Hautes Études en Sciences Sociales" de París |
| Colino Salamanca Juan Luis | Abogado y funcionario del Cuerpo General Técnico de la Administración Civil del Estado | Licenciado en Derecho por la Universidad de Valladolid |
| Colom i Naval Joan | Profesor universitario | Doctor en Ciencias Económicas y Empresariales por la Universitat Autònoma de Barcelona |
| Duarte Cendán José Manuel | Médico especializado en psiquiatría | Licenciado en Medicina por la Universidad de Cádiz |
| Dührkop Dührkop Bárbara | Profesora universitaria | Licenciada en Humanidades por la Universidad de Upsala |
| Estrella Pedrola Rafael | Diplomático. Embajador del Reino de España en Argentina | |
| Flores Valencia Elena | Profesora universitaria | Licenciada en Ciencias Políticas y Económicas (especialidad Estudios Internacionales) por la Universidad Complutense de Madrid |
| García Arias Ludivina | Profesora de enseñanza secundaria | Licenciada en Historia Universal por la Universidad Nacional Autónoma de México |
| García-Pagán Zamora Antonio | Economista | Licenciado en Ciencias Económicas por la Universidad Complutense de Madrid |
| García Raya José Luis | Funcionario del Servicio Nacional de Productos Agrarios (SENPA) | Estudios de Magisterio |
| Grimaldos Grimaldos Julián | Fraile, profesor de enseñanza secundaria y traductor | Estudios en el Seminario Menor de Leganés y Licenciado en Filología Inglesa por la Universidad de Cambridge y la Universidad de Londres |

Los datos curriculares de los eurodiputados por partido

Tabla 3 Continuada

| Eurodiputados | Profesión | Formación |
|---|---|---|
| Herrero Merediz José Ramón | Abogado | Estudios de Derecho por libre en la Universidad de Oviedo |
| Luis Paz Zenón José | Maestro de EGB | |
| Miranda de Lage Ana Clara | Secretaría de hospitales y sindicalista | Diplomada en Estadística Hospitalaria y estudios de Filosofía y Derecho |
| Medina Ortega Manuel | Jurista y profesor universitario | Licenciado en Derecho por la Universidad de La Laguna; Doctor en Derecho por la Universidad de Madrid; y Máster en Derecho Comparado por la Universidad de Columbia |
| Morán López Fernando | Diplomático y escritor | Licenciado en Derecho y en Ciencias Económicas por la Universidad de Madrid y estudios en la Escuela Diplomática |
| Oliva García Francisco | Abogado y funcionario de la Escala Técnica Superior del Instituto Nacional de Empleo (INEM) | Licenciado en Derecho por la Universidad de Granada y estudios de Criminología en la Universidad Complutense de Madrid |
| Planas Puchades Luis | Inspector de Trabajo y de la Seguridad Social y diplomático | Licenciado en Derecho por la Universidad de Valencia |
| Pons Grau José Enrique | Profesor de enseñanza secundaria | Licenciado en Filosofía y Letras (Sección Geografía e Historia) por la Universidad de Valencia |
| Ramírez Heredia Juan de Dios | Abogado y maestro de EGB | Licenciado en Ciencias de la Información por la Universidad Autónoma de Barcelona |
| Renau i Manén María Dolores | Pedagoga y psicóloga | Diplomada por la Escuela de Psicología de la Universidad de Barcelona y estudios de Psicología en el "Institut de Psychologie" de la Universidad de París (Francia) |
| Rubert de Ventós Xavier | Catedrático de universidad | Doctor en Estética por la Universidad Politécnica de Cataluña |

*Continuada*

Tabla 3 Continuada

| Eurodiputados | Profesión | Formación |
|---|---|---|
| Sánchez-Cuenca Martínez Felipe | Arquitecto | Doctor en Arquitectura |
| Sanz Fernández Francisco Javier | Ingeniero agrónomo y Catedrático de Universidad | Doctor en Ingeniería Agrónoma por la Universidad Politécnica de Valencia (UPV) |
| Sapena Granell Enrique | Ingeniero técnico de ferrocarriles | Licenciado en Ciencias Económicas por la Universidad de Valencia |
| Sierra Bardají Mateo | Agricultor | |
| Vázquez Fouz José | Ingeniero técnico agrónomo, funcionario del Ministerio de Agricultura, y profesor ayudante de universidad | Estudios de Perito Agrícola en Madrid |
| Verde i Aldea Josep | Abogado y profesor del Instituto Católico de Estudios Sociales de Barcelona (ICESB) | Licenciado en Derecho por la Universidad de Barcelona y especialización en Derecho Comparado en la Universidad Internacional de Luxemburgo |

Los datos curriculares de los eurodiputados por partido    23

Tabla 4 *Profesión y formación de los eurodiputados de AP/CP*

| Eurodiputados | Profesión | Formación |
|---|---|---|
| Álvarez de Eulate Peñaranda José María | Economista y profesor universitario | Doctor en Ciencias Económicas y Empresariales |
| Argüelles Salaverría Pedro | Ingeniero industrial y ejecutivo | Estudios en la Escuela Técnica Superior de Ingenieros Industriales de Madrid |
| Arias Cañete Miguel | Abogado del Estado y profesor universitario | Licenciado en Derecho por la Universidad Complutense de Madrid |
| Cabanillas Gallas Pío | Jurista | Estudios de Derecho en la Universidad de Granada; registrador de la Propiedad y al Cuerpo de Letrados de la Dirección General de Registros y del Notariado |
| Cantarero del Castillo Manuel | Abogado y periodista | Licenciado en Derecho |
| Díaz del Río Jáudenes Eugenio | Almirante | Estudios en la Escuela Naval Militar y Diplomado de Estado Mayor |
| Durán Corsanego Emilio | Maestro de EGB y profesor mercantil | Doctor en Derecho por la Universidad de Santiago |
| Escuder Croft Arturo Juan | Abogado, economista y empresario | Licenciado en Derecho y en Economía por la Universidad de Deusto |
| Fraga Iribarne Manuel | Catedrático de Universidad y Diplomático | Doctor en Derecho Político y Teoría del Estado y Derecho Constitucional; Doctor en Derecho y Licenciado en Ciencias Políticas y Económicas por la Universidad Complutense |
| García Amigo Manuel | Jurista, profesor catedrático y ganadero | Doctor por las Universidades de Salamanca y Bolonia |
| Garriga Polledo Salvador | Economista | Licenciado en Económicas |
| Guimón Ugartechea Julen | Abogado y profesor universitario | Doctor en Derecho por la Universidad de Deusto y estudios en la universidad norteamericana de Yale |

*Continuada*

Tabla 4 Continuada

| Eurodiputados | Profesión | Formación |
|---|---|---|
| Lafuente López José María | Jurista, profesor catedrático y director deportivo | Doctor por la Universitat de les Illes Balears (UIB) |
| Llorca Vilaplana Carmen | Profesora universitaria | Doctora en Historia Moderna y en Historia de América por la Universidad Complutense y estudios en Filosofía y Letras |
| Llorens Bargés César | Abogado | Doctor en Derecho |
| Navarro Velasco Antonio | Funcionario del Ministerio de Agricultura y Director de exportaciones de la empresa pública "Mercados en Origen de Productos Agrarios, S. A." (MERCORSA) | Licenciado en Ingeniería Agrónoma |
| Perinat y Elio Luis Guillermo | Diplomático | Licenciado en Derecho por la Universidad Complutense |
| Robles Piquer Carlos | Diplomático | Doctor en Derecho y Licenciado en Filosofía y Letras, y en Ciencias Políticas y Económicas por la Universidad Complutense |
| Romera i Alcázar Domènec | Empresario | Graduado en el Instituto de Estudios Superiores de la Empresa de Barcelona |
| Suárez González Fernando | Jurista y profesor catedrático | Licenciado en Derecho por la Universidad de Oviedo y Doctor por la Universidad de Bolonia |
| Valverde López José | Farmacéutico y Catedrático | Licenciado en Derecho y en Farmacia por la Universidad de Granada |
| Vega i Escandón Luis | Abogado | Licenciado en Derecho por la Universidad de Oviedo |

Los datos curriculares de los eurodiputados por partido 25

Tabla 5 *Profesión y formación de los eurodiputados de UCD/CDS*

| Eurodiputados | Profesión | Formación |
|---|---|---|
| Calvo Ortega Rafael | Jurista y profesor catedrático | Licenciado en Derecho por la Universidad de Salamanca y Doctor en Derecho por la Universidad de Bolonia |
| Calvo-Sotelo Leopoldo | Ingeniero de Caminos, Canales y Puertos | Doctor por la Escuela Técnica Superior de Ingenieros de Caminos, Canales y Puertos de Madrid |
| Cervera Cardona José Emilio | Economista, consultor | Licenciado en Económicas por la Universidad de Valencia |
| Coderch Planas José | Diplomático | Licenciado en Derecho por la Universidad de Barcelona y en Ciencias Políticas por la Universidad Complutense de Madrid |
| Díez de Rivera Icaza Carmen | | Estudios de Filosofía y Letras, y de Ciencias Políticas (especialidad Relaciones Internacionales) |
| Mayor Zaragoza Federico | Farmacéutico, Catedrático de Universidad y alto funcionario internacional | Doctor en Farmacia por la Universidad Complutense de Madrid |
| Morodo Leoncio Raúl | Jurista y profesor catedrático | Licenciado y Doctor en Derecho por la Universidad de Salamanca |
| Punset i Casals Eduard | Escritor, divulgador científico, presentador televisivo y economista | Licenciado en Derecho por la Universidad Complutense de Madrid, Posgrado en Ciencias Económicas por la Universidad de Londres y Diplomado por la "École Pratique des Hautes Études" de París |

**Tabla 6** *Profesión y formación de los eurodiputados de CiU*

| Eurodiputados | Profesión | Formación |
|---|---|---|
| Durán i Lleida Josep Antoni | | Diplomado en Comunidades Europeas por la Escuela Diplomática del Ministerio de Asuntos Exteriores y Cooperación de Madrid y Licenciado en Derecho |
| Ferrer i Casals Concepció | Profesora de Literatura Contemporánea | Licenciada en Filología Románica por la Universidad de Barcelona |
| Gasòliba i Bohm Carles Alfred | Economista, consultor especializado en temas europeos y profesor conferenciante | "Master of Arts in Industrial Economics" por la Universidad de Sussex y Doctor en Ciencias Económicas por la Universidad Autónoma de Barcelona (UAB) |
| Muns Albuixech Joaquím | Economista, abogado y catedrático | Licenciado en Derecho y Ciencias Económicas y Empresariales y Doctor en Economía por la Universitat de Barcelona |

**Tabla 7** *Profesión y formación de los eurodiputados de IU*

| Eurodiputados | Profesión | Formación |
|---|---|---|
| Gutiérrez Díaz Antoni | Médico | Estudios de Medicina (especialidad Pediatría) en la Universidad de Barcelona |
| Pérez Royo Fernando | Abogado y profesor catedrático | Licenciado en Derecho por la Universidad de Sevilla y Doctor en Derecho por la Universidad de Bolonia |
| Puerta Gutiérrez Alonso | Ingeniero de Caminos, Canales y Puertos | Ingeniero de Caminos, Canales y Puertos por la Universidad Politécnica de Madrid |

**Tabla 8** *Profesión y formación de los eurodiputados del PNV*

| Eurodiputados | Profesión | Formación |
|---|---|---|
| Gangoiti Llaguno Jon | Economista | Licenciado en Ciencias Económicas |
| Monforte Arregui Andoni | Abogado | Licenciado en Derecho por la Universidad de Valencia |

**Tabla 9** *Profesión y formación del eurodiputado de CEP*

| Eurodiputado | Profesión | Formación |
|---|---|---|
| Garaikoetxea Carlos | Abogado y economista | Licenciado en Derecho y Económicas por la Universidad de Deusto |

**Tabla 10** *Profesión y formación del eurodiputado de HB*

| Eurodiputado | Profesión | Formación |
|---|---|---|
| Montero Zabala Txema | Abogado | Estudios de Derecho en la Universidad de Deusto |

**Tabla 11** *Profesión y formación del eurodiputado del Grupo Mixto Parlamento*

| Eurodiputado | Profesión | Formación |
|---|---|---|
| Bandrés Molet Juan María | Abogado | Estudios en Derecho por libre en la Universidad de Oviedo, terminando la carrera en la Universidad de Santiago de Compostela |

**Tabla 12** *Profesión y formación del eurodiputado del Grupo Mixto Senado*

| Eurodiputado | Profesión | Formación |
|---|---|---|
| Bencomo Mendoza Carlos Manuel | Ingeniero de minas | Doctor en Ingeniería de minas |

# 2. Corpus de los discursos de los eurodiputados

El hemiciclo de Estrasburgo representó el fórum en el que los representantes españoles iban a pronunciar sus discursos.

## 2.1. Los textos del corpus

El corpus está constituido por los textos de los debates del Parlamento Europeo recogidos en el Diario Oficial de las Comunidades Europeas (DOCE) -hoy Diario Oficial de la Unión Europea (DOUE)-, durante el período de sesiones 1986–1987.

Esta fuente oficial del Derecho comunitario europeo, que se publicó por primera vez el 30 de diciembre de 1952 como Diario Oficial de la Comunidad Europea del Carbón y del Acero, se difunde todos los días laborables en todos los idiomas oficiales de los estados miembros de la UE, con excepción en general del irlandés. Se estructura en torno a tres series: la serie L (Legislación) comprende la legislación comunitaria que incluye reglamentos, directivas, decisiones, recomendaciones y opiniones; la serie C (Tribunales) abarca informes y anuncios que incluyen las sentencias del Tribunal de Justicia de las Comunidades Europeas y del Tribunal General; y la serie S (Suplemento) contiene invitaciones a licitar para contratos públicos, junto con otros anuncios emitidos por el Fondo Europeo de Desarrollo y otras agencias.

## 2.2. *Los temas de interés*

Al analizar el balance de las intervenciones de los eurodiputados españoles entre enero de 1986 y diciembre de 1987, se comprobó que 32 temas llamaron su atención. Para llegar a esta conclusión, se estableció una clasificación temática, es decir, se categorizó cada uno de sus discursos en torno a estos temas. Solo un análisis detallado de los mismos permitió lograr tal resultado.

La Tabla 13 presenta los temas que sensibilizaron a los eurodiputados. Las cifras que aparecen en la columna de la derecha indican en orden decreciente el número de intervenciones, independientemente de la pertenencia a un determinado partido político.

Tabla 13 *Temas y número de intervenciones*

| Temas | Número de intervenciones |
|---|---|
| América Latina | 95 |
| Política agraria común y pesquera | 76 |
| Instituciones y órganos | 60 |
| Política Social y de la Salud Pública | 52 |
| Política de Medio Ambiente | 48 |
| Política Regional | 42 |
| Política de Transportes | 34 |
| Presupuesto Comunitario | 32 |
| Mercado Interior | 29 |
| Política de Investigación y Tecnología | 28 |
| Política en el marco mediterráneo | 26 |
| Islas Canarias | 25 |
| Terrorismo | 23 |
| Política Económica y Monetaria | 22 |
| África | 21 |
| Política Industrial | 19 |
| Política de Educación | 15 |
| Política Energética | 13 |
| Armamento y Seguridad Europea | 13 |
| Diversos | 13 |
| Política de Consumo | 12 |
| Países en vías de desarrollo de Asia y América Latina | 10 |
| Fiscalidad y Sociedades | 10 |
| Política de Desarrollo | 9 |
| Derechos de la Mujer | 8 |
| Países del Consejo de Asistencia Económica Mutua (CAEM) | 7 |
| Defensa de los Derechos Humanos en la Comunidad | 7 |
| Política de Competencia | 6 |
| Defensa de los Derechos Cívicos | 6 |
| Problemas de Racismo | 5 |
| Oriente Medio y Países del Golfo | 4 |
| Estados Unidos | 3 |
| TOTAL | 773 |

A continuación, se especifica el número de intervenciones por partido sobre cada tema para reflejar los centros de interés de cada una de las formaciones políticas con representación en el Parlamento Europeo.

Asimismo, se verificó que el PSOE intervino sobre todos los temas, mientras que su gran rival, AP/CP se abstuvo en lo referente a los países del CAEM, Estados Unidos, y los problemas de racismo y xenofobia, o sea, 29 temas sobre 32.

El CDS participó en los debates sobre América Latina, la política agraria común (PAC) y pesquera, las instituciones y órganos, la política social y de la salud pública, el medio ambiente, la política regional, los transportes, el presupuesto comunitario, la investigación y la tecnología, el terrorismo, la política económica y monetaria, la política industrial, África, la educación, el armamento y la seguridad europea, los derechos de la mujer, los países del CAEM, la política de desarrollo, la defensa de los derechos cívicos, y Estados Unidos (20 temas sobre 32).

Por su parte, CiU privilegió el debate en torno a América Latina, la política agraria común y pesquera, las instituciones y órganos, el medio ambiente, la política regional, el presupuesto comunitario, el terrorismo, la política económica y monetaria, la política industrial, la educación, la política energética, los países en vía de desarrollo de Asia y América Latina, y la competencia (13 temas).

El Grupo Mixto del Senado se interesó por la política agraria común y pesquera, la política regional, los transportes, el presupuesto comunitario, el gran mercado interior, las islas canarias, la política industrial, la política energética, y la del consumo (9 temas).

La coalición comunista IU intervino sobre América Latina, la política regional, el presupuesto comunitario, el terrorismo, África, los problemas de armamento y seguridad europea, así como la defensa de los derechos cívicos (7 temas).

En cuanto al PNV, abordó los temas de América Latina, la política agraria y pesquera, el medio ambiente, la investigación y la tecnología, el terrorismo, la política industrial, y la sección diversos (7 temas).

CEP participó en los debates sobre América Latina, la política regional, el terrorismo, y Estados Unidos (4 temas).

El Grupo Mixto del Congreso trató de la política social y la salud pública, la política regional, el gran mercado interior, y los asuntos relacionados con la cuenca mediterránea (4 temas).

Por fin, en lo que se refiere a HB, se centró en la política regional y el terrorismo (2 temas).

Profundizando en el análisis, se contabilizó el número total de intervenciones por partido, llegando a los siguientes resultados que se exponen en la Tabla 14:

Tabla 14 *Número de intervenciones por partido*

| Partidos | Total intervenciones |
|---|---|
| PSOE | 399 |
| AP-CP | 270 |
| CDS | 41 |
| CiU | 22 |
| GMS | 12 |
| IU | 9 |
| PNV | 9 |
| CEP | 4 |
| GMC | 4 |
| HB | 3 |
| UCD | 0 |

Conviene subrayar que la UCD no intervino ni una sola vez entre enero de 1986 y mayo de 1987, período durante el cual ocupó un escaño en el Parlamento Europeo.

Por otra parte, los partidos con representación en la Asamblea de Estrasburgo entre enero de 1986 y el 10 de junio de 1987 fueron el Grupo Mixto del Congreso, el Grupo Mixto del Senado, el PNV y la UCD; los con representación entre julio y diciembre de 1987 fueron el CDS, IU, HB, CEP; mientras que las formaciones con representación entre enero de 1986 y diciembre de 1987 fueron el PSOE, AP-CP y CiU.

En cuanto a los temas "unificadores" en orden decreciente: la política regional interesó a nueve partidos; el terrorismo, a ocho; América Latina, a siete; la política agraria común y pesquera, así como la política industrial, a seis formaciones; la política de medioambiente y el presupuesto comunitario, a cinco; las instituciones y órganos, la política social y de salud pública, los transportes, el gran mercado interior, la investigación y la tecnología, la política económica y monetaria, África, la educación, la política energética, el armamento y la seguridad europea, la defensa de los derechos cívicos, a cuatro partidos; los asuntos relacionados con el Mediterráneo, Islas canarias, la política de consumo, los PVD de Asia y América Latina, la sección diversos, la política de desarrollo, la política de competencia, Estados Unidos y los derechos de la mujer, a tres partidos; la fiscalidad y las sociedades, los países del CAEM, Medio oriente y los países del Golfo, y la defensa de los Derechos Humanos, a dos; y el racismo y la xenofobia, a un único partido.

# SEGUNDA PARTE

# LOS TEMAS A DEBATE

# 3. América Latina

## 3.1. El poder capitalista de Estados Unidos

Los estados independientes de América Latina, tal y como se conocen hoy en día, se reparten en varias zonas. Al norte, México que tiene una frontera común con Estados Unidos, y las islas que forman las Grandes Antillas, entre las que están Cuba y la República Dominicana. América Central que une México con América del Sur, compuesta por Guatemala, Honduras, Nicaragua, Costa Rica, Salvador y Panamá. Venezuela al norte extremo del continente. Al noroeste, la América Andina que comprende Bolivia, Colombia, Ecuador, Perú y el cono sur que agrupa Argentina, Uruguay, Paraguay y Chile.

Después de varios años de lucha armada contra el colonizador español, estos estados lograron emanciparse, pero no pudieron librarse del dominio económico de los países industriales. Al principio, fueron sometidos a la hegemonía inglesa, seguida por la americana. Las economías de estos países se caracterizaban por un déficit de la balanza comercial, a causa de las importaciones de productos manufacturados y alimenticios, mientras que sus exportaciones de petróleo y minerales no conseguían colmar este déficit.

La inestabilidad política, la persistencia de guerrilla, así como el peso de la deuda exterior requerían remedios para que estos países se desarrollasen y participasen en los intercambios internacionales.

Tras tres siglos de régimen colonial español (1492–1808), la América hispanohablante, cuya unidad era el orgullo de la Metrópoli, sufrió una división en varios estados como consecuencia de una revolución iniciada por la aristocracia criolla, con o sin el apoyo de la población mestiza. En la mayoría de los casos, los indianos fueron testigos pasivos de acontecimientos que los superaban. Pero, en muchas ocasiones se pusieron del lado del español (tirano lejano), contra el criollo (tirano inmediato).

Esta aristocracia, que constituía la elite económica de este inmenso continente del cual ostentaba gran parte de las riquezas, se vio afectada por la sublevación de las Trece Colonias británicas de América del Norte, a la vez que por la corriente liberal del siglo XVIII. Además, sentía resentimiento hacia la administración de la Metrópoli que la había apartado de los puestos honoríficos y lucrativos.

Tras 20 años de guerra, los sublevados triunfaron a costa de la unidad del imperio español. Inglaterra, particularmente interesada por un mercado que le había sido prohibido en la época de la hegemonía española, no fue totalmente ajena a esta victoria de los criollos a los que había proporcionado armas y capitales.

No obstante, la estructura colonial junto con la configuración del continente que obstaculizaban los intercambios comerciales impedían el desarrollo de estos nuevos estados que, para colmo, carecían de capitales. A partir de entonces, vivieron un período de caos político. Ninguna república hispánica escapó a la regla: una vez lograda la independencia, anarquías y dictaduras no cesaron de sucederse. La escasez en recursos de carbón representó otro factor que contribuyó a impedir el auge económico de este continente, por otra parte, rico en minerales. Tras haberse librado de la dominación española, tuvo que someterse a la hegemonía de las grandes potencias industriales europeas, en particular de Inglaterra, pero también de Francia y Alemania. Asimismo, hasta 1914, América Latina fue colonia financiera de Gran Bretaña y su economía vasalla de Europa, proporcionándole materias primas y víveres y, a cambio, recibiendo los productos que no sabía manufacturar.

Sin embargo, la gran ola de inmigración italiana y española iba a modificar las estructuras humanas y sociales de este continente. Asimismo, esta mano de obra agrícola, que se estableció en Argentina, Uruguay y Chile, fue determinante para el desarrollo de la agricultura, hasta el extremo que Argentina hasta entonces importadora de cereales, se volvió exportadora de trigo.

La Primera Guerra Mundial supuso un freno a la economía europea, mientras el capitalismo norteamericano extendió su poder, el cual no dejó de crecer durante la Segunda Guerra Mundial, llegando a ocupar Estados Unidos el lugar de una Europa decadente y convirtiéndose en el banquero de América Latina.

Para procurarse las materias primas indispensables a su economía de guerra, Estados Unidos invirtió en las minas sudamericanas, teniendo como consecuencia un incremento vertiginoso de la producción de estaño y tungsteno.

Con la victoria de los Aliados, la inversión extranjera en América Latina aumentó notablemente. En 1946 nació el Banco Mundial, presidido sucesivamente por hombres de negocios americanos, que prestó dinero a las metrópolis coloniales para explotar mejor sus colonias, y cuando estas lograron su independencia, les impuso la obligación de

asumir las deudas que las metrópolis habían contraído para reforzar la colonización y la explotación de sus recursos naturales y de sus pueblos.
Paralelamente, se creó en Nueva York el Fondo Monetario Internacional (FMI). Esta institución ayudaba a los países con dificultades de pago, proporcionando préstamos o permitiendo a otros proporcionarlos. De hecho, el FMI sobrevive gracias a la contribución de los países miembros: cada uno aporta una cuota que depende de sus ingresos, así como de sus exportaciones y, a cambio, puede pedir una ayuda proporcional a su contribución. El país demandante de fondos debe someterse a programas de ajuste, cuyo objetivo es la reducción del déficit exterior que, lógicamente, tiene que recortarse, dado que se reducen los medios de compra. Las medidas del FMI son conocidas: devaluación de la moneda nacional, que tiene como efecto el aumento del precio de las importaciones; reducción del déficit público mediante supresión de las subvenciones e incremento de las tarifas públicas; reducción de las facilidades crediticias mediante planes de encuadramiento del crédito; y presiones para elevar las tasas de interés.
Otros organismos como la "Alianza para el progreso", nacida en 1961 bajo el impulso del presidente J.F. Kennedy, respaldaba el crecimiento económico con el fin de alcanzar la democratización y reducción de las desigualdades sociales en América Latina. Pero los resultados fueron decepcionantes, puesto que las exigencias de la lucha anticubana no hicieron más que consolidar los regímenes autoritarios, así como la preponderancia de las clases altas.
Numerosos hombres de estado sudamericanos pensaron que la inversión extranjera sería provechosa para la industrialización de las regiones donde se implantaba; una opinión que no era compartida por Eduardo Galeano, feroz enemigo de los métodos empleados por el capitalismo americano, quien afirmaba irónicamente que el imperialismo americano se traduciría en una acción civilizadora, una bendición para los países dominados, de tal manera que, por primera vez, las intenciones imperialistas se concretarían.
El paso de una situación de endeudamiento a una situación de crecimiento económico no era sin plantear problemas, ya que los reembolsos de préstamos e intereses estaban sometidos a plazos fijos, fuesen cuales fuesen los logros económicos de los países deudores. Estos préstamos se completaban con inversiones directas de las sociedades multinacionales establecidas en América Latina que se beneficiaban *in situ* del acceso a los recursos locales (créditos bancarios). Así, entre 1950 y 1965, la

inversión estadounidense en la industria latinoamericana pasó de 780 millones a 2741 millones de dólares, de los cuales unos mil millones no procedían de aportaciones exteriores sino de préstamos locales. Estas inversiones daban lugar a la repatriación de una parte de los beneficios hacia las casas madres. Eduardo Galeano describía los efectos nefastos de este nuevo imperialismo: favorecía la pobreza; concentraba las riquezas en pocas manos; ofrecía sueldos veinte veces más bajos que los que se percibían en la ciudad de Detroit; fijaba precios tres veces superiores a los de Nueva York; se apoderaba del mercado interior, del aparato productivo, del crédito nacional; y guiaba a su antojo el comercio exterior.

En efecto, el proceso de industrialización obligaba a estos países a transformar sus producciones en conformidad con la orientación técnico-comercial de los países desarrollados. Países como Brasil, Argentina y México obtuvieron excelentes resultados en sectores industriales vanguardistas como el automovilístico, la energía nuclear, la química y la petroquímica, mientras que otros, más modestos, se dedicaron a actividades de transformación de alimentos.

En cualquier caso, este proceso de desarrollo, propio de los países industrializados, exigía a aquellos un aumento de las importaciones para satisfacer las exigencias técnico-comerciales que implicaba dicho proceso.

## 3.2. *El polvorín centroamericano*

América Central agrupaba a siete países hispanohablantes: Guatemala, Belice, El Salvador, Honduras, Nicaragua, Costa Rica y Panamá, que se caracterizaban por la fertilidad del suelo, las riquezas mineras y una población fundamentalmente indígena, con excepción de Costa Rica. También, presentaban un considerable retraso económico y constituían puntos calientes de la Guerra Fría y la crisis de Cuba que, además de este último, involucraban a Estados Unidos y la Unión Soviética.

Del mismo modo, la CEE estaba preocupada por los países de América Central, dado que los combates que tenían lugar entre gobiernos y guerrilleros con el apoyo de las potencias extranjeras eran susceptibles de provocar un conflicto mundial.

En este sentido, años atrás, debido al deterioro de la situación económica y las crecientes desigualdades sociales, una oposición armada había surgido en Guatemala, El Salvador y Nicaragua.

En Guatemala, la instauración de un gobierno civil con la elección en diciembre de 1985 del demócrata cristiano Vinicio Cerezo no había impedido que los militares siguiesen reprimiendo el movimiento insurrecto iniciado por el partido de extrema izquierda la "Unión Revolucionaria Nacional Guatemalteca" (URNG).

En El Salvador, Estados Unidos respaldaba al gobierno demócrata cristiano presidido por José Napoleón Duarte que había sido elegido en mayo de 1984. Los insurrectos del "Frente Farabundo Martí de Liberación Nacional-Frente Democrático Revolucionario" (FMLN-FDR), apoyados por la Unión Soviética, Cuba y los sandinistas nicaragüenses, ocupaban una parte del territorio nacional.

En Nicaragua, la oposición armada del "Frente Sandinista de Liberación Nacional", que había conseguido llegar al poder en 1979, expulsando al dictador Somoza, tenía que hacer frente a la guerrilla contrarrevolucionaria de los "contras", subvencionada por Estados Unidos.

En América Central, la situación era todavía más compleja, puesto que cada uno de estos conflictos superaba las fronteras de los países donde se desenvolvía. El Salvador reprochaba a Nicaragua de proporcionar armas a la guerrilla del FMLN, mientras que Nicaragua reprochaba a El Salvador que permitiese a los aviones que abastecían a los "contras" despegar de sus aeropuertos. De la misma manera, ambos países no compartían las decisiones de Honduras y Costa Rica, países que servían de bases aéreas para los antisandinistas. Estos países se encontraban inmersos en una espiral de violencia susceptible de llevarlos a un conflicto generalizado.

Por su parte, Estados Unidos participaba indirectamente en los conflictos, pues desde el inicio de la Guerra Fría con la Unión Soviética, consideraba esta región como una zona de seguridad interesante desde el punto de vista político-estratégico y económico.

Interesante desde el punto de vista político-estratégico porque los insurrectos plasmaban el conflicto global que oponía los partidarios del totalitarismo a los campeones de la libertad, siendo vital evitar la expansión de la subversión soviético-cubana al continente latinoamericano. En este sentido, a su llegada al poder en 1981, Reagan había claramente manifestado su intención de cambiar las cosas en Nicaragua y frenar la progresión de los elementos prosoviéticos en El Salvador y Guatemala, ya que constituían una amenaza para la democracia.

Interesante desde el punto de vista económico, dado que el petróleo que llegaba a Estados Unidos debía transitar por América Central, el Caribe y el Golfo de México. Gran parte de la producción de estos países, donde las inversiones directas estadounidenses alcanzaban alrededor de seis mil millones de dólares, estaba entre las manos de filiales de multinacionales norteamericanas del plátano, frutas tropicales, café, petróleo, oro, etc.

El mayor problema para Estados Unidos radicaba en la persistencia del poder sandinista en Nicaragua, que representaba el principal factor de inestabilidad de la región. Su política al respecto consistía en financiar y adiestrar grupos contrarrevolucionarios. Asimismo, Honduras se convirtió en el cuartel general de los "contras" entrenados por los soldados americanos. Las acciones que llevaban a cabo pretendían arruinar la economía de Nicaragua y perpetrar actos de vandalismo contra los depósitos de carburante.

La acción americana se ejercía, igualmente, a nivel económico y psicológico, y la estrategia de Estados Unidos contra Nicaragua era más que nunca evidente. Se trataba de una política que se inscribía en la estrategia de guerra de baja intensidad, cuyo objetivo era el desarrollo de una guerra poco costosa para hacer frente a los procesos revolucionarios de inspiración comunista no consolidados. De esta manera, los grupos contrarrevolucionarios justificaban su acción.

En lo que se refiere al papel desempeñado por los países del bloque soviético, las declaraciones de Gorbachov, llegado al poder en marzo de 1985, no dejaban lugar a dudas: no se podía intervenir en los asuntos de Afganistán bajo pena de represalias en Pakistán o Nicaragua. Esta postura ilustraba a la perfección el juego de equilibrio diplomático en el que participaban el Este y el Oeste para sentar su hegemonía en ciertas partes del mundo que consideraban como vitales.

El 19 de noviembre de 1985, Ronald Reagan mantenía un encuentro en Ginebra con Gorbachov sobre el tema del control de armas de ambas potencias; un encuentro que no consiguió poner fin a los conflictos regionales que enfrentaban a los dos grandes bloques con la interposición de países terceros.

Era obvio que Nicaragua, con sus tres millones de habitantes, no hubiese podido sin ayuda exterior resistir a los contrarrevolucionarios que estaban financiados por Estados Unidos.

Los sandinistas nicaragüenses recibían el apoyo de un bloque heterogéneo que incluía a cubanos, soviéticos, búlgaros, libios, etc. El personal mandado por Cuba fuera de sus fronteras había recibido una formación militar. Así, los pilotos de helicóptero MI-24 eran de nacionalidad cubana. También, era frecuente encontrar a jefes de unidades cubanos, aunque, generalmente, se quedaban en la retaguardia[1]. Por su parte, Moscú había mandado algunos blindados ligeros P.T.76 y anfibios, y los sandinistas habían recibido más de 200 vehículos armados para el transporte de las tropas[2].

La intervención de Estados Unidos revestía, también, otros aspectos. A las operaciones militares de los "contras" se añadían presiones económicas como la imposibilidad de conseguir préstamos, los embargos comerciales, así como una ofensiva de desestabilización ideológica a través de la manipulación de la cuestión religiosa, es decir, el enfrentamiento entre una iglesia popular y una iglesia jerarquizada[3].

Frente a esta situación, que podía desembocar en un conflicto generalizado, el resto de los países latinoamericanos actuaron. Contrariamente a Estados Unidos que consideraba que todo régimen procedente de una insurrección popular era comunista y, por lo tanto, debía ser reprimido, estos países originaron un plan de paz. México, en particular, pensaba que el diálogo podía poner fin a los conflictos de la región. En 1983, Venezuela, Colombia y Panamá se juntaron para formar el grupo "Contadora", compuesto por sus respectivos ministros de Asuntos Exteriores.

En junio de 1984, el proyecto "Acta de Contadora" para la paz y la cooperación en América Central fue presentado a los cinco presidentes centroamericanos. Sus principales disposiciones contemplaban la retirada de los consejeros militares extranjeros; el cese de toda ayuda exterior a grupos armados; la reducción y el control del armamento; y, también, se referían al desarrollo de sistemas democráticos representativos y plurales, garantizados por la eficaz participación de los pueblos en la toma de decisiones[4]. Más tarde, en agosto de 1985, "Contadora" recibió el apoyo de numerosos países latinoamericanos como Brasil, Argentina, Perú y Uruguay, que constituyeron el denominado "Grupo Lima".

---

1  Época n.° 513 (9 de marzo de 1986), pp. 101–102.
2  Ibid., p. 118.
3  Ibid.
4  Publication O.N.U. Extrait du Projet d'Accord de Contadora.

Sin embargo, el "Acta de Contadora" nunca llegó a firmarse. Estados Unidos alegó que el proyecto favorecía a Nicaragua y, como no podía ser de otra manera, los temas más espinosos sometidos a debate fueron los relacionados con la seguridad, así como comprobación y control. El "Grupo Contadora", con la ayuda del "Grupo Lima", consiguió que los centroamericanos se sentasen a la misma mesa, evitando una intervención directa de Estados Unidos en la región[5].

En lo que concierne al papel desempeñado por la CEE, el presidente de Costa Rica durante una estancia en París en 1983 afirmó que el problema de su país era de orden socioeconómico, pidiendo pues a Europa que se interesase más por esta cuestión que por las cuestiones militares y de seguridad. De esta manera, podría tomar parte en la resolución de los conflictos[6].

Los 28 y 29 de septiembre de 1984, se celebró en San José (Costa Rica) una reunión entre los diez Ministros de Asuntos Exteriores de la CEE y sus homólogos de Costa Rica, Guatemala, Honduras, Nicaragua y El Salvador, a la que se unieron los miembros del "Grupo Contadora" y ministros españoles y portugueses, cuyos países no eran todavía comunitarios. Al término de dicha reunión, se incluyó a Nicaragua en la lista de países que iban a recibir ayuda económica por parte de la Comunidad Europea, pero no repercutió muy favorablemente sobre la cooperación financiera entre la Comunidad y América Central. Aun así, para Fernando Morán, ex Ministro de Asuntos Exteriores español, la reunión permitió corregir una situación insostenible en la que Estados Unidos actuaba como si la región fuese una zona de influencia suya[7].

El 12 de noviembre de 1985 tenía lugar en Luxemburgo una reunión bautizada "San José II", que iba a desembocar en la firma de un acuerdo entre los ministros de Asuntos Exteriores de la CEE y los ministros de América Central. Las grandes líneas del acuerdo apuntaban hacia la instauración de una paz duradera en América Central. Por lo demás, sus objetivos consistían en impedir la intervención militar o la presión económica de EE.UU., promover un desarrollo independiente de los países de la región, y poner en marcha una cooperación coherente en materia económica y comercial entre la CEE y los países de América Central. "San José II" respondía al boicot económico practicado por

---

5  La Documentation française n.° 593 (14 octobre 1988), p. 22.
6  Le Monde diplomatique, janvier, 1987, p. 13.
7  *Ibid.*

EE.UU. hacia Nicaragua, a la vez que ponía fin a la doctrina americana de Monroe[8], puesto que el acuerdo político logrado entre nueve países latinoamericanos y Europa ponía fin a la hegemonía ejercida por un solo país[9].

No obstante, el acuerdo fue criticado en el Parlamento Europeo, debido a que la Comisión pedía un acuerdo político. Además, la financiación propuesta era inferior a la prevista y los eurodiputados de la derecha europea habían presentado una enmienda para excluir a Nicaragua de dicha financiación.

## 3.3. La defensa de los Derechos Humanos

Durante los años 1986–1987, el Parlamento Europeo dedicó una parte de sus actividades a los problemas vinculados al respeto de los Derechos Humanos en el mundo, atrayendo de esta forma la atención de la opinión pública y los *mass media*. Así, numerosos debates tuvieron lugar en torno a Chile, Colombia, Perú y Cuba.

Chile

En 1970, el gobierno de Unidad Popular del presidente Allende llegaba al poder con el proyecto de instaurar el socialismo por la vía democrática. El país conoció entonces tres años de reformas sociales limitadas pero reales. Durante su mandato, Allende tuvo que enfrentarse a la extrema derecha y los conservadores unidos, pero también a los sabotajes económicos, los boicots internacionales y los *trusts* norteamericanos que financiaban la contrarrevolución[10]. Finalmente, el 11 de septiembre de 1973, un golpe militar ponía fin a su gobierno, dando paso a la dictadura del General Pinochet. Este ejercía el poder ejecutivo, mientras que una junta militar y el jefe de la policía ejercían el poder legislativo.

Las sociedades norteamericanas recuperaron los principales sectores industriales del país que habían sido nacionalizados por Allende, con la ayuda de Pinochet que era favorable a la inversión extranjera.

---

8   Según la doctrina de Monroe, el papel de Estados Unidos era determinante en la toma de decisiones en relación con los países latinoamericanos.
9   Diario Oficial del Parlamento Europeo (15 de mayo de 1986).
10  J. Beaujeu – Garnier et C. Lefort, L'économie de l'Amérique Latine, p. 105 (Que sais-je ? n.º 357).

46  América Latina

La producción de cobre ocupaba un lugar privilegiado en un país minero, por excelencia. El coste de producción estaba entre los más bajos del mundo, debido al coste de la mano de obra y el abundante metal procedente de los yacimientos[11]. Pero esta materia prima estaba sometida a las fluctuaciones de las cotizaciones mundiales, que registraron una fuerte caída en 1981.

En palabras del eurodiputado holandés Ulburghs (NI), en Chile, la élite sociopolítica, la iglesia y la universidad se habían unido en la lucha contra Pinochet, queriendo construir pacíficamente una democracia pluralista; sin embargo, el dictador recurría al ejército para reprimir con violencia esta oposición democrática[12].

El régimen de Pinochet había iniciado una campaña de terror en las chabolas de la capital, secuestrando a los varones de más de quince años que eran fichados antes de ser liberados. El número de personas detenidas, torturadas y desaparecidas por motivos políticos no dejaba de crecer[13].

A nivel económico, la deuda pública ascendía a 18 mil millones de dólares, con una tasa por habitante la más elevada de América Latina.

Colombia

La situación en Colombia constituía otro tema de preocupación para los parlamentarios europeos. En efecto, la instauración de una democracia parlamentaria no impedía los secuestros y asesinatos por parte de los mafiosos de la droga, pero también por parte de las instituciones. Así, la clase dirigente recurría a la liquidación física y la intimidación para garantizarse la victoria en las elecciones.

Perú

Del mismo modo, las violaciones de los Derechos Humanos eran numerosas en Perú. Desde hace varios años, este país era víctima de la violencia de la guerrilla, así como de la represión no menos violenta del Ejército. El movimiento guerrillero, conocido bajo el nombre de "Sendero Luminoso"[14], estaba implantado en la región de Ayacucho y

---

11 Diario Oficial del Parlamento Europeo (10 de Julio de 1986), p. 298.
12 Ibid.
13 J. Beaujeu-Garnier et C. Lefort, L'Economie de l'Amérique Latine, p. 107 (Que sais-je ? n.º 357).
14 Sendero Luminoso surgió a finales de la década de 1960, fundado por el entonces profesor de filosofía Abimael Guzmán, cuyas enseñanzas crearon los fundamentos para la doctrina maoísta de sus militantes. Esta organización se separó del Partido Comunista del Perú "Bandera Roja", que, a su vez, se separó del original Partido Comunista Peruano.

reclutaba a sus militantes en las zonas rurales de los Andes. El cobro del impuesto revolucionario y la tasación de los bienes de los narcotraficantes constituían sus fuentes de financiación.

En general, sus militantes eran hijos de pequeños terratenientes o de comerciantes mestizos que, gozando de un cierto nivel de escolarización, volvían a sus pueblos como maestros, enfermeros o técnicos para organizar a los indígenas.

La situación económica de la región de Ayacucho, caracterizada por la falta de inversiones públicas, constituía un terreno propicio a la rebelión, además de la población de indios campesinos desheredados.

Por otro lado, la pequeña burguesía local mestiza se oponía al centralismo de los criollos de Lima.

A partir de 1982, la situación se deterioró. Cansados de alimentar a los guerrilleros, los indios de la Puna se sublevaron. Para obligarles a situarse, "Sendero Luminoso" se dedicó a masacrarles, mientras que el Ejército desarrolló una política represiva y sangrienta.

El 28 de julio de 1985, Alan García fue elegido Presidente y nombró a un gobierno cuya política significaba una ruptura con las doctrinas neoliberales, así como un retorno a las opciones nacionalistas. Pero su voluntad de cambio chocó con su propio partido, la Acción Popular Revolucionaria Americana (APRA), y la oposición de izquierda.

Logró reducir la inflación y aumentar el poder adquisitivo de las masas populares urbanas, pero la caída del precio del petróleo y de los productos mineros de exportación causó un déficit de la balanza comercial. Las guerrillas, tanto rurales como urbanas, se desarrollaron. Entonces la situación del país obligó al Gobierno a actuar urgentemente para resolver la crisis. Frente a las acciones terroristas perpetradas por "Sendero Luminoso", Alan García se vio obligado a instaurar en Lima el estado de emergencia.

# 4. Terrorismo

## 4.1. La noción de terrorismo

El acto terrorista se refiere a un sistema ofensivo utilizado por un individuo o grupo para imponer su voluntad a un pueblo entero, incluso a una civilización entera, e influir de este modo sobre el curso de la historia[15]. El término "terrorismo" se remite a los regímenes que condenan a sus oponentes políticos, tratándoles como criminales de derecho común por delitos de opinión, y desprecian toda libertad de pensamiento[16].

El grupo de Trevi (cumbre de los Ministros del Interior de la CEE), identificó tres fuerzas terroristas que actuaban en Europa.

Primero, los grupos que nacieron en los países europeos desprovistos de un poderoso partido comunista o los grupos que optaron por la vía del eurocomunismo. Entre ellos, las "Brigadas Rojas", la "Banda de Baader" o las "Células Comunistas Combatientes" que se declaraban marxista-leninistas e internacionalistas y buscaban poner en práctica el grito de guerra de Mao Tse-Tung: "el poder radica en los fusiles"[17].

Segundo, las organizaciones como ETA (Euskadi Ta Askatasuna: País Vasco y Libertad) y el IRA (Irish Republican Army), cuyo objetivo prioritario era la independencia. Según los expertos antiterroristas de Trevi, se trataba de los grupos más difíciles de erradicar. En efecto, a pesar de las decisiones tomadas por los gobiernos de Madrid y Londres de otorgar una autonomía más amplia al País Vasco y al Ulster, respectivamente, estas organizaciones seguían reivindicando la independencia y la lucha violenta[18].

Tercero, el terrorismo islamista que estaba integrado por varios grupos radicales árabes, casi todos vinculados al Jihad Islámico (Guerra Santa) y a las guerras del Líbano. El Jihad contaba con el apoyo de las embajadas de Libia y Siria, y era responsable, entre otros, del atentado con bomba que el 12 de abril de 1985 había causado la muerte de 12 personas y herido a otras 82 en el restaurante madrileño "El

---

15 *Ibid.*
16 *Ibid.*
17 Cambio 16, 30 de marzo de 1987 (n.° 800), pp. 22–23.
18 *Ibid.*, p. 23.

Descanso"[19]. La violencia islámica simbolizaba el terrorismo internacional, mientras que el terrorismo practicado por el IRA y ETA tenía un carácter nacional.

Para entender mejor los discursos de los eurodiputados españoles respecto a los actos de violencia perpetrados por ETA, en un primer momento se analizarán el nacimiento y crecimiento del nacionalismo vasco.

## 4.2. El nacionalismo vasco

El País Vasco, donde se hablaba el euskera en el siglo XVIII, se divide en 7 provincias: Vizcaya, Guipúzcoa, Álava y Navarra, situadas en España, y Labourd, Basse Navarre y Soule, en Francia. La parte española abarca alrededor de 2 800 000 habitantes con una superficie de 17 689 m$^2$.

Los vascos, que serían originarios del Cáucaso, nunca tuvieron un rey. En efecto, son las asambleas democráticas de jefes de familia que regían su sociedad[20].

Siempre lucharon contra toda forma de conquista y durante mucho tiempo rechazaron la cristianización. Finalmente, en 1512, por juramento de fidelidad voluntario, el Reino de Navarra se unió a la Corona de Castilla[21].

En cierto modo, para recompensar este cambio de actitud, el gobierno central reconoció los "Fueros" que se corresponden con un conjunto de privilegios. Cuando se habla de "Fueros", se alude a una relativa autonomía en materia fiscal, militar, administrativa y legislativa, así como a una organización política basada en instituciones municipales que dispone de una voluntad propia y, en consecuencia, no emana del monarca[22].

En lo que se refiere a la autonomía en el ámbito militar, el servicio militar era obligatorio únicamente dentro de la provincia y, exclusivamente, con fines defensivos. Las Milicias Municipales se encontraban bajo las órdenes de sus respectivos alcaldes y son las Juntas Generales, formadas por los representantes de los municipios, y no el Rey, que

---

19 *Ibid.*, p. 22.
20 L´État du monde 1987–1988, p. 452.
21 *Ibid.*
22 F. Letamendia Ortzi, Breve historia de Euzkadi, p. 43.

ordenaban el coger las armas. Durante las guerras defensivas, una negociación previa establecía la unión entre tropas vascas y reales[23].

Más tarde, el pueblo vasco, junto con los castellanos, tomó parte en la conquista de América.

A lo largo de los siglos, los vascos tuvieron que luchar para conservar su particularismo. A continuación, se esbozan las principales etapas de esta lucha.

Las guerras carlistas del siglo XIX coincidieron con la aparición del problema vasco en términos políticos. Defendiendo el sistema de descentralización, los vascos apoyaron a los carlistas, pero la derrota de estos últimos tuvo como consecuencia la abolición, en 1876, del régimen de los "Fueros", del que gozaba el País Vasco. Entonces los ricos industriales y financieros pudieron amontonar riquezas a costa de los campesinos vascos y los mineros que llegaban de toda España.

Hasta el momento, los "Fueros" habían favorecido el particularismo del País Vasco, simbolizado por la lengua y la cultura, que era susceptible de originar un nacionalismo que amenazaría la unidad de mercado necesaria para el desarrollo del capitalismo. Por lo tanto, la lucha inmediata del pueblo vasco consistió en intentar recuperar sus privilegios[24].

Entre 1889 y 1893, el movimiento vasco se radicalizó con Sabino Arana Goiri que propuso una visión del nacionalismo vasco basada en fundamentos étnicos, históricos y religiosos.

En lo que se refiere a los fundamentos étnicos, el racismo de Sabino Arana representaba una noción que no existía en la tradición foral. En ciertas ocasiones, daba la impresión de establecer la superioridad de la raza vasca sobre las demás razas de la Península, no por espíritu de dominación sino para preservarse de su contacto[25]. De hecho, el nacionalismo que defendía era la expresión ideológica de una clase social que había sucumbido entre las manos de los capitalistas vascos y odiaba la situación creada por estos últimos, que se caracterizaba, entre otros, por la masiva aportación de una mano de obra procedente de la Península. Así, Arana rechazaba toda penetración del capitalismo industrial en el País Vasco[26]. La raza constituía el núcleo central de la nación y, sin raza vasca, no había patria. También, Arana rechazaba la teoría según

---

23 *Ibid.*, p. 45.
24 Cambio 16, 13 mai 1979 (n.° 388), p. 9.
25 F. Letamendia Ortzi, Breve historia de Euskadi, p. 112.
26 T. De Montbrial et J. Edin, Ramses 90, p. 317.

la cual los vascos habían sido los primeros habitantes de España. En su opinión, la raza vasca, original e inclasificable entre las otras razas del mundo, no procedía de mezclas, contrariamente a la española, con la que no había mantenido ningún tipo de contacto a lo largo de la historia[27]. La invasión española constituía un peligro que desaparecería con la independencia. Los españoles serían acogidos como extranjeros, se limitaría su número, se prohibirían los matrimonios interraciales, y serían apartados de toda relación social con los indígenas[28].

En lo que atañe al segundo elemento de su doctrina, Arana aludía a la existencia de una personalidad histórica vasca, haciendo alusión a los "Fueros" de los que se habían beneficiado las provincias[29].

En cuanto al aspecto lingüístico, estimaba que el valor defensivo de la lengua como instrumento para preservarse de la invasión española y conservar las tradiciones, primaba sobre su valor formativo. La escuela aranista se dedicaba a la creación de neologismos y la sustitución de ciertas palabras cuyas raíces grecolatinas se confundían con el español, por unos términos difícilmente comprensibles para el pueblo; una estrategia que consistía en el uso del euskera como arma de segregación racial[30].

Por lo que es del elemento religioso, el pensamiento de Arana se acercaba al de los integristas españoles. Defendía la separación Iglesia-Estado, así como la subordinación del Estado a los preceptos de la Iglesia, los cuales debían regir la vida interna de Euskadi[31].

Unos años más tarde, una burguesía proespañola surgió en el ámbito industrial vasco. Entonces el capitalismo vasco se puso en contra del nacionalismo y a favor de la monarquía.

Entre 1900 y principios de 1931 (II República española), el capital financiero se consolidó en Euskadi y la infraestructura industrial vasca adoptó una fisonomía que poco iba a cambiar. La Gran Guerra, que supuso la apertura del mercado mundial, fue un momento de apogeo para los bancos. El Partido Nacionalista Vasco (PNV), de corte tradicionalista, conservador y cristiano, se unió al desarrollo económico y la empresa capitalista[32]. El crecimiento del sector terciario, así como de las

---

27 F. Letamendia Ortzi, Breve historia de Euskadi, p. 112.
28 Ibid., pp. 112–113.
29 Ibid., p. 113.
30 Ibid.
31 Ibid.
32 T. Montbrial et J. Edin, Ramses 90, p. 317.

cooperativas agrarias cercanas al nacionalismo, acompañaron el auge industrial.

En las elecciones provinciales de 1917, los nacionalistas lograron una aplastante victoria en Vizcaya y alcanzaron unos notables resultados en Guipúzcoa y Álava. Entonces, los diputados dirigieron un mensaje al Rey pidiendo el restablecimiento de los "Fueros". Pero la radicalización del nacionalismo en 1918 asustó a la oligarquía y el número de partidarios de la autonomía se redujo considerablemente. En las elecciones de diciembre de 1920, cinco candidatos de la Liga Monárquica fueron elegidos.

Bajo la Dictadura de Primo de Rivera (1923-1930), el PNV fue sometido a la represión.

El Régimen de Berenguer que sucedió a Primo de Rivera, presenció en noviembre de 1930 la unión entre el PNV y el "Partido de la Comisión Nacionalista" que se encontraban en la clandestinidad.

Por otra parte, es importante hacer referencia a los cambios que se produjeron acerca de los nombres de los partidos nacionalistas.

Asimismo, en febrero de 1910, el gobierno liberal, que no quería dejar al republicanismo en pleno auge la exclusividad de la lucha anticlerical, presentó un proyecto de lo más restrictivo sobre el derecho de asociación de las comunidades religiosas. Es cuando el PNV para mostrar su oposición a dicho proyecto decidió cambiar de nombre, pasando a llamarse la "Comunión Nacionalista".

Más tarde, ciertos miembros de la "Comunión Nacionalista" se opusieron a las nuevas inclinaciones del partido que juzgaban poco vitalistas. En efecto, se mostraba dispuesto a abandonar la reivindicación de restablecer los "Fueros" y conformarse con un programa mínimo que otorgaría al País Vasco competencias reducidas. Entonces, los descontentos dejaron el partido para crear un nuevo grupo que volvió a tomar el nombre de PNV, declarándose separatista e independentista.

Hubo que esperar hasta 1930, para asistir a una fusión entre la "Comunión Nacionalista" y el PNV, que dio nacimiento a una reagrupación que, a su vez, tomó el nombre de Partido Nacionalista Vasco. El movimiento nacido de esta fusión conservó su carácter clerical y optó por una línea social moderada, denunciando los excesos del capitalismo, sin por ello rechazar el principio de propiedad privada. Con los carlistas, ganó las elecciones municipales. Durante los comicios del mes de abril de 1931, el grupo nacionalistas-carlistas superó sin problema al bloque de los republicanos y socialistas, y al de los monárquicos. En las cuatro provincias del País Vasco, los resultados fueron los siguientes[33]: 1238 Consejeros municipales nacionalistas y carlistas; 1175 para los demás partidos.

Los nacionalistas se pusieron de acuerdo sobre la redacción de un Estatuto de Euskadi, del que se destacan los siguientes puntos[34]:

El artículo 1 establecía que el País Vasco sería regido como un estado autónomo dentro del Estado español; el artículo 3 estipulaba que el plazo de residencia para obtener la ciudadanía vasca sería de 10 años; mientras que el artículo 8 precisaba que el órgano legislativo sería el Consejo General y el ejecutivo dependería del Gobierno, con sede en Irún. Las competencias del Estado vasco serían la enseñanza, la justicia, el orden público y la agricultura. En cuanto al Estado español, tendría competencias en materia de aduanas, moneda, pesos y medidas, correos y telégrafos, guerra y marina, etc. También, las relaciones Iglesia-Estado, así como el régimen de cultos dependerían del Estado español.

Esta última propuesta se encontró con una viva oposición por parte de numerosas comunidades católicas del País Vasco. Sin embargo, en noviembre de 1933, el Estatuto fue plebiscitado por el 84 % de los vascos, aunque no fuese aprobado por las Cortes.

En aquella época, la principal preocupación del pueblo español no era el nacionalismo, sino el nacimiento del fascismo contra el cual lucharon creando un frente popular de los partidos de izquierdas en 1936.

El PNV no se adhirió al Frente Popular, considerando que el conflicto que se anunciaba no concernía realmente al País Vasco. No obstante, durante la sublevación franquista, el nacionalismo vasco acabó arrimándose a los republicanos, y en recompensa, el 1 de octubre de 1936 obtuvo el Estatuto de Autonomía tras su aprobación por las Cortes en Madrid[35]. No obstante, a pesar de ejercer una oposición al franquismo, los nacionalistas tenían poco que ver con los partidos integrados en el Frente Popular.

Tras la obtención del Estatuto, el 7 de octubre de 1936, se formó el Gobierno de Euskadi. Entre otros, el texto aprobado por las Cortes establecía que un gobierno provisional debía regir el País Vasco hasta que durasen las circunstancias anormales debidas a la Guerra Civil[36].

---

33 F. Letamendia Ortzi, Breve historia de Euskadi, p. 146.
34 Ibid., p. 149.
35 El País, 9 de diciembre de 1978, p. 16.
36 Ibid.

El nacionalismo vasco 55

Los Consejos Municipales vascos designaron a José Antonio Aguirre como Presidente, quien se rodeó de miembros del PNV, el PSOE y el Partido Comunista Español (PCE). Los objetivos declarados de este gobierno coincidían con las preocupaciones del PNV: el respeto a la religión; la adopción de medidas sociales a favor de los trabajadores, sin alterar el orden social establecido; y la defensa de las características nacionales vascas[37].

Tras la victoria franquista, el gobierno vasco se exilió a Francia donde fue acogido favorablemente. En España, Franco no se conformó con poner fin al Estatuto de Autonomía, sino que impuso la represión y declaró la guerra a los nacionalistas[38]. Los vascos fueron entonces víctimas de terribles persecuciones. Se prohibieron todos los signos de la identidad nacional, tales como los partidos políticos, la lengua y la bandera. La divisa de la España franquista era "una, grande y libre", y los autonomistas representaban una amenaza para la Patria y el Estado.

Con la invasión alemana y la instauración del Régimen de Vichy, la situación de los exiliados en Francia cambió dramáticamente. Aguirre emigró a Estados Unidos y tras la victoria de los aliados en 1945, decidió volver para reconstruir el gobierno vasco. Los miembros vascos del PSOE le apoyaron en esta tarea, a pesar de ciertas voces republicanas que alegaron que el Estatuto de Autonomía había sido otorgado durante la Guerra Civil en circunstancias excepcionales que ya no existían[39].

La sede del gobierno se traspasó a Francia y, en marzo de 1945, los representantes del PNV, la Acción Nacionalista Vasca, el PSOE, el PC, el Partido Republicano Federal e Izquierda Republicana firmaron el pacto de Bayona. El pacto definía la orientación política del gobierno de Euskadi que se encontraba en el exilio. Entre otros, precisaba que los pueblos, partidos políticos y organizaciones sindicales de la Península seguían luchando contra el gobierno de Franco y la Falange. Esta lucha se llevaría también a cabo contra cualquier acción antidemocrática o intento de restauración monárquica que podrían surgir[40].

En 1952, el movimiento nacionalista conoció una cierta agitación. Un grupo de estudiantes, que había permanecido en Euskadi y condenaba la inactividad, así como la resignación del viejo nacionalismo, se

---

37 *Ibid.*, p. 182.
38 Cambio 16, 13 de mayo de 1979 (n.° 388), p. 10.
39 F. Letamendia Ortzi, Breve historia de Euskadi, p. 217.
40 *Ibid.*, p. 218.

constituyó en una formación contestataria conocida bajo el nombre de Egin. Entre 1955 y 1956, jóvenes miembros del PNV se unieron a Egin. En 1957, se produjo la ruptura entre el PNV y los jóvenes militantes reaccionarios que, el 31 de julio de 1959, crearon ETA. Esta organización iba a ampliar y dividir el nacionalismo dotándolo de una izquierda vigorosa[41]. Concebida para llevar a cabo una guerrilla rural y urbana contra el centralismo franquista, se definía como un movimiento patriótico y aconfesional. En el año 1970, durante la sexta asamblea, se produjo una escisión en su seno.

Una facción reprochó a los extremistas de caer en el militarismo y alejarse de las masas, practicando una acción revolucionaria armada que no se diferenciaba para nada del terrorismo fascista.

El año 1974 marcó la ruptura definitiva entre ambas corrientes. De esta ruptura nació, por una parte, "ETA Militar" que eligió la lucha armada sistemática contra la opresión y, por otra, "ETA Político-militar" que intentó conciliar guerrilla y acción de masas.

"ETA Militar" estaba respaldada por Herri Batasuna, el diario Egin, un sindicato y numerosas asociaciones culturales y recreativas,[42] mientras que "ETA Político-militar" recibía el apoyo de Euskadiko Ezkerra (EE).

La muerte de Franco en 1975 y la posterior restauración de la Monarquía iban a inaugurar una nueva dinámica a favor de un retorno gradual hacia la democracia, así como una nueva política en materia de autonomía de las provincias españolas.

El 22 de noviembre, en su discurso de entronización, Juan Carlos I reconoció la legitimidad de los particularismos locales, afirmando que se debía hacer hincapié en la construcción de un orden justo e igual para todos, que permitiese reconocer en el seno del Reino y del Estado los particularismos regionales como expresión de la diversidad de los pueblos que constituían la realidad sagrada de España. El Rey deseaba ser el Rey de todos y cada uno, respetando su cultura, historia y tradición[43].

El 15 de junio de 1977 tuvieron lugar las primeras elecciones generales. En el País Vasco y, concretamente, en las tres provincias de Vizcaya, Guipúzcoa y Álava, que iban a constituir una Comunidad Autónoma, dos partidos totalizaron el 35,23 % de los sufragios emitidos. Se trataba

---

41 P. Letamendia, Les partis politiques en Espagne, p. 98 (Que sais-je ? n.° 2051).
42 Dix ans de démocratie constitutionnelle en Espagne, pp. 164–165.
43 ABC, 24 de noviembre de 1985, p. 3.

del PNV con el 29,97 % y Euskadiko Ezkerra con el 5,96 %. Este resultado expresaba el peso enorme de los nacionalistas.

El 7 de octubre de 1977, más de 100.000 personas se manifestaron en el País Vasco a favor de la autonomía[44].

El 4 de enero de 1978, se aprobó el régimen preautonómico que permitía la instauración de un gobierno vasco sin esperar la entrada en vigor de la Constitución que, el 31 de octubre, era aprobada por el Congreso y el Senado, antes de ser refrendada el 6 de diciembre, por el pueblo. Este régimen tenía como objetivos, por un lado, la descentralización administrativa de los servicios transferidos por la Administración estatal y, por otro, la preparación de una autonomía constitucional definitiva[45].

Una de las aspiraciones de la Constitución de 1978 consistía en organizar el Estado a partir de nuevas bases de descentralización territorial que, sin duda alguna, le otorgaba su carácter innovador. De hecho, se trataba de crear un marco jurídico preciso y flexible para el eficaz ejercicio de las aspiraciones nacionales y regionales de los pueblos de España, pero siempre considerando el infranqueable límite de la unidad del Estado[46].

El 25 de octubre de 1979 mediante referéndum, se concedía el Estatuto de Autonomía al País Vasco. Herri Batasuna, la Liga Comunista Revolucionaria (LKI – LCR) y el Movimiento Comunista de Euskadi (EMK – MC) que habían llamado a la abstención fueron escuchados.

Promulgado el 18 de diciembre de 1979, este Estatuto excluía Navarra y abarcaba las provincias de Álava, Guipúzcoa y Vizcaya.

¿Cómo explicar la no participación de Navarra en el Estatuto de Euskadi? Vizcaya y Guipúzcoa siempre fueron nacionalistas, la provincia de Álava dividida y Navarra proespañola. En 1979, esta última confirmó la decisión que, en 1932, había sido suya: la mayoría de los municipios de la provincia se negaron a asociarse con un País Vasco autónomo[47]. Desde esta época, el País Vasco está dividido en dos comunidades autónomas, Navarra, por una parte, y la Comunidad de Euskadi, por otra.

El Estatuto no constituía el único soporte jurídico de la autonomía vasca que se fundamentaba también en los "Conciertos Económicos"

---

44 A. Ramos Gascón, España Hoy I Sociedad, p. 324.
45 Ibid., p. 200.
46 Ibid.
47 Dix ans de démocratie constitutionnelle en Espagne, p. 155.

referidos a la concesión de un régimen fiscal privilegiado. Este sistema en vigor desde el 1 de junio de 1984, prevalecía igualmente en Navarra. Así, las provincias percibían todos los impuestos nacionales y locales que, posteriormente, se repartían entre las provincias, los municipios, la Comunidad Autónoma y el Estado.

El 15 de diciembre de 1979, Jesús María de Leizaola, ex-Presidente del Gobierno vasco regresaba del exilio[48].

Las medidas tomadas por el gobierno central ponían en evidencia su voluntad de apaciguar la tensión reinante en el País Vasco. No obstante, atentados, secuestros y extorsiones nunca dejaron de producirse. Al contrario, ETA adoptó una actitud cada vez más totalitaria que la llevó a considerarse como el representante del pueblo, apoyándose en los resultados de las consultas electorales para justificar sus acciones.

¿Qué deseaban los vascos? Según Santiago Brouard, presidente de HASI, un partido incorporado a Herri Batasuna, la paz era posible en Euskadi con la condición de que se adoptasen ciertas medidas como la amnistía total, el fin de la represión contra los refugiados políticos en Francia, la legalización de todos los partidos políticos, la progresiva retirada de Euskadi de los cuerpos de policía, y la concesión de un estatuto nacional de autonomía con derecho a la autodeterminación en el conjunto del territorio vasco, Navarra incluida[49]. No obstante, Madrid rechazó estas demandas y se llegó a un callejón sin salida entre el gobierno central y un País Vasco autonomista que se encontraba casi en estado de guerra civil.

Varios factores podían explicar esta situación. Por una parte, la demagogia del PNV en el poder que no rechazaba a ETA, al mismo tiempo que condenaba sus métodos[50]; por otra, la solidaridad del pueblo vasco hacia los terroristas. En efecto, sin aprobar necesariamente sus actos, a menudo, los vascos admiraban el valor de los que los cometían y estaban dispuestos a indignarse de lo que podía hacerse contra ellos[51].

De este modo, el 16 de febrero de 1981, tras la muerte en prisión de un militante de ETA, se desencadenó una huelga general en el norte del País Vasco. El 5 de noviembre de 1983, 80.000 manifestantes independentistas desfilaban por las calles de Bilbao[52]. Además, en el País Vasco

---

48 A. Ramos Gascón, España Hoy I Sociedad, p. 224.
49 Cambio 16, 13 de mayo de 1979 (n.º 388), p. 12.
50 L'État du monde 1987–1988, pp. 452–453.
51 G. Hermet, L'Espagne au XXème siècle, pp. 297–298.
52 L'État du monde 1982, p. 81.

una importante fracción de la población estaba decidida a votar a favor de Herri Batasuna, cuyos vínculos con ETA eran conocidos[53].

Varios factores podían explicar este apoyo popular:

Primero, la Monarquía tardaba en adoptar las medidas que la sociedad vasca exigía, tales como la amnistía. Esta actitud provocaba la desconfianza de ciertos sectores hacia el nuevo régimen y beneficiaba a ETA[54].

Segundo, la insensatez del gobierno central era un elemento clave. Se mostraba reticente a aceptar el papel del PNV, dado su importancia en la sociedad vasca. El PNV había sido excluido de la elaboración constitucional y, en contrapartida, los nacionalistas habían defendido la abstención durante el referéndum. Como es sabido, la Constitución fue aprobada en el País Vasco con el 55,4 % de abstención[55].

En el periodo 1979-1987, HB llegó a fidelizar entre 150.000 y 200.000 electores, un resultado preocupante cuando se conocen los vínculos estrechos existentes entre la formación nacionalista y ETA. Así, en la víspera de las legislativas de 1979, algunos dirigentes de la organización terrorista anunciaron que los votos a favor de Herri Batasuna iban a permitirles contar sus simpatizantes[56].

Sin embargo, en España, la violencia separatista de ETA seguía siendo el problema principal.

A finales de 1987, los partidos políticos con representación parlamentaria, es decir, el PSOE, AP, el CDS, CiU, el PNV, el Partido Demócrata Popular (PDP), el PL, el PCE y EE, con excepción de Herri Batasuna, elaboraron un Pacto Antiterrorista[57]. La idea principal radicaba en la aplicación de una declaración del Parlamento Vasco de marzo de 1985 relativa a la violencia y la manera de combatirla. Esta declaración se apoyaba en dos principios, por un lado, la posibilidad de negociar con los terroristas una amnistía en el caso de que renunciasen a la violencia y, por otro, el rechazo de otorgar a ETA cualquier tipo de legitimidad para negociar temas relacionados con el terrorismo y los pueblos (caso de Navarra)[58]. Finalmente, este Pacto Antiterrorista se firmó el 12 de enero de 1988.

---

53 G. Hermet, L'Espagne au XXème siècle, pp. 297-298.
54 J.P. Fusi, España Tomo V Autonomías, p. 766.
55 Ibid.
56 El País, 28 de febrero de 1984, p. 11.
57 El País, 6 de noviembre de 1987, p. 15.
58 Ibid., p. 12.

Sin embargo, ETA no quería oír hablar del Estatuto de Autonomía. A cambio del abandono de las armas, reivindicaba la autodeterminación y la amnistía que deseaba negociar con el gobierno central, mientras que este último no estaba dispuesto a negociar hasta que no dejase de perpetrar atentados.

Finalmente, la crisis económica generaba la crispación que alimentaba la actividad terrorista. Esta crisis se debía a factores externos (subida del precio del petróleo y de las materias primas junto con la aparición de nuevas tecnologías), pero también internos (envejecimiento de la industria vasca o interés por sectores no competitivos). La siguiente Tabla 15 subraya el peso de HB en el País Vasco entre 1979 y 1987.

Esta Tabla desvela la importancia del nacionalismo en el País Vasco. El PNV se colocaba en primera posición, obteniendo entre el 30 y el 40 % de los votos emitidos, con excepción de las elecciones autonómicas de 1986 (el 23,65 %) y las municipales de 1987 (el 21,99 %); un resultado que se explicaba por la escisión de EA. Herri Batasuna constituía la segunda fuerza nacionalista del País Vasco, puesto que entre 1979 y 1987, siempre había obtenido entre el 14 y el 9 % de los votos. El único partido de envergadura nacional que se beneficiaba de un sólido apoyo era el PSOE. Asimismo, estos resultados electorales subrayaban la predominancia del nacionalismo, al mismo tiempo que el pluralismo existente en la sociedad vasca.

Varios intentos tuvieron lugar para alcanzar un acuerdo. En 1987, representantes de ETA y del gobierno español entablaron un diálogo en la ciudad de Argel en este sentido. Entonces, ETA declaró una tregua que finalizó en 1989 cuando la organización terrorista afirmó que el gobierno de Madrid se negaba a lograr un verdadero acuerdo[59].

---

59 Dix ans de démocratie constitutionnelle en Espagne, p. 165.

# El nacionalismo vasco

**Tabla 15** *Evolución del voto en el País Vasco (1979–1987)*[a]

| Partidos | Legislativas 1979 Votos % | Municipales 1979 Votos % | Autonómicas 1980 Votos % | Legislativas 1982 Votos % | Municipales 1983 Votos % | Autonómicas 1984 Votos % | Legislativas 1986 Votos % | Autonómicas 1986 Votos % | Municipales 1987 Votos % |
|---|---|---|---|---|---|---|---|---|---|
| PNV | 2752932 / 27,00 % | 345819 / 37,00 % | 349.896 / 38,10 % | 379.849 / 31,70 % | 385.849 / 39,60 % | 450.953 / 41,80 % | 304.675 / 35,81 % | 270.993 / 23,65 % | 239.883 / 21,99 % |
| PSOE/PSE PS D'USKADI | 190.235 / 15,60 % | 146.886 / 15,70 % | 130.484 / 14,20 % | 348.620 / 29,40 % | 264.396 / 26,00 % | 247.660 / 23,07 % | 287.918 / 28,77 % | 252.454 / 22,03 % | 201.785 / 18,50 % |
| HB | 149.685 / 15,00 % | 183.584 / 19,60 % | 152.097 / 16,50 % | 175.857 / 14,80 % | 143.059 / 14,30 % | 157.163 / 14,60 % | 193.724 / 17,10 % | 200.422 / 17,51 % | 205.680 / 18,81 % |
| C. POPULAR | 34.108 / 3,39 % | 3.514 | 43.853 / 4,70 % | 139.148 / 11,30 % | 777255 | 100.627 / 9,40 % | 114.967 / 11,60 % | 55.491 / 4,84 % | 58.109 / 5,33 % |
| UCD | 168.607 / 16,4 % | 116.545 | 78.310 / 8,40 % | - | - | - | - | - | - |
| EE | 80.098 / 8,00 % | 67.260 / 7,00 % | 90.005 / 9,80 % | 91.936 / 7,70 % | 79.016 / 7,90 % | 85.621 / 8,00 % | 99.408 / 9,11 % | 124.722 / 10,89 % | 101.797 / 9,33 % |
| PCE | 45.893 | 43.826 | 37.051 / 4,00 % | 20.954 / 1,70 % | 20.833 / 2,10 % | 14.921 / 1,40 % | 10.181 | - | - |
| CDS | - | - | - | - | - | - | 54.724 | 40.490 / 3,53 % | 32.311 / 2,96 % |
| EA | - | - | - | - | - | - | - | - | - |
| IU | - | - | - | - | - | - | 13.886 | - | 8.539 / 0,78 % |

[a] El País 1984 y Anuario El País 1987.
*(-): este símbolo que aparece en determinadas casillas de la Tabla indica que un partido político no se ha presentado a las elecciones por no pertenecer todavía al sistema.

# 5. La Política Regional

## 5.1. Los instrumentos comunitarios

En 1957, el Tratado de Roma, acta constitutiva de la Comunidad, había subrayado la necesidad de una política regional de desarrollo que permitiese reducir las disparidades entre las regiones atrasadas y desarrolladas de Europa[60]. La Comunidad Económica Europea debía empeñarse en lograr la convergencia de las economías de los diversos países que la integraban[61].

Sin embargo, el preámbulo del Tratado era muy general en materia de política regional. En los años sesenta, la Asamblea de Estrasburgo daba la impresión de ser la única en preocuparse por los desequilibrios regionales, adoptando en ese sentido diversos informes. Unos recomendaban la elaboración de un programa con vistas a organizar el territorio europeo; otros se interesaban por la puesta en marcha de créditos a favor de la acción regional[62].

En 1960 se creó el Fondo Social Europeo (FSE), cuyo papel consistía en promover el acceso al empleo, así como la movilidad geográfica y profesional de los trabajadores. En 1964 nació el Fondo Europeo de Orientación y Garantía Agrícola (FEOGA-Orientación), que intervenía específicamente en las regiones rurales atrasadas y desarrolladas. Las políticas comunes y la coyuntura favorable contribuyeron a reducir las disparidades entre los seis estados miembros fundadores (Francia, República Federal de Alemania, Italia, Países Bajos, Luxemburgo y Bélgica), haciendo menos imperiosa la necesidad de una política regional comunitaria[63].

En 1972, con la primera ampliación al Reino Unido, Irlanda y Dinamarca, se plantearon grandes disparidades socioeconómicas que precipitaron la creación de un fondo especial.

En 1975, nació el Fondo Europeo de Desarrollo Regional (FEDER), cuyo objetivo era la corrección de los principales desequilibrios regionales existentes en la Comunidad. Entre otros, estos desequilibrios

---

60 Y. Doutriaux, La politique régionale de la CEE, p. 5 (Que sais-je ? n.º 2587).
61 Diario Oficial del Parlamento Europeo (14 de septiembre de 1987), p. 4.
62 Y. Doutriaux, La politique régionale de la CEE, p. 12 (Que sais-je ? n.º 2587).
63 Ibid., p. 13.

resultaban de la preponderancia del sector agrícola, las mutaciones industriales y un subempleo estructural[64].

Además de los programas comunitarios, el FEDER debía participar en la financiación de programas nacionales de interés comunitario elaborados por los estados miembros que incluían inversiones en infraestructura, medidas de incentivo a favor de los sectores industriales, artesanales y de los servicios, así como acciones de puesta en valor del potencial de desarrollo endógeno. También, debía contribuir a la financiación de proyectos individuales de inversión en infraestructuras y en el sector industrial, a condición de que se inscribiesen en el marco de programas de desarrollo regional. Los programas nacionales e individuales debían enmarcarse en las regiones que se beneficiaban de la ayuda de los estados miembros en el contexto de su propio régimen de ayudas con finalidad regional[65]. En cualquier caso, los países miembros tenían la obligación de presentar sus solicitudes, y la ayuda del FEDER no podía rebasar el 55 % del gasto público. El primer reglamento abarcó la década 1975–1984, y en 1985 apareció un nuevo reglamento para acompañar la puesta en marcha del gran mercado interior. Su principal innovación radicaba en el cambio de criterios en cuanto a atribución de las ayudas se refiere. El sistema de cuotas utilizado hasta ahora no había sido otra cosa que un instrumento de redistribución presupuestaria a favor de los estados miembros desfavorecidos que eran beneficiarios netos del FEDER respecto a su contribución al presupuesto de la Comunidad. Así, se puso en marcha un nuevo sistema de horquillas mínimas y máximas para cada estado, dependiendo el montante de las ayudas del juicio emitido por la Comisión sobre la calidad de los programas presentados por cada país.

Las siguientes Tablas ilustran, por una parte, el importe de las dotaciones del FEDER entre 1975 y 1987 (Tabla 16) y, por otra, los diferentes sistemas de reparto de las ayudas concedidas (Tablas 17 y 18).

---

64 *Ibid.*, p. 21.
65 Fiches techniques sur le Parlement européen et les activités de la Communauté européenne (1989), Politique régionale FRIII (M/1).

Los instrumentos comunitarios 65

**Tabla 16** *Dotaciones del FEDER (1975-1985) en millones de ECUS*[a]

| Año | Intervenciones | Acciones específicas | Total |
|---|---|---|---|
| 1975 | - | - | 257,6 |
| 1976 | - | - | 394,3 |
| 1977 | - | - | 378,5 |
| 1978 | - | - | 581,0 |
| 1979 | 900,00 | 45,0 | 945 |
| 1980 | 1.106,8 | 58,2 | 1.165,0 |
| 1981 | 1.463,0 | 77,0 | 1.540,0 |
| 1982 | 1.669,0 | 90,5 | 1.759,5 |
| 1983 | 1.909,5 | 100,5 | 2.010,0 |
| 1984 | 2.025,0 | 115,0 | 2.140,0 |
| 1985 | 2.174,9 | 115,0 | 2.289,9 |
| 1986 | 3.003,0 | 95,0 | 3.098,0 |
| 1987 | 3.217.4 | 124,5 | 3.341,9 |

[a] Anuario El País 1988.

**Tabla 17** *La Política Regional de la CEE – El sistema de cuotas (1975-1984) por Estado miembro en 1981*

| | |
|---|---|
| Bélgica | 1,11 |
| Dinamarca | 1,06 |
| Alemania | 4,65 |
| España | ------- |
| Grecia | 13 |
| Francia | 13,64 |
| Irlanda | 5,94 |
| Italia | 35,49 |
| Luxemburgo | 0,07 |
| Países Bajos | 1,24 |
| Portugal | ------- |
| Reino Unido | 23,8 |
| 100 % | |

Esta última Tabla relativa al sistema de las horquillas indica los límites inferiores y superiores de la parte de la que podía beneficiarse cada Estado miembro.

**Tabla 18** *La Política Regional de la CEE – El FEDER (1984–1988). Horquillas en 1986*

|  | % Límite inferior | % Límite superior |
|---|---|---|
| Bélgica | 0,61 | 0,82 |
| Dinamarca | 0,34 | 0,46 |
| Alemania | 2,55 | 3,40 |
| España | 17,97 | 23,93 |
| Grecia | 8,36 | 10,64 |
| Francia | 7,48 | 9,96 |
| Irlanda | 3,82 | 4,61 |
| Italia | 21,62 | 28,79 |
| Luxemburgo | 0,04 | 0,06 |
| Países Bajos | 0,68 | 0,91 |
| Portugal | 10,66 | 14,20 |
| Reino Unido | 14,50 | 19,31 |

La primera condición para beneficiarse de las ayudas de la Comunidad era la elaboración por parte del Estado miembro de un Plan de Desarrollo Regional (PDR). Entre otros, este PDR debía constar de un análisis socioeconómico de los objetivos y acciones de desarrollo, así como de los recursos financieros. Era un método adecuado para solucionar los problemas de las regiones subdesarrolladas, luchar contra los desequilibrios territoriales y el declive industrial[66].

Una vez estudiado el PDR, la Comisión como marco comunitario de apoyo, fijaba el montante de la ayuda y determinaba la contribución de los tres fondos estructurales (el FEDER, el FSE y el FEOGA "Orientación"). En determinadas ocasiones, el Banco Europeo de Inversiones (BEI) podía intervenir.

Las Pequeñas y Medianas Empresas (PYMES), elemento clave del tejido socioeconómico europeo y del desarrollo regional, podían beneficiarse de estos fondos. En efecto, la flexibilidad de sus estructuras facilitaba la creación de puestos de trabajo con poca inversión. En el ámbito

---

66 Anuario El País, 1988, p. 442.

de la política regional, contribuían a reducir la tasa de paro de las zonas desfavorecidas.

El FEDER otorgaba ayudas estructurales para la creación de nuevas PYMES y la introducción de tecnologías de vanguardia. El FSE asumía el eventual reciclaje de los empleados, mientras que ciertas ayudas del FEOGA se veían atribuidas a sociedades vinculadas a la agricultura.

Los préstamos de la Comunidad Europea del Carbón y del Acero (CECA) sostenían la creación de nuevos empleos en el marco de la reconversión de las regiones mineras afectadas, mientras que el BEI se interesaba por las zonas en vías de desarrollo.

En cuanto a los Programas Integrados Mediterráneos (PIM), fueron creados en 1985 por una duración máxima de 7 años. Pretendían la mejora de las estructuras socioeconómicas de las regiones sur de la Europa de los Diez, con el fin de que estas regiones pudiesen hacer frente a la ampliación de la Comunidad a España y Portugal[67].

## 5.2. La reforma de los fondos estructurales

En consecuencia, la política regional llevada a cabo por la Comunidad Europea era complementaria a la emprendida por cada Estado miembro. Sin embargo, las disparidades regionales persistían y varios factores hacían imposible la puesta en marcha de una política coherente y eficaz. Se trataba de la insuficiencia presupuestaria, el principio de subsidiariedad, el desequilibrio entre los recursos dedicados a las infraestructuras e inversiones productivas, sin olvidar el peso de los gobiernos de los estados miembros y los criterios discutibles de selección de las regiones desfavorecidas.

Con la entrada en vigor del Acta Única Europea el 1 de julio de 1987, la noción de cohesión socioeconómica constituyó el objetivo prioritario de la Comunidad de cara a la creación del gran mercado interior prevista para 1993. En efecto, se hizo todavía más evidente que este ambicioso objetivo de mercado y espacio socioeconómico únicos no podía lograrse hasta que perdurasen las disparidades tan profundas entre las regiones prósperas y pobres[68].

---

67 Parlement européen, Dix ans ont changé l'Europe (1979–1989), p. 37 – Fiches techniques sur le Parlement européen et les activités de la Communauté européenne, Politique régionale FRIII/M4.

68 Diario Oficial del Parlamento Europeo (14 de septiembre de 1987), p. 5.

El Acta Única fijaba una base jurídica para la política regional y los fondos. Hasta ahora, los textos constitutivos comunitarios no contenían ninguna disposición expresa relativa a un fondo regional.

Así, el artículo 130 a) estipulaba que con el fin de promover el desarrollo conjunto de la Comunidad, ésta desenvolvía una acción que tendía a la consolidación de la cohesión socioeconómica[69].

El artículo 130 b) disponía que los estados miembros desenvolvían su política económica y la coordinaban con el fin, también, de alcanzar los objetivos enunciados en el artículo 130 a). La Comunidad participaba estrechamente en el proceso mediante los fondos estructurales (FEOGA "Orientación", FSE, FEDER), el Banco Europeo de Inversiones y los demás instrumentos financieros existentes[70].

Por fin, el artículo 130 c) postulaba que el FEDER era el principal instrumento de corrección de los desequilibrios regionales en la Comunidad, debido a su contribución al desarrollo y al ajuste estructural de las regiones subdesarrolladas, así como a la reconversión de las regiones industriales en declive[71]. Para alcanzar este objetivo, se preveían una serie de medidas tales como la duplicación de los fondos estructurales hasta 1992; una medida que, sin embargo, resultó ser insuficiente. Además, el incremento de los recursos se hacía a costa de un aumento de la contribución de cada Estado miembro. Esta reforma de los fondos estructurales preveía el ajuste estructural de las regiones subdesarrolladas (aquellas cuyo Producto Interior Bruto (PIB) por habitante estaba por debajo del 75 % de la media comunitaria), la concesión de ayudas para la reconversión de las regiones industriales, así como de subvenciones a los parados de larga duración.

## 5.3. *España y la política regional*

Todo territorio presenta estructuras y características diferenciadas en función de su herencia histórica, política, geográfica y, en general, humana. En este sentido, España mostraba profundos desequilibrios regionales en los sectores socioeconómicos e infraestructurales. Esta situación podía justificarse, entre otros, por las orientaciones económicas

---

69 Communautés européennes – Parlement européen, Les nouveaux traités 1993, p. 132.
70 *Ibid.*
71 *Ibid.*

seguidas durante los cincuenta últimos años. En efecto, entre 1939 y 1960, España había conocido un aislamiento total, período durante el cual el Instituto Nacional de Industria (INI) creado en 1941 desempeñó un papel preponderante.

Entre 1960 y 1973, el país puso en marcha una política de liberalización para beneficiarse del auge económico de la Europa Occidental. El plan de estabilización de 1959, apoyado técnica y financieramente por la Organización Europea de Cooperación Económica (OECE) y el FMI, organismos en los que España venía de integrarse, aspiraba a sanear las bases de la economía, a la vez que iniciar una prudente integración en el mundo exterior[72].

No obstante, esta ola de liberalización provocó desequilibrios en las estructuras regionales.

Hasta 1973, población, empleo y producción se concentraron en las comunidades autónomas de Madrid, Cataluña y del País Vasco en detrimento de Andalucía, Aragón, Castilla-La Mancha, Castilla-León, Galicia, Murcia y Asturias, entre otros. Asimismo, se produjo una concentración de la riqueza en unas pocas regiones. Por otro lado, el hecho de que el desarrollo industrial se efectuase fuera de toda consideración sociodemográfica dio lugar al despoblamiento de las zonas agrícolas a favor de los centros industriales[73].

Entre 1973 y 1985, la crisis económica mundial agravó los desequilibrios. Las crisis petrolíferas añadidas a los profundos cambios políticos, a causa del paso a un sistema parlamentario democrático y al nacimiento de las autonomías, relegaron a un segundo plano el desarrollo económico. Con excepción de Madrid, todas las regiones se vieron afectadas. Durante este periodo, el panorama económico español evolucionó y se observó un declive de las regiones tradicionalmente industriales. Desde ahora, los ejes de crecimiento se concentraron en nuevas zonas: en el litoral mediterráneo, desde la frontera francesa hasta la región de Murcia, con unas ramificaciones hasta Málaga; en el valle del Ebro, desde el litoral catalán hasta el sur de Álava, pasando por el centro de Aragón, Navarra y la Rioja; en el polo dinamizador de Madrid; y en Baleares y Canarias, debido a la importancia de su sector turístico.

---

72 M. Drain, L´économie de l´Espagne, p. 15 (Que sais-je ? n.º 1321).
73 Parlement européen, Document de séance, Série A, Document A2 (1989—1990), p. 5.

La Cornisa Cantábrica que había construido su dinamismo a partir de industrias de base como la siderurgia y la metalurgia, simbolizaba la España en crisis. Galicia, la región del Duero, la zona subpirenaica y el sistema Bético, representaban la España que sobrevivía, con un crecimiento demográfico moderado y un PIB próximo a la media nacional. Por fin, la España que se despoblaba correspondía a Extremadura, al macizo Ibérico, la Mancha y la zona de Guadarrama, Toledo, el río Guadiana y la Sierra de Alcaraz, donde la débil densidad de población impedía cualquier tipo de desarrollo económico[74].

Este cambio tan radical en la configuración regional podía explicarse por la pérdida de influencia de las actividades industriales y, consecuentemente, por la importancia adquirida por el turismo y la agricultura mecanizada. Los índices relativos a las tasas de paro (Tabla 19), los niveles de ingresos (Tabla 20) y la estructura productiva por comunidades autónomas (Tabla 21), ilustran la situación:

Tabla 19 *La nueva situación regional. Tasas de paro en %*

| Comunidades autónomas | 1986 |
|---|---|
| Andalucía | 30,07 |
| Extremadura | 28,5 |
| Canarias | 26,7 |
| País Vasco | 24,1 |
| Cataluña | 21,6 |
| Comunidad Valenciana | 20,6 |
| Madrid | 20,1 |
| Murcia | 19,5 |
| Asturias | 19,3 |
| Navarra | 18,9 |
| Castilla – León | 18,3 |
| Cantabria | 17,9 |
| Aragón | 16,2 |
| Castilla – La Mancha | 15,7 |
| La Rioja | 15,6 |
| Baleares | 14,4 |
| Galicia | 13,5 |
| Media España | 20 |

---

74 Parlement européen, Document de séance, Série A, Document A2 437/88, Partie B.

Tabla 20  *La nueva situación regional. Niveles de ingresos por habitante*

| Comunidad autónoma | Nivel de ingreso |
|---|---|
| Baleares | 133,7 |
| País Vasco | 127,2 |
| La Rioja | 126,3 |
| Navarra | 123,7 |
| Madrid | 116,5 |
| Cataluña | 115,6 |
| Asturias | 110,2 |
| Cantabria | 110,0 |
| Aragón | 109,3 |
| Comunidad Valenciana | 99,8 |
| Castilla-León | 97,7 |
| Murcia | 88,4 |
| Canarias | 87,5 |
| Galicia | 86,3 |
| Castilla-La Mancha | 80,9 |
| Andalucía | 77,0 |
| Extremadura | 64,4 |
| **Media España** | **103,9** |

Tabla 21  *PIB por comunidades autónomas en 1986*[a].

| Comunidad autónoma | PIB |
|---|---|
| Baleares | 6,2 |
| Canarias | 5,5 |
| Valencia | 4,7 |
| Aragón | 4,1 |
| Madrid | 3,9 |
| Cataluña | 3,8 |
| Murcia | 3,5 |
| Navarra | 3,1 |
| Cantabria | 2,5 |
| La Rioja | 2,5 |
| Andalucía | 2,0 |
| Galicia | 1,9 |
| País Vasco | 1,5 |
| Extremadura | 0,8 |
| Castilla – León | 0,4 |
| Castilla – La Mancha | 0,3 |
| Asturias | -0,4 |
| **Media España** | **2,7** |

a El País (17/05/1986).

Por su parte, las PYMES que ocupaban un lugar importante (Tabla 22), eran susceptibles de desempeñar un papel clave en cuanto a la supervivencia de las regiones afectadas por la crisis.

Tabla 22 *La economía española. Estructura de la industria española*

| Categoría de empresa | Número de empresas | % | Número de empleados | % |
|---|---|---|---|---|
| 1-4 empleados | 118.630 | 57,7 | 226.959 | 8,2 |
| 5-9 empleados | 29.885 | 14,6 | 186.440 | 6,7 |
| 10-19 empleados | 19.023 | 9,2 | 248.288 | 9,0 |
| 20-49 empleados | 15.134 | 7,4 | 456.118 | 16,3 |
| 50-99 empleados | 4.440 | 2,2 | 296.822 | 10,7 |
| 100-199 empleados | 2.348 | 1,1 | 309.249 | 11,2 |
| 200-499 empleados | 1.449 | 0,7 | 407.698 | 14,7 |
| 500-999 empleados | 346 | 0,2 | 217.829 | 7,9 |
| 1000-4999 empleados | 164 | 0,1 | 286.074 | 10,3 |
| Más de 5000 empleados | 13 | --- | 135,265 | 4,9 |
| Sin respuesta | ---- | 6,8 | ---- | 0,1 |
| Total | 205.339 | 100,0 | 2.765.142 | 100,0 |

Tal y como indica la Tabla 22, de las 205.339 empresas, 190.760 eran PYMES, o sea, el 92,9 % del total. Empleaban 2.131.574 personas, es decir, el 76,8 % de la mano de obra. Además, el 72,3 % de las empresas eran de tipo artesanal, mientras que el número de asalariados oscilaba entre 1 y 9.

La situación de las PYMES era heterogénea: ciertas empresas se distinguían por su modernidad y capacidad productiva, mientras que otras eran más bien arcaicas y poco competitivas. Sobrevivían gracias a la elevada protección aduanera, una mano de obra barata y las ayudas del Estado. Pero era de prever que la adhesión a la CEE, caracterizada por una competencia feroz, les colocase en una delicada situación.

En 1982 nació el Fondo de Compensación Interterritorial (FCI) que perseguía un doble objetivo, por una parte, corregir los desequilibrios regionales y, por otra, elaborar un mecanismo de financiación de las comunidades autónomas. Sin embargo, estos fondos de los cuales el 30 % procedía de nuevas inversiones públicas, fueron insuficientes,

*España y la política regional* 73

puesto que el FCI solo recibía una pequeña parte de los mismos; mientras que el resto servía para financiar las competencias transferidas a las regiones[75].

Según las cifras publicadas por la Comisión Europea en 1985, España constituía el país de la Comunidad que menos dinero por habitante había dedicado al desarrollo regional. En cifras absolutas, en 1984, se había gastado unos 80 millones de ecus contra 75 en 1985. Se trataba de cifras simbólicas con respecto a las inversiones efectuadas por otros países miembros donde el problema regional se planteaba en condiciones similares[76].

No obstante, las comunidades autónomas se vieron obligadas a elaborar Programas de Desarrollo Regional (PDR), en virtud de la Ley 7/1984, de 31 de marzo, del Fondo de Compensación Interterritorial. España, como los demás países miembros, debía presentar sus programas a la Comisión Europea para beneficiarse de los fondos estructurales de la Comunidad. Así, el PDR español que integraba a todos los PDR de las regiones autónomas se coordinaba con la política regional comunitaria[77].

Sorprendentemente, en España subsistía un vínculo entre las ayudas del FCI español y del FEDER. De hecho, existía un acuerdo global de financiación de las comunidades autónomas, en virtud del cual las regiones que abarcaban zonas sostenidas por el FEDER tenían acceso a una financiación de este fondo hasta el 30 % de lo que percibían del FCI[78].

En lo que se refiere a la puesta en marcha del FEDER en España, la Comisión centró su atención en Andalucía, Castilla-León, Castilla-La Mancha, Extremadura, Galicia, Islas Canarias, Asturias, Murcia, y la provincia de Teruel. La ayuda se cifró en 627 millones de ecus en 1986 contra 1136 en 1987[79]. Todas las comunidades españolas se beneficiaron del FSE, pero en cambio el FEOGA (Garantía) no tomó en cuenta Ceuta y Melilla.

---

75 Parlement européen, Document de séance, Série A, Document A2 437/88, Partie B, p. 14.
76 *Ibid.*, p. 12.
77 Anuario El País, 1988, p. 442.
78 *Ibid.*
79 Parlement européen, Document de séance, Série A. Document A2 437/88, Partie B, p. 17.

# 6. La Política Industrial

## 6.1. *Los instrumentos de la política industrial*

El objetivo de la política industrial comunitaria consistía en aumentar la competitividad de los sectores productivos. A nivel macro, esta política abarcaba la competencia, el derecho de sociedades, el mercado interior, la armonización fiscal, la política de inversiones e innovación, la política comercial, etc. A nivel micro, representaba el conjunto de medidas e instrumentos políticos, cuyos objetivos se aplicaban a sectores industriales específicos[80]. Así, la Comunidad concedía ayudas mediante fondos estructurales y préstamos por parte de la CECA, la BEI y el NIC (Nuevo Instrumento Comunitario).

La crisis de la siderurgia[81] empezó en 1974 y perduró hasta 1987. Hubo que pasar de la etapa organizativa de la expansión a la fase de gestión de las reestructuraciones. Durante este periodo, la producción de acero comunitario pasó de 156 millones de toneladas a 113, mientras que el consumo descendió de 123 millones de toneladas a 100. Además, se suprimieron 400.000 empleos en este sector, vital para numerosas regiones de la Comunidad. Esta crisis no solo afectó a la Europa de los Doce, sino que fue mundial con repercusiones en Japón y Estados Unidos.

Con la recesión de los años 73–74, que presenció la caída de la demanda mundial, las industrias consumidoras de acero como la construcción, los astilleros o la industria del automóvil funcionaron a bajo rendimiento. Además, entre 1974 y 1977, se registró una reducción de los precios de un 50 %, lo que provocó quiebras en serie. Frente a esta situación, la Comunidad aplicó medidas que fijaban unos precios mínimos, a la vez que otorgó ayudas públicas a las empresas del sector.

Paralelamente, el declive de la demanda creó dificultades de orden comercial entre la Comunidad y Estados Unidos, que se tradujeron en

---

80 Parlement Européen, Les progrès de la construction européenne (juillet 1986–juillet 1987), p. 113.
81 Fiches techniques sur le Parlement européen et les activités de la Communauté européenne (1989), Politique industrielle FR III/Fil -Fiches techniques sur le Parlement européen et les activités de la Communauté européenne (1991), Politique industrielle FR III/F/1.

la adopción de acuerdos voluntarios de restricción que iban en contra de las disposiciones del Acuerdo General de Aranceles y Comercio (GATT). Las medidas restrictivas adoptadas por Estados Unidos repercutieron sobre las importaciones de acero procedentes no solo del mercado europeo, sino también de los demás países productores, cuyas exportaciones acabaron en la Comunidad.

Otros factores estructurales empujaron a la crisis siderúrgica. Entre ellos, conviene mencionar la aparición de nuevos productores en el mercado mundial: los países en vías de desarrollo (PVD) y los países recientemente industrializados con salarios muy bajos, que habían desarrollado fábricas modernas y podían acceder más fácilmente a las materias primas.

No obstante, a pesar de un retroceso de la producción, la capacidad siderúrgica comunitaria siguió creciendo, debido a los programas de expansión lanzados antes de la recesión. De hecho, la utilización de nuevos métodos en la concepción y fabricación de productos acabados, así como el recurso a productos de sustitución como las chapas o los aceros especiales que exigían una política basada en la calidad, acentuaron el retroceso de la demanda.

Para sacar el sector de la crisis, la Comunidad aplicó medidas internas. En este sentido, inició un proceso de modernización y reducción de las capacidades de producción. Esta acción tenía un carácter intervencionista. En 1980, se instauró en la Comunidad un sistema de cuotas de producción de acero que perduró hasta 1988. También se priorizó la reestructuración para que las empresas pudiesen utilizar mejor sus capacidades en función de la demanda, modernizar sus instalaciones y competir en el mercado.

En el marco de las medidas regionales, nació el programa de reconversión siderúrgica RESIDER que pretendía facilitar la implantación de las PYMES en las regiones particularmente afectadas por la crisis. El objetivo no consistía en financiar un sector en declive, sino incentivar el desarrollo de nuevas actividades que, por una parte, absorberían los empleos suprimidos y, por otra, crearían nuevos puestos de trabajo a partir del potencial de cada región. Estas medidas se aplicaban en zonas donde las demás actividades económicas no compensaban los despidos provocados por la reestructuración. Ahora bien, había que ser muy selectivo en la definición de los criterios que servirían para determinar las regiones incluidas en el programa. Por otra parte, la Comunidad invirtió en investigación y desarrollo.

Las medidas externas aplicables al sector siderúrgico concernían, prioritariamente, la estabilización del mercado. Se prolongaron numerosos acuerdos de restricción en vigor desde 1978. Los países que no suscribieron estos acuerdos vieron sus exportaciones sometidas a un precio base que permitió a la Comunidad iniciar procedimientos "antidumping". Inevitablemente, la política de reducción de efectivos y producción chocó con los gobiernos y los sindicatos, dado que iba en contra de los planes nacionales de subvenciones.

A partir de 1977, la construcción naval[82] que hasta la fecha había vivido de los pedidos anteriores a 1973, conoció serias dificultades. En efecto, los pedidos empezaron a decaer en 1974 con la reapertura del Canal de Suez que acabó con la construcción de los grandes petroleros (el cierre del Canal se había plasmado en el aumento del tonelaje, dado que los petroleros debían dar la vuelta al Cabo para llegar hasta los puntos de carga en el Golfo Pérsico). En 1977, se registró una caída de la producción de 35,8 millones de tonelaje bruto a 24,1. Siete años después, se cifraba en 17,7 millones.

Varios factores, entre los que la recesión económica y las políticas de economía energética, explicaban el fenómeno de sobrecapacidad de la flota mundial[83].

Para la CEE, este declive supuso la reducción de las capacidades de producción (más del 45 %), y la pérdida de numerosos puestos de trabajo (el 50 %). Las consecuencias fueron desastrosas a nivel regional. En efecto, la construcción naval se concentraba esencialmente en regiones poco prósperas y no fue solo el cierre de los astilleros que creó problemas, sino también el de las industrias de suministros, habitualmente implantadas en las mismas zonas donde el paro alcanzaba tasas superiores al 25 %. La persistencia de la crisis requirió la concesión de ayudas por parte de los estados miembros, bajo control de la Comisión para acabar con la falta de transparencia en la atribución de los fondos. Se elaboraron directivas que permitiesen regular estas subvenciones.

A través del programa de reconversión naval (RENAVAL) y la política de apoyo a los trabajadores, el FEDER y el FSE desempeñaron un papel fundamental.

---

82 *Ibid.*
83 M. Labori et D. Bourdelin, L'Europe des Douze, une puissance mondiale en devenir ?, p. 47.

Sin embargo, la competencia extracomunitaria ejercida por Japón y los países recientemente industrializados como Corea del Sur, Taiwán o Brasil seguía siendo problemática. La situación obligó entonces a los astilleros europeos a orientarse hacia la construcción de buques especializados dotados con tecnologías avanzadas.

La industria textil constituía otro sector tradicional en crisis. En términos de empleo, en 1986, este sector encabezaba la industria europea con una tasa de empleo superior al10 %. También representaba el 5 % de las exportaciones comunitarias de productos manufacturados. Pero la competencia extranjera provocó una caída de la producción y del empleo, que se tradujo en la pérdida de un millón de puestos entre 1975 y 1985. Paralelamente, el consumo interior se estancó. La política de adaptación e innovación practicada por las empresas generó beneficios en cuanto a productividad, a la vez que provocó una reducción del empleo. Esta crisis tuvo graves repercusiones socioeconómicas en las regiones tradicionalmente dependientes de esta industria. Los trabajadores, mayoritariamente mujeres, no pudieron reconvertirse.

La Comunidad puso en marcha diversas políticas para reactivar el sector, tales como la garantía de unidad del mercado interior para los productos; la promoción de la investigación y del desarrollo (Programa de Investigación en Tecnologías Industriales BRITE); el control de las ayudas nacionales; y el apoyo a la reestructuración de las regiones caracterizadas por una fuerte concentración de industrias textiles y unas tasas de paro elevadas.

En el marco de la política comercial exterior, la Comunidad había concluido en 1974, bajo los auspicios del GATT, el Acuerdo Multifibras (AMF) que debía permitir un crecimiento de las exportaciones de los países en vías de desarrollo hacia el mercado comunitario, protegiéndolo, al mismo tiempo, de movimientos demasiado brutales. El objetivo era contribuir al desarrollo socioeconómico de los PVD.

Por su parte, el sector automóvil hacía frente a una reestructuración impuesta por las condiciones del mercado. Con 12,2 millones de vehículos producidos en 1987, la CEE era el primer constructor mundial por delante de Japón y Estados Unidos, pero los mercados de los países industrializados llegaban a saturación, mientras que los del tercer mundo estaban limitados, debido a la debilidad de su poder adquisitivo. Creador de empleos, este sector representaba más del 7 % de los asalariados de la industria.

No obstante, la competencia se hacía feroz entre los países miembros que, además, se enfrentaban con la competitividad japonesa cuyas exportaciones hacia la Comunidad ascendían a 1,4 millones de vehículos contra unas 40.000 unidades exportadas desde la Comunidad hacia Japón. Del mismo modo, los constructores europeos chocaban con los japoneses, debido a sus relaciones comerciales con terceros países. Con el fin de mejorar los costes de productividad, el sector industrial comunitario estaba en plena reestructuración. Tenía que aumentar la robotización de las cadenas de producción, lo que provocaba despidos masivos entre el personal no cualificado. Frente a la situación, los constructores abogaron por una única estrategia comunitaria.

## 6.2. *España y la política industrial*

La Tabla 23 da una idea del potencial industrial de España en 1986.

Tabla 23 *La potencia industrial de España (1986)*

| Sector de producción | % del PIB | % de la población activa |
|---|---|---|
| Agricultura, silvicultura y pesca | 5,5 | 16,1 |
| Industria | 36,4 | 32,1 |
| Servicios | 58,1 | 51,8 |

En base a estos datos, se podía temer en el seno de la CEE una competencia en cuanto a productos industriales se refiere.

A partir de julio de 1977, fecha de su solicitud de adhesión, España se había empeñado en colmar su retraso económico, sosteniendo el desarrollo de su industria mediante ayudas a la investigación y la innovación. De la misma manera, en 1981, había emprendido la reconversión de su aparato productivo. Paralelamente, se inició la reorganización del INI, el principal holding público heredado del régimen franquista que, en 1982, representaba, todavía, el 15 % del PIB. Esta política se tradujo en la pérdida de unos 35.000 empleos.

Por lo demás, no se invertía suficientemente en el sector industrial que se caracterizaba por una baja productividad que afectaba la competitividad de los productos españoles. Siguiendo el ejemplo de las acciones llevadas a cabo en los demás estados miembros, los esfuerzos realizados por España se concentraron en los sectores tradicionales en crisis como la siderurgia, la construcción naval, el textil, pero también el automovilístico.

Antes de analizar la situación de cada uno de ellos, es interesante centrarse en las condiciones reservadas a la industria española en el tratado de adhesión[84][85].

El acuerdo comercial firmado en 1970 con la Comunidad había sido favorable a España que se caracterizaba por una economía poco desarrollada. Asimismo, había conseguido unos derechos muy elevados para ciertos productos y, concretamente, para el sector del automóvil. Al entrar en España, los vehículos europeos debían pagar tasas del 36 % contra el 4 % para los vehículos españoles.

Varios factores justificaban la fijación de un amplio período transitorio: el nivel de protección del mercado interior, la insuficiente productividad de la mayoría de los productos industriales, y la necesidad de adquirir una tecnología vanguardista. Consecuentemente, se decidió que el desmantelamiento de los aranceles españoles frente a los demás estados miembros se efectuaría en un período de 7 años y al ritmo marcado en la Tabla 24:

Tabla 24 *El desmantelamiento de los aranceles españoles*

| | |
|---|---|
| 01/03/1986 | 10 % |
| 01/01/1987 | 12,5 % |
| 01/01/1988 | 15 % |
| 01/01/1989 | 15 % |
| 01/01/1990 | 12,5 % |
| 01/01/1991 | 12,5 % |
| 01/01/1992 | 12,5 % |
| 01/01/1993 | 10 % |

Estos aranceles elevados simbolizaban el proteccionismo tradicional español. Al respecto, afirmar que Cánovas, apoyado por los industriales vascos y catalanes, así como por los productores de cereales castellanos y andaluces, había instaurado el proteccionismo en España, no era del todo cierto. En realidad, este país siempre había vivido protegido por

---

84 Anuario El País (1985), pp. 114–117.
85 M. Labori et D. Bourdelin, L'Europe des Douze, une puissance mondiale en devenir ? pp. 401–406.

una "muralla arancelaria"[86] que los acontecimientos internacionales (guerras mundiales) o de política interior (dictadura de Primo de Rivera, Guerra Civil, franquismo), no habían hecho más que consolidar.

A partir del 1 de enero de 1993, España debía aplicar la tarifa exterior común (TEC) a las importaciones de terceros países, lo que se traduciría en reducciones arancelarias sustanciales, como lo corrobora la Tabla 25:

Tabla 25 *El reto de Europa: España en la CEE – Desarme arancelario de España frente a terceros países*

| Productos | Arancel español frente a países terceros | T.E.C. CEE frente a terceros países | Desarme español |
|---|---|---|---|
| Jabones | 18,66 | 5,96 | 13,70 |
| Explosivos | 18,42 | 6,88 | 11,74 |
| Prod. fotográficos | 14,71 | 4,08 | 10,63 |
| Caucho | 16,65 | 3,32 | 13,33 |
| Seda | 16 | 4,11 | 11,89 |
| Lana | 21,12 | 5,61 | 11,57 |
| Lino | 21,02 | 5,61 | 15,41 |
| Algodón | 24,75 | 5,88 | 18,87 |
| Alfombras | 26,60 | 8,06 | 18,54 |
| Géneros de punto | 27,06 | 11,74 | 15,32 |
| Confección | 31,18 | 10,89 | 20,29 |
| Maquinaria | 14,95 | 3,96 | 10,99 |
| Material eléctrico | 19,46 | 5,06 | 14,40 |
| Muebles | 23,86 | 4,25 | 19,61 |
| Juguetes | 29,07 | 6,13 | 22,94 |

Con el desarme arancelario y la adopción de la TEC, España se incorporaba a la unión aduanera de la CEE. Del mismo modo, tenía que adaptar su legislación a los acuerdos y las normas de la política comercial comunitaria que comprendía, por una parte, una política convencional o contractual y, por otra, una política autónoma.

---

86 F. Arroyo Llera, El reto de Europa: España en la CEE, p. 74 (Geografía de España n.º 16).

La política comercial convencional se establecía con países o grupos de países mediante acuerdos específicos. Era el caso de las relaciones CEE-AELC, caracterizadas por un total desarme arancelario para los productos industriales de ambas organizaciones, creando una zona de libre comercio en la Europa Occidental. Conviene también hacer referencia a los acuerdos preferenciales pasados con terceros países mediterráneos y los países ACP (África-Caribe-Pacífico).

La adaptación a la política convencional por parte de España suponía un cambio en sus relaciones comerciales. Así, las relaciones que mantenía con la AELC, reguladas por un acuerdo de tipo preferencial, se encontraban ahora sometidas a un total desarme arancelario. De la misma manera, se veía obligada a conceder a los países mediterráneos, que eran competidores potenciales, el mismo trato favorable que el otorgado por la CEE. Esta conseguía salidas para sus productos industriales a cambio de importaciones agrícolas, sin preocuparse por los problemas que dicha política plantearía a los estados miembros meridionales. En lo que se refiere a los acuerdos CEE-ACP, su adopción por parte de España implicaba una reorientación del comercio exterior que era favorable a ciertos PVD, pero desfavorable al continente latinoamericano, su cliente preferente.

La política comercial autónoma comunitaria contemplaba la concesión de regímenes especiales a ciertos países sin negociación previa ni contrapartida, como era el caso del sistema de preferencia generalizada.

Además del desarme arancelario y la similitud de las políticas comerciales, el principio fundamental de libre circulación de mercancías y personas exigía, entre otros aspectos, una homogeneización del tratamiento fiscal de la exportación. Así, la aplicación del Impuesto sobre el Valor Añadido (IVA) en el momento de la firma del Acuerdo de Adhesión, se traducía en la eliminación del sistema de subvenciones fiscales a la exportación del que, hasta entonces, se había beneficiado gran parte del comercio español[87]. En lo que atañe a los mecanismos de ajuste en frontera, el IVA, cuya neutralidad y objetividad fiscal eran indiscutibles, sustituía al antiguo sistema de desgravación fiscal a la exportación. Solo la devolución del IVA podía percibirse. El IVA de importación solo podía gravar las mercancías importadas que, de este modo, estarían sometidas al mismo trato fiscal que los productos españoles, dado que

---

87 F. Arroyo Llera, El reto de Europa: España en la CEE, p. 79 (Geografía de España, n.º 16).

España y la política industrial  83

el anterior impuesto de compensación de gravámenes interiores actuaba como un mecanismo restrictivo complementario del proteccionismo arancelario[88].

Volviendo al Tratado de Adhesión propiamente dicho, la reestructuración de la siderurgia española se llevaría a cabo en un plazo de tres años, y entre 1986 y 1988 sus exportaciones hacia la CEE estarían limitadas a 827.500 toneladas al año. El objetivo consistía en proteger las empresas implantadas en otros estados miembros que eran menos competitivas que las españolas. España también tenía la obligación de reducir su capacidad de producción hasta lograr los 18 millones de toneladas, y hasta 1988 no participaría en el sistema de cuotas de producción en vigor en la Comunidad. Ciertos productos, como el textil, estaban sometidos a restricciones cuantitativas. En el sector del automóvil, España seguiría el ritmo normal de reducción arancelaria y, además, aplicaría durante tres años un contingente progresivo a las importaciones. En materia de patentes y propiedad industrial, el país estaría protegido contra las falsificaciones de origen comunitario.

Desde 1974, el problema fundamental de la CECA radicaba en la sobrecapacidad del sector siderúrgico europeo y, por ese motivo, se había iniciado un amplio proceso de reconversión que provocaba despidos, concentraciones y cierres de fábricas.

La siderurgia española, que se beneficiaba de un mercado interior en constante expansión, no acusó de inmediato los efectos de la crisis económica. En 1974, la elevada demanda en productos siderúrgicos hizo prever, con un optimismo desmedido, un crecimiento constante hasta 1980. Mientras que las grandes potencias industriales comunitarias iniciaban sus planes de reconversión, la capacidad productiva española no dejaba de crecer (casi el 50 % en seis años). Esta política desastrosa generó enormes pérdidas en todas las empresas.

De hecho, nadie se había imaginado que la ralentización de la expansión y la utilización de sustitutos del acero, metales ligeros y materiales plásticos, iba a provocar una brutal caída del consumo interior y, por lo tanto, la aparición de excedentes de acero[89].

En 1983, el gobierno puso en marcha un plan de reconversión y concentración que, a causa de su retraso, generó graves conflictos sociales. En 1985, la capacidad de producción se cifraba en 21 millones de

---

88 *Ibid.*, p. 81.
89 A. Huetz de Lemps, *L'économie de L'Espagne*, pp. 210–211.

toneladas, mientras que la producción real alcanzaba los 13 millones. El 1986 fue un año tremendo. Las importaciones comunitarias satisficieron la demanda interna. Paralelamente, las exportaciones españolas cayeron un 65 %, debido a las restricciones y la eliminación de las desgravaciones fiscales. La producción disminuyó un 15 %. Entonces, España solicitó la aplicación de las cláusulas de salvaguardia que permitieron limitar las ventas de productos siderúrgicos de los demás estados miembros y revisar la cuota de exportación de los productos españoles hacia el Mercado Común[90].

La siderurgia española estaba principalmente concentrada en Asturias, Vizcaya y la provincia de Valencia (Sagunto). En cuanto a los aceros especiales, en Santander, Madrid, País Vasco (Guipúzcoa) y Barcelona[91].

Por lo que es de la construcción naval, con la adhesión española, la producción comunitaria aumentó en un 25 %. Técnica y comercialmente competitivos, los astilleros españoles eran serios competidores para los países miembros. No obstante, la crisis les afectó duramente. Los programas de reconversión no impidieron que los grandes astilleros controlados por el INI ("Astilleros Españoles" y "Astilleros y Talleres del Noroeste") se encontrasen en un callejón financiero. Del mismo modo, la empresa "Nacional Bazán", especialista en buques de guerra, registró un importante déficit. Astilleros intermedios, implantados en Bilbao, Vigo y Gijón, se agruparon en la "Sociedad de Reconversión Naval", aprovechándose de la construcción de grandes barcos de pesca que se exportaban. La construcción de embarcaciones de recreo constituyó una importante fuente de ingresos para las pequeñas empresas. Respecto al sector de la reparación naval, registró un beneficio de 15 mil millones de pesetas, de los cuales la mitad fueron a la exportación[92].

También la adhesión supuso el crecimiento de la industria textil comunitaria.

El sector textil español que ocupaba el cuarto rango mundial en cuanto a calidad se refiere, representaba el 10 % de la mano de obra industrial del país que se repartía entre las industrias de fabricación y confección. El textil español tuvo que enfrentarse con la feroz competencia asiática.

---

90 J. Capdevila Batlles, Agricultura e industria española frente a la CEE, p. 140.
91 M. Drain, L'économie de L'Espagne, pp. 79–82. (Que sais-je ? n.° 1321).
92 A. Huetz de Lemps. L'économie de L'Espagne, pp. 225–226.

El plan de reestructuración de los años 81-85 que no había conseguido mejorar la competitividad de las empresas, fue sustituido por otro, cuyos objetivos consistían en reducir los costes financieros del sector, que eran dos veces más elevados que la media europea, y aumentar las exportaciones un 3 %.

Desde el punto de vista de las relaciones comerciales, los principales clientes de España eran la Comunidad Europea, Arabia Saudita y Estados Unidos. Las importaciones concernían a las materias primas como la lana y el algodón, cuyas industrias se concentraban principalmente en Cataluña. La confección y el vestido estaban implantados en los grandes centros de Barcelona, Madrid o Bilbao[93].

La evolución de la industria automovilística española puede resumirse en varias etapas[94][95].

A principios de los años 50, nacía la Sociedad Española de Automóviles de Turismo (SEAT), financiada por el sector público, el INI y la sociedad italiana FIAT. La SEAT dominaba el mercado interior que estaba protegido por aranceles elevados.

Más tarde, sociedades extranjeras implantaron cadenas de montaje y fabricación (Renault en Valladolid o Citroën en Vigo). Al mismo tiempo, la SEAT mejoró la calidad de su producción. En 1975, FORD construyó una gran unidad de producción en la región de Valencia y, en 1987, General Motors se instaló en Zaragoza. Ambas sociedades abrieron el camino a otras multinacionales que fabricaban automóviles y vehículos industriales, entre las que se encontraban Peugeot-Talbot, Land Rover, John Deer y Mercedes Benz.

Esta industria conoció un progreso constante, debido principalmente a la demanda interna y la protección arancelaria. Llegó a ser uno de los sectores más dinámicos de la economía, colocando a España en el séptimo lugar del ranking mundial, siendo los estados miembros sus principales clientes.

En el momento de la adhesión, este sector se encontraba en plena mutación, a causa de los cambios surgidos en la demanda internacional, la reorientación de los intercambios consecutiva a la progresiva integración en el mercado comunitario, el proceso tecnológico, y las nuevas condiciones de adaptación de la producción.

---

93 *Ibid.*, pp. 226-227.
94 M. Drain, L'économie de L'Espagne, pp. 92-94 (Que sais-je ? n.º, 1321)
95 A Huetz de Lemps, L'économie de L'Espagne, pp. 221-224.

# 7. La Política Agraria Común

## 7.1. La necesidad y los objetivos de una política agraria común

La Política Agraria Común (PAC) constituía el pilar de la construcción de la Europa comunitaria. Los créditos agrícolas representaban más de dos tercios del presupuesto comunitario. Así, en 1986, la Comunidad dedicaba el 68 % de sus recursos a la PAC contra el 66 % en 1987.

Rápidamente, se constató que la eliminación de los aranceles interiores y el establecimiento de una tarifa exterior común eran insuficientes y que la reglamentación de la política agraria era imprescindible. En efecto, las características de la agricultura de los países industrializados imponían correctivos a la lógica librecambista que se encontraba a la base del gran proyecto europeo. De hecho, las propias constricciones del sector agrícola habían llevado a los estados miembros, bien antes de la creación de la CEE, a adoptar medidas agrícolas más o menos intervencionistas y proteccionistas[96].

Entre estas constricciones tradicionales, se encontraban el desequilibrio de la oferta y demanda a nivel mundial, caracterizado por una producción y un consumo radicalmente diferentes entre los países ricos (excedentes) y los pobres (deficitarios) que tenían que enfrentarse al problema del hambre; la importancia estratégica de la alimentación; la necesidad de asegurar a los agricultores una renta mínima que impidiese una desertificación de las regiones rurales; la gran diversificación de intereses por sector, tipo de explotación y región; la relevancia de los factores físicos (clima, suelo, altitud, irrigación, superficie agraria utilizable); la tendencia al desequilibrio de los mercados agrícolas con el progreso tecnológico que empujaba la oferta a superar la demanda solvente; la degradación de los términos del intercambio a costa de la agricultura, una cantidad siempre más importante de productos agrícolas siendo indispensable para adquirir los medios de producción; la falta de elasticidad del consumo alimenticio; la insuficiente rentabilidad de las inversiones agrícolas, así como la atrasada rentabilidad del capital exigido; y la pérdida de peso del sector agrícola en el PIB.

---

96 Fiches techniques sur le Parlement européen et les activités de la Communauté européenne (1989), Politique Agricole Commune FR III/P.

Estas constricciones fueron determinantes en la elaboración de los objetivos de la PAC especificados en el artículo 39 del Tratado de Roma, que consistían en aumentar la productividad agrícola; asegurar un equitativo nivel de vida a la población agrícola, mediante el aumento de la renta individual de los que trabajaban en la agricultura; estabilizar los mercados; garantizar la seguridad de los abastecimientos; y mantener precios razonables a los consumidores[97].

El artículo 110 completaba este artículo, al enumerar los objetivos de la política comercial comunitaria aplicable a los intercambios de productos agrícolas. Se trataba de contribuir al desarrollo armonioso del comercio mundial, la progresiva supresión de las restricciones a los intercambios internacionales, y la reducción de los aranceles[98].

## 7.2. Los principios y los instrumentos de la Política Agraria Común

El Mercado único: la libre circulación de los productos agrícolas dentro de la Europa comunitaria implicaba una gestión común de los precios y reglas de competencia; unas paridades monetarias fijas; un acercamiento entre las disposiciones administrativas y sanitarias; y una política común acerca de los intercambios con terceros países.

El principio de la preferencia comunitaria: el mercado interior debía estar protegido contra la descontrolada importación de productos agrícolas, siendo el objetivo fundamental evitar que la producción comunitaria fuese suplantada por productos importados, cuyos precios eran anormalmente inferiores a los de los productos comunitarios[99].

La solidaridad financiera: suponía que los estados fuesen solidariamente responsables de los gastos resultantes de la política agraria común, de tal manera que no hubiese relación entre el importe de las ayudas percibidas por un estado, y el importe de las sumas que ingresaba al presupuesto comunitario, bajo forma de derechos aduaneros sobre las importaciones de terceros países, o fracciones de IVA cobradas en su territorio.

---

97 *Ibid.*
98 *Ibid.*
99 Fiches techniques sur le Parlement européen et les activités de la Communauté européenne (1991). Politique Agricole Commune FR III/P/3.

La aplicación de estos principios dependía esencialmente de la política de los mercados y precios asumida por la Sección Garantía del FEOGA (Fondo Europeo de Orientación y Garantía Agrícola), que representaba alrededor del 95 % de los fondos; y la política estructural, dependiente de la Sección Orientación del FEOGA, que constituía aproximadamente el 5 % de los fondos. Estos fondos comunitarios eran escasos y contribuían de forma marginal a los gastos estructurales, los estados miembros haciéndose cargo del resto.

Paradójicamente, la política de mercados y precios se basaba en dos principios contradictorios: por un lado, el principio de mercado, es decir la ley de la oferta y la demanda, exigencia fundamental del liberalismo y, por otro, el principio de intervención de las autoridades públicas para estabilizar las cotizaciones de mercado.

La Organización Común de Mercado (OCM) era el instrumento de la PAC. Cada OCM se ocupaba de un producto o categoría de producto, a la vez que definía la gestión de este mercado. La OCM del sector de los cereales sirvió como referencia para los demás sectores. Cada año, el Consejo de Ministros fijaba los precios agrícolas. El problema era complejo, puesto que se trataba de proponer precios ventajosos a los consumidores de la Comunidad, aproximarse a los precios del mercado mundial para exportar o evitar las importaciones, y asegurar rentas decentes a los agricultores.

Se distinguían tres tipos de precios:

El precio indicativo (o precio de orientación), que era un precio teórico deseable para asegurar el equilibrio del mercado y mantener una renta equitativa a los agricultores, así como un precio razonable a los consumidores[100].

El precio de intervención constituía el elemento esencial de la política de apoyo a las rentas. En efecto, el productor estaba autorizado a vender a la Comunidad, a un precio garantizado, la parte de su producción que no había encontrado salida en el mercado[101]. Generalmente, este precio era inferior (entre un 10 y un 20 %) al precio indicativo, con el fin de incitar al agricultor a vender su producción en el mercado. Pero para ciertos productos el sistema fue generador de excedentes y, a

---

100 M. Labori et D. Bourdelin, L'Europe des douze, une puissance mondiale en devenir ? p. 178.
101 J.F. Deniau et G. Druesne. Le Marché Commun, p. 49. (Que sais-je ? n.º 778).

partir de 1982, hubo que complementarlo por un régimen de "umbral de garantía", cuya rebaja debía provocar una reducción de la intervención[102]. A este respecto, se imponía una distinción entre tres conceptos: almacenamiento privado, almacenamiento público, e intervención. La intervención significaba que los poderes públicos retiraban productos del mercado para sostener los precios. El almacenamiento privado era especulativo y consistía en retirar productos del mercado hasta que llegase un momento más propicio para la venta[103].

El precio de umbral que tenía como objetivo asegurar la protección del mercado de la Comunidad frente al exterior, o sea, responder al principio de la preferencia comunitaria. Así, se aplicaban deducciones a las importaciones para situar los productos de terceros países a nivel del mercado intracomunitario. A diferencia de los aranceles, estas deducciones dependían de los precios y, consecuentemente, eran variables. Por otra parte, se aplicaban medidas a la exportación que se plasmaban en el concepto de restitución a la exportación para que los exportadores participasen en el comercio mundial; la restitución debía cubrir la diferencia entre el precio comunitario y el precio mundial.

No obstante, estas subvenciones no podían aplicarse a todos los sectores. En efecto, en sectores como las semillas oleaginosas, los alimentos para el ganado y el algodón, la CEE se había comprometido en el marco del GATT a mantener aranceles estables a la importación y, por lo tanto, estos sectores no podían beneficiarse de los mecanismos de protección frente al exterior[104].

Uno de los objetivos de la PAC era la creación de un mercado en el que los productos circularían libremente. El principio de la unidad de mercado no solamente implicaba la libre circulación de las mercancías en el territorio sino, también, la unidad de precios agrícolas a nivel de la producción. Pues no se debían tomar medidas que pusiesen en peligro el funcionamiento de las OCM. Asimismo, la fijación del margen comercial del minorista debía calcularse a partir de los precios practicados a nivel de la producción y del comercio al "por mayor", al mismo tiempo que su nivel no debía obstaculizar los intercambios comunitarios[105].

---

102 *Ibid.*
103 Diario Oficial del Parlamento Europeo (23 de octubre de 1986), p. 269.
104 Fiches techniques sur le Parlement européen et les activités de la Communauté européenne (1991) Politique Agricole Commune FR III/P/3.
105 G. Druesne, Droit matériel et politiques de la Communauté européenne, p. 292.

*Los principios y los instrumentos de la Política Agraria Común* 91

En cuanto a los precios a la producción, en el momento de su fijación por el Consejo, se expresaban en ECU (la unidad de cuenta europea). Este medio de pago no existía materialmente, sino que era una moneda compuesta resultante del montante monetario específico de cada Estado miembro en función de su peso en el Producto Nacional Bruto (PNB) comunitario, así como su importancia en los intercambios intracomunitarios[106].

El valor del ECU en moneda nacional se calculaba cada día y se basaba en los tipos de cambio de las monedas participantes recogidos en cada plaza financiera.

A partir del momento que las monedas nacionales tenían una relación con el ECU, era posible deducir la relación implícita que unía cada moneda con las demás divisas (tipos de cambio cruzados). Se trataba de los tipos de cambio centrales bilaterales[107].

Los países miembros tomaron parte en el mecanismo de cambio del Sistema Monetario Europeo (SME). Alemania, Francia, Bélgica, Luxemburgo, los Países Bajos y Dinamarca se comprometieron a no dejar su moneda variar más del 2,25 % respecto a sus tipos de cambio centrales. España y el Reino Unido, admitidos en el sistema en junio de 1989 y octubre de 1990, respectivamente, disponían de un margen de un 6 %[108].

Así, en el marco de la PAC, los precios fijados en ECUS debían convertirse en las diversas divisas nacionales, pero esta operación se llevaba a cabo sin que se utilizase su tipo de cambio central. Si fuese el caso, toda variación monetaria – dentro del límite de los márgenes de fluctuación – repercutiría sobre el nivel de los precios agrícolas interiores expresados en moneda nacional[109]. De este modo, en caso de apreciación de la moneda en un determinado país, se asistiría a una caída de precios difícilmente aceptable por los agricultores, mientras que en caso de depreciación, los precios aumentarían, dando lugar a la inflación.

Con el fin de evitar esta situación, se recurría a un tipo de conversión particular, llamado tipo verde, para reconvertir en divisa nacional los

---

106 Fiches techniques sur le Parlement européen et les activités de la Communauté européenne (1989). Coordination des politiques économique et monétaire FR III/E/2.
107 *Ibid.*
108 *Ibid.*
109 *Ibid.*

precios agrícolas fijados en ECUS. Fijados por el Consejo para cada Estado miembro, constituían un "filtro" entre las fluctuaciones del tipo de cambio de la moneda nacional y el nivel de los precios agrícolas internos[110].

Consecuentemente, existía una variación entre los precios agrícolas efectivos y los que hubiesen debido aplicarse. Este desequilibrio podría provocar situaciones de competencias anormales en los intercambios intracomunitarios que justificarían la aplicación del mecanismo de los Montantes Compensatorios Monetarios (MCM).

Los MCM se podían esquematizar de la siguiente manera: en un país donde la moneda se depreciaba, se aplicaban MCM negativos, o sea, que los exportadores beneficiarios de la depreciación debían pagar un montante compensatorio, mientras que los importadores penalizados percibían el MCM; en un país cuya moneda se apreciaba, se aplicaban MCM positivos, o sea, que los exportadores percibían un MCM, mientras que los importadores tenían que pagarlo.

Los montantes compensatorios eran fondos compensatorios, y la Sección Garantía del FEOGA financiaba las sumas correspondientes a los gastos[111]. La aplicación de los MCM constituía una medida saludable, dado que permitía evitar la subida de los precios en el país cuya moneda se devaluaba, al mismo tiempo que sostenía el nivel de vida de los agricultores en los países donde la moneda se revalorizaba. No obstante, el sistema tenía inconvenientes que llevaron a proyectar su progresivo desmantelamiento. Las principales razones que militaban a favor de su desaparición eran una dilatación de la gestión, así como una carga creciente para el FEOGA, puesto que los MCM pagados eran más importantes que los percibidos, lo que alentaba las producciones ya excedentarias. A nivel de producción, los países que se beneficiaban de los MCM positivos veían su agricultura favorecida.

### 7.3. *La aparición de los excedentes*

La PAC permitió una relativa estabilidad de los mercados, evitando importantes fluctuaciones de los precios. Además, los precios de los productos alimenticios propuestos a los consumidores se quedaron

---

110 G. Druesne, Droit matériel et politiques de la Communauté européenne, p. 291.
111 *Ibid.*, p. 312.

estables, en comparación con los demás productos. Paralelamente, se produjo un crecimiento de la productividad con el uso de nuevas tecnologías. Sin embargo, estos progresos favorecieron a las grandes explotaciones agrícolas mecanizadas, en detrimento de la explotación familiar. Por otro lado, debido a la política de precios de garantía, la producción aumentó más rápidamente que el consumo.

De hecho, la PAC retribuía el rendimiento en función de las hectáreas y no de la calidad. Así, para garantizar sus ingresos, los agricultores privilegiaron el máximo rendimiento en función de las hectáreas y se pusieron a cultivar los productos que garantizaban tal rendimiento, dependiendo los ingresos del volumen de la cosecha. Entonces, numerosas empresas se vieron obligadas a racionalizar y aumentar su producción sin tener posibilidades de reconversión.

Finalmente, esta política dio lugar a enormes excedentes para los que fue difícil encontrar salidas, al mismo tiempo que el almacenamiento planteó graves problemas. Si el crecimiento de la producción había permitido el autoabastecimiento de la Comunidad, fue también una importante causa de la formación de los excedentes. Estos necesitaban almacenes equipados con medios adecuados de conservación, cuyo coste era de unos 1.355 millones de ECUS al año. Al origen de los excedentes se encontraban: el mecanismo de precios garantizados sin limitación cuantitativa prevista por la PAC; los acuerdos internacionales que se traducían en importaciones a condiciones preferenciales; el cambio de las costumbres alimenticias; y la masiva importación de productos de sustitución de los cereales forrajeros para la alimentación del ganado.

El diputado ecologista alemán Graefe zu Baringdorf pensaba que los excedentes eran voluntarios, aunque fuesen un rompecabezas financiero para la CEE. Eran un pretexto para reducir los precios y hacer de la Comunidad una potencia exportadora de productos agrícolas.

No obstante, el problema no era propio de la CEE, sino que era internacional. Asimismo, en el mercado mundial, se conocían las perturbaciones surgidas de la necesidad de vender barato las reservas comunitarias, estadounidenses y de otros países. Se trataba de la guerra comercial; la reducción de los tipos de cambio; la feroz competencia a golpe de subvenciones; las querellas y quejas en el seno del GATT; y la exclusión de los países productores marginales.

A finales de 1987, Estados Unidos poseía el 60 % de las reservas mundiales en el sector de los cereales, o sea, más de 220 millones de toneladas, mientras que garantizaba la quinta parte de la producción mundial. En cuanto a la Comunidad, controlaba el 6 % de las reservas, o sea, 17 millones de toneladas[112]. Consecuentemente, se imponía la necesidad de una nueva política agraria.

### 7.4. La nueva política agraria común

La reforma se inició en 1985 con la publicación del "Libro Verde de la Comisión", y se prolongó con el fin de adaptar los mecanismos de la PAC a la nueva situación del mercado. Por una parte, abarcaba medidas restrictivas y, por otra, contrapartidas estructurales. La política estructural de la nueva PAC animaba y recompensaba a los que no producían[113].

Las medidas restrictivas tenían como objetivo evitar la constitución de reservas excesivas y, entre ellas, se encontraba el principio de la corresponsabilidad financiera de los productores. Este principio consistía en hacer pagar una cuota a la producción, con el fin de asociar los productores con las intervenciones en el mercado. En el sector de la leche y los cereales, se instituía una tasa suplementaria que se cobraba cuando la producción rebasaba un cierto umbral.

En el mismo sentido, se estableció un sistema de cuotas aplicable desde abril de 1984 para los productos lácteos. Se fijaba un umbral de producción con reducción del precio de intervención en caso de superproducción, así como un precio garantizado a los agricultores que se comprometían a respetar dicho umbral. Este sistema se conocía también como sistema de estabilizadores presupuestarios. Paralelamente, se ponía en marcha una política de restricción a la libre fijación de precios para acercar los precios comunitarios a los del mercado mundial. También se limitaban las compras de intervención a ciertos períodos del año y se exigía una mayor calidad de los productos.

Al fin y al cabo, se practicaba una política de incitación a la diversificación, así como una limitación física del volumen de productos mediante el barbecho y la congelación de tierras.

A la vista de las Tablas 26 y 27, era todavía más evidente la necesidad de reforma de la PAC.

---

112 Bureau d'information du Parlement européen, Agriculture, Dossiers et débats n.º 8.
113 Fiches techniques sur le Parlement européen et les activités de la Communauté européenne (1989), Politique Agricole Commune FR III/P/3.

**Tabla 26** Reparto de los créditos FEOGA – Sección Garantía en 1987 y en millones de ECUS[a]

| | | |
|---|---|---|
| Almacenamiento | 3.954,8 | 17,4 % |
| Intervenciones | | |
| Retiradas | 882,5 | 3,9 % |
| Compensación de los precios | 8.762,4 | 38,5 % |
| Restituciones | 9.066,0 | 39,8 % |

[a] *Ibid*

**Tabla 27** *Niveles de reservas comunitarias de productos agrícolas al 30-06-1987*[a]

| Productos | Stocks en millones de toneladas o de hectolitros |
|---|---|
| Mantequilla | 1.183 |
| Leche en polvo | 780.000 |
| Carne bovina | 640.000 |
| Trigo duro | 1.156 |
| Trigo | 6.636 |
| Cebada | 4.233 |
| Centeno | 1.109 |
| Aceite de oliva | 292.000 |
| Alcohol procedente de la destilación del vino | 4.630 |

[a] Dosieres y debates del Parlamento Europeo.

## 7.5. *La agricultura española frente a la CEE*

España tiene un carácter a la vez meridional y occidental. Así, Madrid se encuentra más o menos en el mismo paralelo que Nápoles, mientras que Málaga está a la altura de Argel y Tarifa se sitúa todavía más al sur que Estambul. Consecuentemente, el calor y la aridez son dos importantes características de su clima. El panorama español es también occidental, dado que Valladolid, en el corazón de Castilla, se ubica más al oeste que Brest y, el Cabo Fisterra se adentra en el Océano Atlántico con un clima húmedo.

En todo el territorio se pueden distinguir tres sistemas dominantes de cultivos: en el noroeste, un policultivo a base de ganado; en el interior una producción de cereales; y, al este, las huertas compuestas por cosechas intensivas de frutales y legumbres. Conviene también mencionar la existencia de viñedos diversificados y olivos en la mayoría de las regiones, con excepción del Noroeste Atlántico y Castilla-La Vieja.

La estructura montañosa restringe la superficie agrícola utilizada (SAU) que solo representa la mitad de la superficie total del país.

A la baja pluviosidad, que constituye uno de los principales elementos que limitan la producción agrícola, se añaden muchas horas de sol que favorecen la evaporación de los ríos. Sobre esta cuestión, el irregular reparto de los ríos crea problemas con zonas aptas para los cultivos intensivos, como el Levante y el Litoral Mediterráneo, que reciben pocos millones de metros cúbicos al año, en comparación con las regiones atlánticas[114]. No obstante, el desarrollo de la irrigación, así como el uso de abonos químicos, la mecanización y el auge del movimiento cooperativista, contribuyeron a mejorar la situación del sector agrícola[115].

El reparto inapropiado de la propiedad territorial, junto con el contraste entre la gran propiedad y la pequeña, constituían otros obstáculos al rendimiento de la producción. Para facilitar la explotación de las pequeñas superficies se intentó agrupar en una sola parcela las tierras pertenecientes a un mismo agricultor y, de este modo, facilitar la utilización de tractores. Se optaba por la concentración parcelaria cuando el 60 % de los propietarios de un municipio que poseía al menos el 60 % de las tierras lo pedía. Como resultado, en el conjunto del país, a finales de 1982 habían sido agrupadas 5,2 millones de hectáreas: el 61,2 % en Castilla y León, el 23,2 % en el norte de Castilla, y el 6,6 % en la zona del Ebro. En estas regiones, la superficie media de las parcelas pasó de 0,34 a 2,58 hectáreas. Sin embargo, el relieve muy accidentado y el individualismo de los campesinos en ciertas regiones, entorpecieron la concentración parcelaria[116].

En un cuarto de siglo la economía había conocido profundos cambios y España, país agrícola exportador por excelencia, se había convertido en un país industrializado que vendía sobre todo productos manufacturados. Esta industrialización se había acompañado de una importante disminución de la población activa en los sectores agrícola y pesquero, que había pasado del 45,9 % en 1955 al 15,9 % en 1986 para lograr el 14,8 % en 1987, traduciéndose por la pérdida de unos 3.500.000 activos. El éxodo hacia las ciudades se explicaba por la notable diferencia entre las rentas de las zonas urbanas y las zonas rurales. La estructura del PIB ponía en evidencia los bajos salarios: la agricultura y la pesca

---

114 *Ibid.*, pp. 112–113.
115 A. Huetz de Lemps, L'économie de l'Espagne, p. 102.
116 *Ibid.*

representaban el 4,8 % en 1989, contra el 35,5 % y el 59,7 % para la industria y los servicios, respectivamente.

Las exportaciones agrícolas habían aumentado más lentamente que las de los productos industriales. Los cítricos (91,6 mil millones de pesetas), el aceite de oliva (46,7 mil millones), las conservas de olivas (24), el vino (45), los tomates (26,5) y el aceite de soja (30,4), constituían lo esencial de las exportaciones en 1985.

En cuanto a las importaciones, las producciones más significativas eran el maíz y la soja, que representaban, respectivamente, 82 y 75 millones de pesetas. Venían después el café (61,2), el cacao (15,5), el tabaco (50,9), la madera (49,7), las pieles (39,3) y el algodón (24)[117]. Los granos de soja se importaban de Estados Unidos para la alimentación del ganado, mientras que gran parte del aceite de soja se vendía en países extranjeros.

España, como los demás países occidentales, se había visto obligado a sostener su agricultura abandonada por las inversiones privadas que se interesaban ahora por sectores más rentables como la industria y el turismo. Así, una tercera parte de los fondos públicos se trasladaron a la agricultura. El reparto de estos fondos dio lugar a un sinnúmero de debates, dado que, en ciertos casos, la política de contención de precios permitía la supervivencia no justificada de explotaciones marginales y, en otros, era provechosa para las explotaciones más ricas caracterizadas por altos rendimientos.

En el momento de la adhesión, el dosier agrícola fue difícil de tratar, en parte a causa de la competencia que reinaba entre los agricultores mediterráneos, pero también porque ponía en entredicho los problemas presupuestarios y de preferencia comunitaria. La adhesión creaba las condiciones de una nueva organización regional para España y Portugal.

España iba a formar parte de una comunidad compuesta por diez estados, cuyo objetivo era la construcción de un mercado único que, tras haber logrado su autoabastecimiento para el 70 % de los productos, se encontraba ahora con importantes excedentes, cuya gestión era muy costosa para la Comunidad y cuya venta descontrolada amenazaba con perturbar el mercado internacional. Desde ahora, tenía que aceptar la aplicación de medidas restrictivas en materia de precios y cuotas; el principio de la preferencia comunitaria para sus abastecimientos; y

---

117 Diario Oficial de las Comunidades Europeas. 15 de noviembre de 1985 (L 302), Artículos 79–80.

el principio de solidaridad, es decir que las ayudas recibidas no serían obligatoriamente proporcionales al montante de las cantidades pagadas al presupuesto comunitario.

Por otro lado, España tendría que aplicar las normas de calidad a sus mercancías.

Se preveía que la necesaria mejora del rendimiento de su producción para equipararse con los precios comunitarios provocase una nueva organización del sector. Problemas de naturaleza comercial, pero también de empleo y equilibrio regional iban a plantearse.

De hecho, un periodo de transición había sido indispensable para que la agricultura española pudiese adaptarse al mercado común. En este sentido, el Tratado abarcaba períodos de progresiva adaptación que consistían en proteger a los productores españoles y comunitarios contra los efectos negativos que podría tener una reducción descontrolada de los aranceles.

Esta fase debía permitir una progresiva aproximación de los precios españoles a los del mercado común. Por lo demás, España estaba autorizada a mantener las ayudas nacionales, cuya supresión causaría graves perjuicios, tanto a nivel de los precios a la producción como al consumo. No obstante, estas ayudas tenían un carácter provisional[118].

Las producciones agrícolas más sensibles se centraban en las producciones de cereales y lácteas, el aceite de oliva, las materias grasas, el vino y los frutos secos. De la misma manera, el problema de la peste porcina despertaba un gran interés.

La producción de cereales (trigo, cebada, maíz, arroz), que era suficiente para las necesidades humanas, no lo era para la alimentación del ganado. La totalidad de las tierras ocupadas por los cereales estaban en barbecho y representaban el 60 % del total de las tierras cultivadas. Sin embargo, en términos de volumen, esta producción solo representaba una cuarta parte de la producción total agrícola, dado que las tierras que producían los cereales eran generalmente mediocres y no irrigadas, mientras que los cultivos eran a menudo extensivos[119].

Al cambiar las costumbres alimenticias de los españoles, el consumo de pan disminuyó. Entonces, se produjo un destacable desarrollo del cultivo de la cebada en detrimento del trigo, debido a las necesidades de

---

118  A. Huetz de Lemps, L'économie de l'Espagne, pp. 133–134.
119  J. Capdevila Batlles, Agricultura e industria española frente a la CEE, pp. 102–103.

la alimentación animal, así como de la producción de cerveza. Además, se limitaron los cultivos del centeno y avena por falta de rendimiento. En cuanto a la producción de arroz, el mercado interior llegaba a saturación y las posibilidades de exportación eran escasas.

Descubierto por los españoles en América, el maíz fue introducido principalmente en el noroeste de la Península, donde cambió profundamente el paisaje agrícola. La producción de maíz en grano destinada al consumo humano era suficiente, lo que no sucedía en el caso del maíz forrajero destinado a la alimentación animal. En efecto, en el año 1985, las crecientes necesidades del ganado habían obligado a España a importar grandes cantidades (de 3 a 4 millones de toneladas)[120]. Estas importaciones procedían, esencialmente, de Estados Unidos, Brasil, Argentina y, también, de la CEE. Tras su adhesión, la obligación para España de abastecerse preferentemente en la Comunidad iba a crear tensiones entre Estados Unidos y Europa.

La siguiente Tabla 28 indica las tasas de autosuficiencia en cereales, antes y después de la adhesión.

Tabla 28 *La Europa de los Doce ¿Llegará a ser una potencia mundial? – Tasa de autoabastecimiento en cereales*

|  | España 1981 | Portugal | CEE de los diez | CEE de los doce |
|---|---|---|---|---|
| Cereales (salvo arroz) | 57 | 27 | 109 | 100 |
| Trigo total | 81 | 35 | 125 | 120 |
| Cebada | 64 | 48 | 114 | 107 |
| Maíz | 33 | 19 | 79 | 66 |

Por lo general, la adhesión de España no influyó en la cuestión del autoabastecimiento, con excepción del maíz, del que la CEE era ya deficitaria.

En lo que atañe al sector lácteo, la tasa de abastecimiento en España giraba en torno al 100 % para la alimentación humana. Los españoles consumían leche en cantidades similares a las de sus vecinos europeos, mientras que el consumo de productos derivados era menor. Al tener que aumentar su producción de carne bovina, España iba a tener la obligación de importar productos lácteos para la alimentación del ganado.

---

120 *Ibid.*

Otro factor que convenía tener en cuenta era el precio garantizado a los productores españoles, que era más elevado que en el resto de Europa[121].

Por su parte, la producción láctea comunitaria de los Diez era excedentaria y había sido objeto de numerosas medidas restrictivas. En 1984, esta producción representaba alrededor del 19 % de la producción total de la Comunidad, que poseía el 60 % del mercado mundial.

La dispersión de las explotaciones planteaba problemas en cuanto a la colecta de leche se refiere, y afectaba las características higiénicas del producto, así como el número de reses por productor que era inferior a seis para el 50 % de las explotaciones. Esta situación hacía que los rendimientos fuesen de un 30 a un 40 % inferior a los de la CEE.

Como en el caso de los productos lácteos, los precios de la carne bovina eran superiores a los de la Comunidad, sobre todo porque España se encontraba en la obligación de importar una parte de la alimentación destinada al ganado[122]. Finalmente, era temible que la necesidad de aumentar el tamaño de las explotaciones fuese la causa de desaparición de algunas de ellas. Del mismo modo, la política comunitaria iba a poner en peligro a numerosos ganaderos y las ayudas serían insuficientes para compensar los problemas que se planteaban[123].

El aceite de oliva y los aceites procedentes de granos oleaginosos constituían otros sectores sensibles. España, que dedicaba más de 2.200.000 hectáreas al olivo, era el primer productor mundial de un cultivo generalmente localizado en regiones secas, caracterizadas por un terreno accidentado y sin posibilidades reales de reconversión.

Esta producción tenía una enorme importancia en la economía de determinadas regiones españolas, puesto que sustentaba económicamente a unas 600.000 familias. Esta situación era parecida a la de otros países miembros mediterráneos como Italia (1.000.000 familias), Grecia (400.000), Portugal (250.000) y Francia (40.000)[124]. En 1986, año de la adhesión española, se dedicaban 158.000 hectáreas a las aceitunas de mesa y 1.917.000 al aceite. Cada vez más, este sector era víctima de la competencia de los aceites que procedían, principalmente, de la soja, pero también del girasol y la colza.

---

121   Ibid., pp. 104–105.
122   Ibid.
123   Fiches techniques sur le Parlement européen et les activités de la Communauté européenne (1989), Politique Agricole FR III/P/10.
124   A. Huetz de Lemps, L'économie de l'Espagne pp. 133–134.

En el pasado, España había intentado desarrollar el cultivo de soja, pero los resultados habían sido decepcionantes. Entonces, se crearon empresas portuarias para tratar la soja importada. En 1980, se instalaron nueve empresas, de las cuales ocho pertenecían a multinacionales extranjeras y una al INI. Se trataron más de 3 millones de toneladas de grano que proporcionaron 540.000 toneladas de aceite y más de 2 millones de toneladas de harina para la alimentación del ganado. La harina se consumió en el territorio español, mientras que el mercado interior absorbió 100.000 toneladas de aceite, y las 440.000 toneladas restantes fueron a la exportación[125].

Si bien España poseía el viñedo más importante del mundo, con 1.500.000 hectáreas, no era el principal productor, situándose detrás de Francia e Italia. Su producción era escasa con una media de 20 hectolitros por hectárea. Esta situación se debía a varios factores: condiciones climáticas; tierras insuficientemente irrigadas; pobreza de los suelos; y técnicas de cultivo atrasadas. En cualquier caso, España no conseguía dar salida a la totalidad de su producción. Padecía una superproducción crónica, a pesar de las exportaciones que ascendían a unos 6 millones de hectolitros.

Los principales compradores de vino de mesa de consumo corriente procedían de países tropicales africanos como Costa de Marfil, Camerún o Gabón. En cuanto a los vinos de calidad, Alemania era el principal cliente, seguida por Dinamarca, Holanda, Bélgica y Gran Bretaña. Los españoles producían todo tipo de vinos y los productos de "denominación de origen" representaban más de la tercera parte del total.

El viñedo de Castilla-La Mancha era el más extenso con 770.000 hectáreas, seguido por el Levante con 250.000 hectáreas, y Cataluña, Castilla y León y Andalucía que contabilizaban 100.000 hectáreas, respectivamente. El Ebro se situaba en 70.000 hectáreas contra 28.000 en Galicia.

En previsión de su adhesión, España había puesto en marcha un plan de reestructuración que consistía en reducir las superficies explotadas por el arranque de viñedo y limitar el replanteo a cepas de calidad, pero la mejora del rendimiento anuló estas medidas y los excedentes subsistieron. En lo que se refiere a las consecuencias de la adhesión para el sector, los precios de los vinos españoles debían equipararse con los precios

---

125 J. Capdevila Batlles, Agricultura e industria española frente a la CEE, p. 92 – A. Huetz de Lemps, L'économie de L'Espagne, pp. 132–133.

comunitarios en un período de siete años. España podría tal vez mejorar sus posiciones en los mercados alemán y francés en detrimento de los productores italianos, pero Francia podría sacar provecho de la progresiva reducción de los aranceles para exportar sus vinos de calidad.

Por lo que es de la producción de frutos secos (almendras y avellanas), que se concentraba en la cuenca mediterránea, España era el segundo productor mundial de almendras no peladas (unas 200.000 toneladas al año), después de California. La Comunidad valenciana constituía la primera región productora, seguida por Cataluña, Murcia, las Baleares, Andalucía oriental y Castilla. La pequeña explotación agrícola predominaba. Las cosechas se vendían a empresas privadas o cooperativas encargadas de pelar las almendras destinadas al mercado interior o a la exportación, cuyos principales clientes eran Francia, Alemania, Holanda y Suiza[126]. En este sector, como en el de las avellanas, la Comunidad era deficitaria.

España era el tercer productor mundial de avellanas, con 110.000 toneladas peladas producidas cada año, pero se situaba muy por debajo de Turquía (135.000 toneladas); un país mediterráneo que había firmado acuerdos preferenciales con la CEE y competía con España. En lo que se refiere a la localización, los avellanos estaban concentrados en Cataluña y, especialmente, en la provincia de Tarragona. El mercado interior absorbía la mitad de la producción[127].

Respecto a la cría del cerdo, los problemas de carácter sanitario iban a provocar una apertura unilateral del mercado español. En efecto, hasta que no se logró erradicar la peste porcina africana se prohibieron las exportaciones, mientras se autorizaron las importaciones[128].

---

126 A. Huetz de Lemps, L'économie de l'Espagne pp. 133–134.
127 C. Tio, La integración de la agricultura española en la Comunidad Europea, p. 198.
128 Diario Oficial del Parlamento Europeo (11 de diciembre de 1986), p. 298.

# 8. La política pesquera

## 8.1. La Europa Azul

La política pesquera común, conocida también como la Europa Azul, nació de un acuerdo concluido el 25 de enero de 1983 entre los diez estados miembros.

Hasta entonces, una serie de medidas habían servido de preámbulo a una política comunitaria en el sector pesquero. Ciertas medidas adoptadas por el Consejo que entraron en vigor en febrero de 1971, habían subrayado la necesidad de aplicar el principio de la igualdad de acceso a las aguas territoriales de cada Estado miembro para todos los barcos de pesca con bandera de uno de los países miembros y matriculados en el territorio de la Comunidad. Sin embargo, se fijaba una excepción para determinados tipos de pesca, dentro de una zona de tres millas ampliada a seis por el Acta de adhesión de 1972[129]. La situación iba a cambiar radicalmente en 1976 cuando los estados miembros decidieron extender los límites de sus zonas de pesca a 200 millas de las costas que bordeaban el Mar del Norte y el Atlántico[130]. Por su parte, el Tribunal de Justicia se había interesado por el problema de la conservación de los recursos mediante la elaboración de varios decretos.

La Europa Azul abarcaba cuatro grandes apartados.

En primer lugar, una OCM que establecía normas comunes de comercialización y garantizaba una valoración positiva del pescado no vendido en el mercado y transformado para la industria de la conservería[131]. Dicha OCM privilegiaba también las organizaciones de productores, que podían fijar un "precio de retirada" por debajo del cual renunciaban a vender el pescado procedente de los países miembros, por lo que estos últimos recibían entonces una compensación financiera para incitar los pescadores a adaptar su producción a las necesidades del mercado[132]. Paralelamente, se percibían aranceles a la

---

129 G. Druesne. Droit matériel et politiques de la Communauté européenne, p. 332.
130 Ibid.
131 M. Labori et D. Bourdelin, L'Europe des Douze, une puissance mondiale en devenir ?, p. 84.
132 G. Druesne, Droit matériel et politiques de la Communauté européenne, p. 334.

importación a los que se añadían una tasa compensatoria cuando el precio franco de aduanas del producto era inferior al precio de referencia fijado por el Consejo,[133] y se aplicaba el sistema de restituciones a las exportaciones.

En segundo lugar, una política estructural, cuyo objetivo principal consistía en mejorar la productividad de la pesca. Era una forma de subvencionar la construcción, la modernización de la flota y el desarrollo de instalaciones de acuicultura.

En tercer lugar, un régimen de conservación y gestión de los recursos mediante la fijación anual de totales admisibles de capturas (TAC) para la Comunidad que, luego, se repartían entre los estados miembros bajo forma de cuotas, teniendo al mismo tiempo en cuenta los compromisos adquiridos con terceros países. Este reparto por país se basaba en varios criterios: importancia de las actividades pesqueras tradicionales; necesidades específicas de las regiones tributarias de la pesca; e imposibilidad de pescar en las aguas territoriales de otros países[134]. Este sistema fue criticado, entre otros, por Francisco González, periodista del diario *El País*, que estimaba que la Comunidad Europea fijaba los TAC en función de criterios políticos, puesto que no existía ninguna valoración científica relativa a la existencia, crecimiento u oferta por especie[135].

Desde un punto de vista técnico, la Comunidad adoptó medidas relativas a las mallas de las redes para preservar las poblaciones no adultas, y prohibió o limitó la pesca a ciertos períodos para proteger las zonas de reproducción.

El cuarto y último apartado de la Europa Azul se refería a la posible conclusión de acuerdos pesqueros entre la CEE y terceros países, así como a la participación en convenciones internacionales. Se registraban alrededor de 40 acuerdos que autorizaban a los pescadores de los estados miembros a prospectar las aguas territoriales de dichos países. Esta prospección se efectuaba mediante una "reserva de reciprocidad" (caso de Noruega, Suecia y las Islas Feroe); el ingreso de una compensación financiera (caso de Senegal, Guinea y Seychelles); y la concesión de facilidades comerciales por parte de la CEE (caso de Canadá). Del mismo modo, se concluyó un acuerdo con Estados Unidos que permitía a los

---

133 *Ibid.*
134 *Ibid.*, p. 333.
135 Anuario El País (1988), p. 373.

barcos italianos y alemanes acceder a los "stocks" excedentarios de la zona de pesca americana[136].

En 1984, y en términos de "tonelaje pescado", la CEE ocupaba el tercer rango mundial (6,7), situándose detrás de Japón y la Unión Soviética, y su producción equivalía al 6,2 del total mundial. Dinamarca encabezaba la lista, realizando el 36 % de la pesca comunitaria, seguido por el Reino Unido (el 16,5 %), Francia (el 15,5 %), los Países Bajos (el 9,2 %) e Italia (el 9,3 %).

No obstante, el consumo de productos de la pesca era tan importante que la balanza comercial era deficitaria. En los años 70, este déficit se había agravado, debido a la aplicación por parte de la mayoría de los países de las zonas económicas exclusivas de pesca sobre las que proclamaban su soberanía[137]. Concretamente, pasó de 600 millones de ECUS en 1975 a 2 mil millones en 1986. En efecto, la pérdida de las tradicionales zonas pesqueras como Islandia, Canadá y Escandinavia, obligó a la Comunidad a importar de países que, hasta ahora, se abastecían con sus propios barcos.

Con la entrada de España y Portugal, el déficit logró en 1987 los 3 mil millones de ECUS, ya que la producción de ambos países no llegó a cubrir el consumo.

Las principales zonas pesqueras, explotadas prioritariamente por Francia, el Reino Unido, Dinamarca y Alemania, constituían la Zona Atlántica del Noroeste (Groenlandia y Terranova), La Mancha y el Mar del Norte que, en 1980, representaban el 83 % de las capturas.

La flota comunitaria poseía alrededor de 7700 barcos y, aunque sus estructuras fuesen diversificadas, predominaban los barcos cuyo tonelaje de registro bruto era inferior a 500. Existían dos grandes tipos de pesca: por un lado, la pesca artesanal, que se caracterizaba por un tonelaje inferior a 20 toneladas de registro bruto (TRB), la utilización de técnicas arcaicas, y la comercialización que tenía lugar en el puerto de matrícula; por otro, la pesca de tipo industrial que abarcaba la pesca costera (entre 20 y 100 TRB), la pesca de altura (entre 100 y 250 TRB) que recurría a técnicas modernas con empleados asalariados, y la pesca de gran altura (embarcaciones superiores a las 250 TRB) practicada por buques factoría que transformaban los productos a bordo.

---

136 G. Druesne, Droit matériel et politiques de la Communauté européenne, p. 335.
137 Ibid., p. 331.

La pesca propiamente dicha proporcionaba trabajo a unas 300.000 personas, haciendo vivir diversas ramas como la construcción naval, las conserveras o los seguros marítimos, es decir, un millón y medio de personas.

Con el fin de que la adhesión de España y Portugal fuese un éxito, la Comunidad juzgó indispensable el cumplimiento de dos condiciones principales: por una parte, el riguroso respeto del Tratado, garantizado por el ejercicio de un control de las actividades pesqueras para evitar la sobreexplotación del vivero comunitario y, consecuentemente, erradicar el fraude marítimo y, por otra, la ampliación de la política comunitaria que suponía el rápido desarrollo de acciones, puesto que la Comunidad se había vuelto una potencia mundial en materia de pesca.

La primera de ellas consistía en desarrollar una política de convenios con terceros países. Se trataba de ir a pescar en las aguas de estos países lo que el mar comunitario no podía ofrecer a sus miembros. Así, se crearían puestos de trabajo.

La segunda radicaba en consolidar la OCM, abriéndola a nuevas especies, descentralizando la gestión en beneficio de las organizaciones de productores, adaptando el esfuerzo comunitario a la realidad de los mercados, y garantizando el principio de la preferencia comunitaria.

Además, se sugería la concesión de ayudas para modernizar la flota pesquera, a la vez que el desarrollo de una política de inversiones en el sector de la acuicultura.

Otra acción preconizada por la Comunidad se plasmaba en la coordinación de las ayudas nacionales concedidas al sector.

## 8.2. España y la política pesquera

Desde siempre, el sector pesquero ha sido importante en España. Asimismo, el elevado consumo anual de pescado por habitante (34 kg. en 1984), superaba ampliamente la media de los demás países comunitarios (14 kg.). Dos factores principales podían explicar el fenómeno: el débil desarrollo de la ganadería española que, en otros estados miembros, representaba la principal fuente de proteínas indispensables a una alimentación equilibrada, por un lado; y causas culturales relacionadas con la importancia de la religión cristiana que, en la Edad Media, prohibía el consumo de carne durante un período de 150 días, favoreciendo, así, un desarrollo precoz del sector pesquero, por otro[138]. No obstante,

---

138  P. Salva Tomás, La Pesca, p. 103 (Geografía de España, n.º 8).

el peso del sector pesquero no significaba que no se iba a enfrentar con dificultades específicas.

Así, el litoral español, a pesar de sus 4600 kilómetros, no posee una plataforma continental suficientemente ancha que pueda ofrecer abundantes recursos a los pescadores nacionales. Otra dificultad radica en la escasez de recursos, debido a la práctica de una política de extracción masiva. A este respecto, ni la Administración ni las organizaciones de productores demostraron un interés particular por la aplicación de medidas restrictivas susceptibles de impedir toda ruptura de equilibrio.

Esta inadecuación entre recursos y actividad pesquera tuvo repercusiones sociales que se tradujeron en el cierre de numerosas empresas. El mar mediterráneo, caracterizado por un elevado nivel de salinidad, altas temperaturas y mareas casi inexistentes -o sea, unas características poco favorables al desarrollo de una riqueza en fitoplancton-, se vio más afectado que las regiones atlánticas. Consecuentemente, la flota española tuvo que prospectar fuera de sus bases y, poco a poco, se fue edificando una potente flota de altura que operaba en las zonas libres o internacionales.

La Ley de Renovación y Ampliación de la Flota de 1961 dio un nuevo impulso al sector, promoviendo el desarrollo de estructuras. Entonces, la pesca logró una nueva dimensión. Hasta ahora, la crisis económica de 1929 y la Guerra Civil de 1936/1939 habían frenado el crecimiento, saliendo envejecida la flota, de ambos acontecimientos. A pesar de una ley de junio de 1939 que concedió préstamos y franquicia fiscal con el fin de alentar la construcción de barcos, la producción siguió siendo insuficiente y el sector caracterizado por técnicas vetustas.

Rápidamente, las dificultades se duplicaron con las crisis del petróleo de 1973 y 1979 que aumentaron el precio de coste, al mismo tiempo que los pescadores obtuvieron un incremento salarial justificado y condiciones laborales más favorables[139].

Paralelamente, la extensión en diversos países de la zona económica exclusiva (ZEE) a 200 millas, es decir, la extensión de la soberanía nacional sobre las riquezas naturales de la plataforma continental y los fondos marinos agravó la situación. Al respecto, en varias ocasiones se había puesto en duda la teoría según la que los recursos vivos del mar constituían bienes libres[140].

---

139  A. Huetz de Lemps, L'économie de l'Espagne, p. 183.
140  P. Salva Tomás, La Pesca, p. 103 (Geografía de España n.º 8).

Así, a finales del siglo XIX, se decidió que la soberanía marítima de las naciones se ejerciese hasta las tres millas de las costas. En 1930, durante la Conferencia de la Haya, las aguas jurisdiccionales se extendieron hasta 12 millas. En 1952, Chile, Ecuador y Perú aplicaron el principio de las 200 millas, y en 1977 Estados Unidos y la CEE, entre otros, hicieron lo mismo.

Por su parte, España se pronunció definitivamente el 20 de febrero de 1978.

En 1982, la Convención de las Naciones Unidas relativa al Derecho del Mar aprobó este nuevo régimen jurídico. España que, tradicionalmente, faenaba en zonas alejadas, ricas en crustáceos (Senegal, Angola, Mozambique, Groenlandia), cefalópodos (Banco Sahariano y Canadá) y merluza (Argentina, África del Sur y Namibia), se vio entonces obligada a someterse a las decisiones de estos países a los que se sumaban los caladeros de Marruecos e Irlanda del Sur.

Para remediar el problema nacido del nuevo orden jurídico internacional, España concluyó acuerdos pesqueros con la CEE, consiguiendo de esta forma licencias y cuotas renegociables cada año. También pasó acuerdos con Marruecos que permitieron a unos 887 barcos faenar en sus aguas. Del mismo modo, la creación de empresas pesqueras mixtas, que agrupaban armadores españoles y extranjeros, contribuyó a solucionar los problemas planteados por la ZEE. Los barcos estaban matriculados, por ejemplo, bajo bandera británica o argentina.

La adaptación a las nuevas circunstancias internacionales, así como la problemática de la pesca española obligaron al Gobierno a elaborar el plan socioeconómico de 1983 que definía una política de ordenación pesquera. Su objetivo fundamental consistía en adaptar la capacidad extractiva a los recursos existentes en las zonas nacionales de pesca, buscando una optimización desde una perspectiva socioeconómica y biológica[141]. Este plan abarcaba una política de recursos, estructuras y mercados[142]. La política de recursos se refería al acondicionamiento de las zonas nacionales, el desarrollo de las culturas marinas, y la consolidación de las actividades en las zonas internacionales, lo que suponía una renovación de los acuerdos bilaterales que se habían vuelto caducos, así como una intensificación de los contactos con el fin de negociar

---

141 *Ibid.*, p. 116.
142 *Ibid.*, pp. 116—118.

España y la política pesquera 109

nuevos convenios. Además, se hacía hincapié en la indispensable creación de empresas mixtas.

La política referente a las estructuras significaba la reconversión y modernización de la flota, cuyo objetivo era responder a las exigencias actuales y futuras. Eso se tradujo en una reducción del número de barcos especializados en la pesca de altura y gran altura, que se realizó mediante la retirada de una parte de las unidades más vetustas y el traspaso de las más modernas a las empresas mixtas. En 1984, o sea, un año tras la puesta en marcha del plan, la composición de la flota en función del tamaño se presentaba como muestra la Tabla 29:

Tabla 29 *La pesca. Tamaño de la flota española*

| Tamaño | Número de barcos | Tonelaje | Número de pescadores |
|---|---|---|---|
| Flota artesanal (Embarcaciones menores de 20 TRB) | 13.433 | 63.820 | 39.519 |
| Flota industrial Flota costera o de bajura (Entre 20 y 100 TRB) | 2.602 | 133.993 | 31.893 |
| Flota de altura (Entre 1.174 y 250 TRB) | 1.174 | 190.497 | 17.768 |
| Flota de gran altura (Embarcaciones superiores a las 250 TRB) | 592 | 304.089 | 12.976 |
| TOTAL | 17.801 | 692.399 | 102.156 |

Generalmente, la denominación de flota artesanal se utilizaba para las embarcaciones de uso familiar. A menudo, este tipo de pesca, practicado a lo largo del litoral mediante técnicas rudimentarias, se acompañaba del ejercicio de otra actividad ajena al sector que permitía completar las ganancias.

La flota industrial admitía tres subdivisiones en función de la distancia de los bancos de extracción con respecto al puerto de origen. La pesca costera se desarrollaba entre el litoral y una línea de 60 millas, mientras que la pesca de altura empezaba más allá de esta línea, así como en la zona situada entre los paralelos 0° y 60° N y los meridianos 10° E y 20° W. En cuanto a la pesca de gran altura se desarrollaba sin limitaciones.

El apartado estructural insistía también en el desarrollo de la investigación y preveía una ayuda a las organizaciones de productores mediante políticas de promociones para los empleados. La política de los mercados se empeñaba en implantar un sistema de regulación de los mercados de origen de los productos pesqueros.

El Tratado de adhesión significó la integración de España en la Europa Azul, lo que implicaba la aceptación de la política pesquera común. En otros términos, el país debía adaptar su plan socioeconómico a la nueva situación.

Este Tratado se articulaba en torno a cuatro grandes ejes: el acceso a las aguas y recursos de las ZEE de la CEE; el acceso a las aguas y recursos de las zonas externas a la Comunidad; la organización de los mercados; y el régimen aplicable a los intercambios entre España y los estados miembros.

En lo que se refiere al acceso a las aguas y recursos comunitarios, se fijaba el nivel de actividad de los barcos españoles y de los diversos estados miembros en las aguas sometidas a jurisdicción española. En el primer caso, el Tratado reglamentaba las actividades relativas a las especies sometidas al sistema del TAC: 300 barcos podían pescar en la zona noreste atlántica, pero solo 150 podían ejercer simultáneamente su actividad en dicha zona. España consiguió el 30 % del TAC de merluza, al que se añadieron 4500 toneladas, más 2500 toneladas de rape y 5590 de gallo. Con el sistema de los TAC, la Comunidad ejercía su autoridad en un espacio comprendido entre 12 y 200 millas con excepción de 50 millas alrededor de las Islas Shetland y Orcadas para el Reino Unido. Esta disposición planteaba el problema de los derechos históricos reivindicados por los pescadores españoles en el golfo de Vizcaya en la zona de las 12 millas que, desde ahora, la Europa Azul reservaba a los pescadores locales[143]. Los armadores habían adquirido derechos bien antes de la creación de la CEE, y preferían caer en la ilegalidad y correr el riesgo de verse sancionados antes de renunciar a ellos. A este respecto, cuando ejercían sus actividades en las aguas de los demás estados miembros, los pescadores españoles estaban sujetos a obligaciones particulares. Asimismo, los barcos debían figurar en las listas periódicas para poder prospectar, y los movimientos, así como las capturas, debían comunicarse por radio o télex a las autoridades de control. Estas obligaciones particulares se sumaban a las de orden general, impuestas a todos los pescadores comunitarios que iban a pescar en las aguas de otro Estado miembro. Las eventuales sanciones dependían,

---

143 *Ibid.*, pp. 402–403.

en primer lugar, de la competencia de los países miembros. Por su parte, la Comisión recurría a inspectores encargados de comprobar in situ la aplicación de las medidas comunitarias, y evitar las discriminaciones susceptibles de ser cometidas por las autoridades nacionales hacia los pescadores. También tenían la posibilidad de participar en los controles nacionales, tanto en el mar como en los puertos. De hecho, en diciembre de 1985, la Comisión había establecido un reglamento que obligaba a cada Estado miembro a comunicarle el resultado de las estadísticas realizadas, precisando las sanciones judiciales administrativas, así como las infracciones objeto de diligencias judiciales, e indicando la bandera de los barcos concernidos[144].

En el campo de los recursos externos a la Comunidad, se hacía efectiva la participación de España en los diversos grupos y comisiones encargados de elaborar la política exterior del sector pesquero.

Desde el momento de la adhesión, es la CEE que se encargaba de gestionar hasta su expiración los acuerdos multilaterales o bilaterales firmados anteriormente entre España y terceros países. De la misma manera, regulaba el funcionamiento de las empresas mixtas. Durante un período de 7 años, los productos pesqueros procedentes de barcos españoles, cuya bandera había sido transferida, podrían seguir importándose con franquicia en el mercado español[145].

Por otro lado, la parte relativa al mercado de los productos preveía una regulación de las condiciones de acceso a las ayudas fijadas por la OCM, y un seguimiento del nivel de los precios con un alineamiento progresivo. Los precios españoles, generalmente inferiores a los europeos, se irían equiparando durante el período transitorio. En un primer momento, se regularían los intercambios mediante los montantes compensatorios de adhesión que equilibrarían las diferencias entre ambas partes. El objetivo consistía en evitar una distorsión de la competencia que el simple desarme arancelario podría crear y, así, favorecer la unidad del mercado.

En el marco del régimen aplicable a los intercambios entre la CEE y España, la progresiva eliminación de los aranceles intracomunitarios se efectuaría en un período de 7 años. El alineamiento sobre la TEC tendría lugar en las mismas condiciones. Para terminar con las condiciones

---

144 Diario Oficial del Parlamento Europeo (19 de febrero de 1986), p. 206.
145 M. Labori et D. Bourdelin, L'Europe des Douze, une puissance mondiale en devenir ?, p. 85.

reservadas a España en el Tratado, conviene subrayar que se benefició de una ayuda de preadhesión de 28,5 millones de ECUS para sostener el proceso de reestructuración. En 1986, no recibió ningún fondo comunitario, mientras que en 1987 recibió 5,6 millones de ECUS como indica la siguiente Tabla 30 que permite establecer comparaciones con los demás estados miembros:

**Tabla 30** *Fondo comunitario recibido por Estado miembro en 1986*[a]

| | |
|---|---|
| Países Bajos | 4,8 |
| España | 5,6 |
| Portugal | 4,6 |
| Francia | 15,8 |
| Grecia | 3,5 |
| Reino Unido | 11,6 |
| República Federal de Alemania | 4,3 |
| Irlanda | 5,7 |
| Bélgica | 2,9 |
| Italia | 13,0 |
| Dinamarca | 4,9 |
| Luxemburgo | ------ |
| **TOTAL** | 76,7 |

[a] Anuario El País 1986.

La aportación de España a la pesca comunitaria podía resumirse de la siguiente manera: con una flota de 17.801 barcos, se situaba detrás de Italia (19.000) pero delante de Francia (13.300). Aumentaba en un 80 % la capacidad de captura, ocupando el primer rango para el tonelaje con 692.399 toneladas, delante de Italia (262.000 toneladas) y Francia (197.500)[146].

Las actividades eran muy diversificadas desde la acuicultura (mejillones, ostras, angulas); la pesca costera artesanal (peces de roca y crustáceos que no podían ser capturados por la pesca industrial); la pesca costera (sardinas y anchoas); la pesca de gran altura (merluza, cefalópodos); la pesca del atún; y la pesca del bacalao en Terranova[147].

---

146 G. Druesne, Droit matériel et politiques de la Communauté européenne, p. 331.
147 A. Huetz de Lemps, L'économie de l'Espagne, pp. 185–189.

Se ejercían principalmente a partir de los puertos gallegos de Vigo y La Coruña; Pasajes, en el País Vasco; Las Palmas de Gran Canaria; Algeciras, Huelva y Cádiz, en Andalucía.

La siguiente Tabla 31 aporta precisiones por regiones marítimas:

Tabla 31 *La pesca. Situación de las regiones marítimas*

| Regiones | Número de buques | Número de pescadores | Pesca desembarcada en 1984 (millares de toneladas) |
|---|---|---|---|
| Cantabria | 2.581 | 16.763 | 126.421,1 |
| Noroeste | 5.677 | 31.717 | 602.427,6 |
| Atlántico Sur | 1.748 | 15.160 | 101.597,0 |
| Andalucía | 923 | 6.6680 | 46.942,3 |
| Levante | 946 | 5.932 | 28.865,3 |
| Tramontana | 2.699 | 11.584 | 69.424,7 |
| Baleares | 1.062 | 2.526 | 4.920,9 |
| Canarias | 2.165 | 4.444 1 | 42.533,0 |

El número de pescadores se cifraba en unos 100.000, pero si se tienen en cuenta los empleos indirectos relacionados con la construcción naval, el abastecimiento de los barcos, la conservería, el transporte y comercio de pescado, unas 600.000 personas vivían del sector pesquero que representaba el 3,5 % del PIB[148].

No obstante, la pesca española se caracterizaba por una balanza comercial negativa, con 297.514 toneladas importadas contra 209.497 exportadas[149]. Esta situación se debía a razones previamente mencionadas: una creciente demanda insatisfecha por la producción extractiva, dado los escasos recursos de las zonas pesqueras nacionales, exiguas y sobreexplotadas, así como la reducción de la zona de prospección que se justificaba por la extensión generalizada de las ZEE.

---

148 *Ibid.*, p. 182.
149 P. Salva Tomás, La Pesca, p. 107 (Geografía de España, n.º 8).

# TERCERA PARTE

# LOS DISCURSOS DE LOS EURODIPUTADOS ESPAÑOLES

# 9. Análisis de contenido

## 9.1. *América Latina*

En España, el restablecimiento de la democracia y la adhesión a la Comunidad Económica Europea permitió al rey Don Juan Carlos confirmar el afecto de su país hacia las antiguas colonias del continente latinoamericano y expresar su deseo de que se desarrollasen las relaciones económicas entre la Europa de los Doce y América Latina. El 14 de mayo de 1986, declaraba ante el Parlamento Europeo: "España no puede ni quiere olvidar los vínculos estrechos y particulares que la unen a las naciones de América Latina, y desea que la comunidad, cuyas relaciones con los países de África, Caribe y Pacífico fueron calificadas de modelo de cooperación, pueda ofrecer a América Latina un ámbito adecuado para realizar, eficazmente, esta cooperación"[150]. Estas relaciones entre la CEE y los países de África, Caribe y Pacífico (ACP), a las cuales hacía referencia Don Juan Carlos, eran fruto del Convenio de Lomé firmado el 28 de febrero de 1975 por cuarenta y seis países y los nuevos estados miembros de la CEE. Pretendía estabilizar los recursos de los PVD al compensar sus pérdidas a la exportación, que resultaban de las fluctuaciones de los mercados mundiales, y ayudar mediante préstamos al mantenimiento de las estructuras mineras afectadas por la reducción de los precios de las materias primas. Además, los productos de estos países se beneficiaban de condiciones muy ventajosas para acceder al mercado europeo. Hasta ahora, esta política más bien regionalista que mundialista por parte de la CEE, había apartado a la región iberoamericana, a pesar de sus intentos para obtener un tratamiento menos discriminatorio.

Para los diputados españoles, tanto de derecha como de izquierda, la entrada de su país en la CEE debía permitir que esta situación evolucionase. Medina Ortega (PSOE S) declaraba que la adhesión de las naciones ibéricas era una magnífica oportunidad para ampliar el ámbito de la política exterior comunitaria[151], a la vez que para reactivar la política

---

150 Diario Oficial del Parlamento Europeo (14 de mayo de 1986), p. 145.
151 Diario Oficial del Parlamento Europeo (16 de enero de 1986), p. 292.

exterior hacia América Latina[152]. Del mismo modo, Robles Piquer (AP DE) consideraba la adhesión como un factor de acercamiento[153] entre ambos continentes.

Por su parte, Grimaldos Grimaldos (PSOE S) pensaba que los vínculos histórico-culturales de los dos nuevos estados miembros con sus antiguas colonias constituían un mayor desafío para la Comunidad Europea, al mismo tiempo que comprobaba que la declaración común de intención que figuraba en el Acta de Adhesión ponía de relieve la voluntad de la Comunidad Europea de extender y consolidar sus relaciones económicas, comerciales y de cooperación con estos países[154].

Durán Corsanego (AP DE) expresaba sentimientos parecidos en lo referente a los vínculos particulares de su país con esta región, que eran mucho más estrechos de lo que dejaban suponer las antiguas relaciones coloniales. Para los españoles, la América hispanohablante era una prolongación de España del otro lado del Atlántico[155]. Los viajes efectuados a Argentina, Uruguay, Chile o Cuba por el Rey, Felipe González y demás políticos españoles, atestiguaban el deseo de mantener estas relaciones. También las buenas relaciones personales entre dirigentes facilitaban estos encuentros. Así, Felipe González mantenía relaciones de confianza con diversas personalidades latinoamericanas con quienes se comunicaba casi a diario.

Sin embargo, más allá de las declaraciones de intención y la reafirmación de los vínculos culturales, se podía dudar de que la adhesión de los países ibéricos a la Comunidad Europea constituyese un acontecimiento capaz de desarrollar las relaciones económicas con América Latina, dado que los intercambios comerciales entre ambas partes del mundo se habían degradado seriamente entre 1970 y 1985. En vista a esta situación, se planteaba la cuestión de saber si España, cuyos intercambios con América Latina habían sufrido una caída espectacular (sus exportaciones habían pasado de un 12 % en 1950 a un 3,4 % en 1985, mientras que sus inversiones en 1985 no representaban más del 15 % del capital exportado), estaba capacitada para invertir la tendencia.

Por otra parte, la adhesión española a la CEE iba a influir negativamente, por lo menos a corto plazo, sobre las exportaciones

---

152 *Ibid.*
153 *Ibid.*, p. 62.
154 Diario Oficial del Parlamento Europeo (21 de enero de 1987), p. 62.
155 Diario Oficial del Parlamento Europeo (13 de marzo de 1987), p. 295.

latinoamericanas; el país se veía obligado, según el principio de la preferencia comunitaria, a abastecerse en los países miembros, así como a respetar los acuerdos preferenciales que la Comunidad había negociado con terceros países. En cualquier caso, el argumento mayor que ponía en entredicho el papel atribuido a España para desarrollar los vínculos entre la CEE y América Latina radicaba en la ausencia de una política de cooperación coherente y activa hacia el continente latinoamericano. Esta falta de cooperación, que se explicaba por el proceso de transición política, se había vuelto problemática en los últimos años.

Para Grimaldos Grimaldos (PSOE S) había llegado el momento de poner un término final a esta situación y definir un nuevo marco, más amplio y generoso, en lo referente a las relaciones económicas, comerciales y de cooperación. Esta nueva estrategia comunitaria hacia América Latina debería recibir el apoyo de todos los medios e instancias comunitarias[156].

La adhesión de España a la CEE y las repercusiones sobre sus relaciones con América Latina

En marzo de 1987, se debatía en el Parlamento Europeo un informe relativo a la ayuda financiera y técnica a favor de los PVD de Asia y América Latina, que hacía hincapié en tres cuestiones principales.

Primero, la Comisión solo había utilizado el 59 % de los créditos disponibles en el presupuesto de 1986, al mismo tiempo que dichos créditos habían sido recortados para 1987.

Segundo, la Comisión, en contra de la opinión de los expertos, había rechazado abordar por separado los presupuestos destinados a América Latina y Asia.

Tercero, esta misma Comisión proponía repartir los 175 millones de ECUS de la siguiente forma: el 75 % para Asia contra el 25 % restante para el continente latinoamericano, basándose en el hecho de que el ingreso medio por habitante en Asia estaba por debajo del de América Latina. A excepción de los españoles, los eurodiputados de los demás estados miembros apoyaban este reparto.

Los eurodiputados españoles tenían conciencia de que, al tratar conjuntamente la ayuda a ambos continentes según unos criterios de ingreso medio por habitante, los fondos concedidos a América Latina serían escasos. Consecuentemente, pedían que se tratase la ayuda por separado, con el fin de que se tuviese más en cuenta la situación

---

156 Diario Oficial del Parlamento Europeo (21 de enero de 1987), p. 63.

económica del continente latinoamericano que se caracterizaba por una excesiva deuda.

García Arias (PSOE S) afirmaba que el problema radicaba en la escasez de los fondos, así como en las dificultades encontradas por la Comisión para administrarlos y gestionarlos satisfactoriamente[157]. Solicitó que se aumentase la ayuda a América Latina, sin que por lo tanto la decisión afectase al nivel de cooperación con Asia[158].

Por su lado, Durán Corsanego (AP DE) estimaba que las ayudas para ambos continentes debían ser similares y recordaba que su reivindicación cumplía con las promesas y buenas intenciones expresadas por diversas instancias en el momento de la adhesión de España y Portugal. Si no se cumplía ahora, ¿Cuándo se cumpliría?[159]

En todo caso, quedaba patente que, al elaborar su política económica exterior, la CEE había privilegiado las relaciones con los ACP y los países de la cuenca mediterránea en detrimento de la región iberoamericana.

Edgar Pisani, comisario europeo responsable de los temas relacionados con el desarrollo, explicaba que "la evidencia se inscribía en el mapa del mundo. Así, son las proximidades casi continentales que permitían el desarrollo de relaciones como las que se llevaban a cabo entre América del Norte y del Sur; Europa y África; Japón y el Sureste asiático"[160].

No obstante, existían unos convenios de cooperación como el convenio firmado en diciembre de 1983 entre la CEE y el Pacto Andino, que debía entrar en vigor en febrero de 1987. Este acuerdo incluía a Bolivia, Ecuador, Colombia, Perú y Venezuela. En sí mismo, se refería a la cooperación comercial; la mejora del acceso al Sistema de Preferencias Generalizadas (SPG); la cooperación económica (en especial en el ámbito minero y energético); y al desarrollo. De la misma manera, se habían establecido negociaciones con el Sistema Económico Latinoamericano (SELA) que agrupaba al Grupo Andino y al Mercado Común Centroamericano (MCCA). Este convenio contemplaba reuniones en los ministerios y las embajadas para intercambiar puntos de vista sobre la valoración de la situación económica mundial, por un lado, y las

---

157 Diario Oficial del Parlamento Europeo (13 de marzo de 1987), p. 98.
158 Ibid., p. 293.
159 Ibid., p. 295.
160 E. Pisani, La main et l'outil, p. 34.

relaciones entre la CEE y América Latina, por otro. Desde febrero de 1986, se había reanudado el diálogo.

Desafortunadamente, estos encuentros no producían los resultados esperados. Generalmente, la CEE deploraba la ausencia de un único interlocutor que representase las posturas comunes de estos países. Estas relaciones se desenvolvían en función de los objetivos perseguidos por las diversas organizaciones regionales del continente.

En lo que atañe a las relaciones bilaterales, se habían firmado acuerdos, pero no eran suficientes para impedir el continuo deterioro del peso de América Latina en el comercio exterior de la Comunidad.

Robles Piquer (AP DE) era partidario de poner en marcha una política más eficaz. No se trataba de declarar que las Convenciones de Lomé o los convenios bilaterales simbolizaban los sistemas de cooperación más adecuados, sino que se trataba de ser conscientes de la necesidad absoluta de abordar con seriedad la problemática, a la vez que la esperanza que representaba América Latina. Toda iniciativa en este sentido sería acogida con entusiasmo[161]. Robles Piquer emitía un deseo sin concretar los medios para realizarlo.

Al contrario, García Arias (PSOE S) no vacilaba en proponer soluciones, quizás a veces irreales, preguntándose por qué no se empezaba a estudiar el acceso de estos países al Mercado Común[162].

A este respecto, Claude Cheysson, miembro de la Comisión, templaba el optimismo de los eurodiputados españoles, recordando que los ministros de Hacienda de los países miembros no sostenían siempre los objetivos de cooperación económica fijados por la Comisión, y concluía que la incapacidad de Europa para tener una visión común a nivel monetario y económico era preocupante, puesto que impedía una concertación permanente con los países latinoamericanos[163]. A continuación, describió la pésima situación del continente latinoamericano: reducción de un 10 % del ingreso por habitante; caída brutal de la inversión interior (cinco puntos al año); degradación de los términos de intercambio[164]. Del mismo modo, la deuda exterior constituía un problema de mayor importancia para estos países.

---

161  Diario Oficial del Parlamento Europeo (21 de enero de 1987), p. 64.
162  *Ibid.*
163  *Ibid.*, p. 220.
164  *Ibid.*, p. 217.

Grimaldos Grimaldos (PSOE S) compartía este análisis, añadiendo que, en cualquier momento, el peso de la deuda podría obstaculizar los progresos conseguidos hacia una democratización más amplia. El continente latinoamericano se enfrentaba a dos desafíos: una deuda exterior que superaba los 400 mil millones de dólares, por una parte; y la transición democrática, por otra. Dicho de otro modo, el importante retroceso socioeconómico que vivía podía hipotecar los éxitos políticos[165].

Para el diputado portugués Pegado Liz, la deuda era el reflejo de un orden económico injusto, cuyo origen se remontaba a principios de los años setenta, cuando se modificó la estructura de los flujos financieros hacia los PVD[166].

Ciertos economistas fijaban el comienzo de la crisis mundial en 1971 cuando Estados Unidos decidió suspender la paridad fija del dólar con el oro. Otros pensaban que el origen de la crisis remontaba a 1973 cuando los países árabes de la Organización de los Países Productores de Petróleo (OPEP) aumentaron el precio del petróleo, lo que provocó el deterioro de la balanza de pagos de los países importadores. El precio del petróleo se multiplicó por cuatro, causando una inflación generalizada, mientras que los países de la OPEP dispusieron de ingresos elevados. Así, entre 1974 y 1980, sus excedentes alcanzaron los 300 mil millones de dólares, frente al enorme déficit del Tercer Mundo no petrolero[167].

Más de la tercera parte de los excedentes petroleros se depositó en los bancos americanos, europeos y japoneses. Al empeñarse en reciclar los excedentes, estos bancos modificaron la financiación de los intercambios internacionales, llegando a ser los socios capitalistas más dinámicos de los años setenta. Se puede afirmar que no se aplicó ningún control acerca de los "desplazamientos" de eurocréditos que pasaron de 2,8 mil millones de dólares en 1962 a 76 mil millones en 1970 para lograr los 250 mil millones en 1974 y 1334 mil millones en 1980, o sea, un aumento vertiginoso que la desaparición de los tipos de cambio fijos (mecanismo de regulación creado al término de la Segunda Guerra Mundial) favoreció[168].

---

165 *Ibid.*, p. 62.
166 *Ibid.*, p. 214.
167 P. Arnaud, La dette du Tiers-Monde, p. 46.
168 *Ibid.*, p. 61.

Con la liberalización de las relaciones monetarias y financieras internacionales, son los mercados (y no las autoridades monetarias nacionales), que guiaron la evolución de los tipos de cambio y tipos de interés, así como la creación de liquidez. La inflación afectó a buena parte del mundo. Los PVD, al no tener petróleo, sufrieron de pleno el encarecimiento de los abastecimientos, que se tradujo en la aparición de un enorme déficit de unos 200 mil millones de dólares que les obligó a endeudarse todavía más[169].

Para remediar la deuda externa, los países deudores se vieron obligados a contratar nuevos préstamos; una situación que conllevaba una grave amenaza para la consolidación e instauración de jóvenes democracias.

Según García Arias (PSOE S), Europa debía actuar urgentemente sin esperar la implantación de sistemas democráticos, dándose cuenta, fría e impasiblemente, de las dificultades socioeconómicas a las que se enfrentaban pueblos y gobiernos[170]. En otros términos, no se podía subordinar la ayuda a dichas regiones al color del gobierno en el poder.

Sin embargo, esta opinión no hacía la unanimidad. Así, el eurodiputado portugués Pereira Virgilio (LDR) estimaba que los regímenes autoritarios vigentes en Chile y Paraguay no debían contar con la solidaridad comunitaria, a pesar del debido respeto a sus respectivos pueblos[171].

García Arias (PSOE S) sugería que se consolidasen las estructuras económicas de los PVD mediante ayuda pública e inversiones. De no ser así, era ilusorio pensar que estos países pudiesen superar del pago de los intereses[172]. Era preferible, tanto para los países deudores como para los acreedores, conseguir reducir la deuda con el fin de poder satisfacerla. Convenía reflexionar sobre nuevas fórmulas para intentar solventar el problema, puesto que la política del todo o nada, es decir, exigir u olvidarse del pago de la deuda, no era la solución.

A este respecto, Suárez González (AP DE) opinaba que exigir el pago era una tragedia y olvidarlo una catástrofe financiera[173]. En efecto, sería una tragedia para las poblaciones sometidas al rigor presupuestario, y

---

169 Dossier Le Monde 1974 – 1985, p. 31.
170 Diario Oficial del Parlamento Europeo (10 de junio de 1986), p. 79.
171 *Ibid.*
172 *Ibid.*
173 *Ibid.*, p. 34.

sería una catástrofe financiera porque era imposible ocultar unos 400 mil millones de dólares en concepto de pérdidas y ganancias sin derrumbar gran parte del sistema bancario que permitía a los países desarrollados proporcionar ayuda financiera a América Latina. Para evitar llegar a esta situación extrema, Suárez González (AP DE) aconsejaba que hubiese una adaptación a las condiciones específicas de cada país, así como a las propuestas formuladas por cada uno de ellos, teniendo en cuenta sus posibilidades. Así, sería conveniente estudiar la posibilidad de que el pago fuese proporcional al PIB y a la balanza comercial[174]. Robles Piquer (AP DE) recordaba que, desde la Segunda Guerra Mundial, el continente conocía una crisis sin precedentes. Asimismo, a finales de 1985, México debía cerca de 100 mil millones de dólares y Argentina 50 mil millones[175], sin hablar de Brasil cuya deuda era colosal. Refiriéndose a Raúl Prebisch, comisario de la Comisión Económica para América Latina y el Caribe (CEPAL) que responsabilizaba tanto a estos países como al Banco Comercial Internacional[176], manifestó que sus dirigentes junto con el BCI habían, sin medir las consecuencias, participado en una especulación sobre el crecimiento del papel que desempeñaban en el mercado mundial[177]. Además, el eurodiputado español mencionaba que en los últimos años, a pesar de sus necesidades, la región latinoamericana había transferido fuera de sus fronteras fondos por un importe equivalente a 106 mil millones de dólares[178]. Estas transferencias eran posibles, ya que, en nombre de las condiciones necesarias para obtener préstamos, el FMI prohibía cualquier obstáculo a la libre circulación de capitales.

Esta evasión de capitales de los países latinoamericanos endeudados hacia los países industrializados era importante. Conviene subrayar que, cuando se estudiaba la solvencia de un país con vistas a la concesión de ayudas, no se tomaban en cuenta estos haberes. Cualquier compromiso exterior se integraba en el apartado "deuda nacional" que debía asumir el país en su conjunto, sin que apareciese en contrapartida un activo nacional, cuyos ingresos pudiesen asumir la carga de dicha deuda. La deuda pública era una deuda socializada, pero los haberes

---

174 Ibid.
175 Ibid.
176 Diario Oficial del Parlamento Europeo (21 de enero de 1987), p. 64.
177 P. Arnaud, La dette du Tiers-Monde, p. 60.
178 Diario Oficial del Parlamento Europeo (21 de enero de 1987), p. 64.

del sector privado en el exterior no corrían la misma suerte, mientras que las evasiones de capitales podían alcanzar hasta los dos tercios de las obligaciones bancarias de países como México, Venezuela o Argentina[179].

Por lo que se refiere a Argentina, el gobierno radical de Alfonsín, que se había encontrado con un país en quiebra heredado de la dictadura, no era el único responsable de la situación económica. Emprendió una importante acción diplomática para hacer entender a los acreedores de su país el peligro que representaba la deuda para la democracia. Por sí solos, los intereses de la deuda equivalían a 6,2 mil millones de dólares en 1985, mientras que el excedente del comercio exterior, punto fuerte de la economía, lograba los 3,5 mil millones[180].

Sin embargo, el presidente Alfonsín no consiguió librarse de las exigencias del FMI: reducir el gasto público; privatizar las empresas; crear impuestos; despedir empleados, etc. Esta política le permitió ganar la confianza del FMI, obteniendo una refinanciación de la deuda de 19 millones de dólares en abril de 1987.

Pero los intentos de saneamiento económico se vieron afectados por la guerra comercial entre los grandes productores de cereales comunitarios y estadounidenses, traduciéndose en una caída de los precios de los principales productos de exportación. Asimismo, entre 1984 y 1987, los precios del trigo, el maíz y la carne bovina cayeron un 30 % de media[181], lo que justificó la refinanciación de la deuda.

Expresándose sobre la difícil situación, Suárez González (AP DE) declaró que los países industrializados acreedores debían mostrarse generosos, ya que tenían parte de responsabilidad en la caída sistemática de precios de las materias primas[182].

Esta declaración concernía principalmente a México, país deudor, cuyo principal producto de exportación era el petróleo. En 1976, empezó a exportar esta materia prima y, entonces, sus problemas de pago se esfumaron. Los bancos no plantearon ninguna dificultad para prestarle los capitales necesarios con vistas a mejorar la explotación de sus prometedores yacimientos. De esta forma, las exportaciones pasaron de 0,2 a 1,8 millones de barriles al día entre 1976 y 1981, lo que

---

179 P. Arnaud La dette du Tiers-Monde. P. 105.
180 L'Etat du Monde 1985, p. 173.
181 L'Etat du Monde 1986—1987, p. 155.
182 Diario Oficial del Parlamento Europeo (10 de junio de 1986), p. 84.

correspondía al 4 % del gasto público en 1976, y al 69,5 % en 1981. La deuda exterior siguió los mismos pasos, pasando de 22 mil millones de dólares en 1974 a cerca de 80 mil millones en 1981. Entonces, es cuando el precio del petróleo comenzó a estabilizarse y las importaciones de los países industrializados dejaron de aumentar. En 1982, en México, los pagos de los intereses representaban casi el 50 % de los ingresos[183].

En 1986 se produjo una nueva baja del precio medio del barril que pasó de 28 a 15 dólares, a causa de una falta de entendimiento entre los miembros de la OPEP.

Sobre esta cuestión, García Arias (PSOE S) afirmó que la caída del precio del petróleo, beneficiosa para los países industrializados, provocaba dificultades añadidas en México, Venezuela y otros países productores[184]. Esta opinión era compartida por Claude Cheysson que afirmaba que si los países importadores iban a ahorrar unos 100 mil millones de dólares al año, no iba a ser el caso de América Latina cuya situación económica iba a deteriorarse todavía más[185].

No obstante, nadie estaba interesado en el hundimiento de México, puesto que si se negaba a pagar la deuda las repercusiones sobre el sistema financiero internacional serían graves. Estados Unidos tampoco lo deseaba, debido a los yacimientos petrolíferos estratégicos de su vecino con quien compartía una frontera de 3000 kilómetros y que era su principal aliado comercial.

Así, el FMI aceptó ajustar la financiación de la deuda a las fluctuaciones del mercado del petróleo y, en noviembre de 1986, la comunidad financiera internacional otorgó a México un préstamo de 12 mil millones de dólares. El 20 de marzo de 1987, los bancos se comprometieron a proporcionarle 7700 millones de dólares[186].

Con todo, México era víctima de la presión norteamericana que intentaba inclinar su política pacifista en América Latina. Su activa participación en el Grupo de Contadora, así como en el régimen sandinista de Nicaragua era contraria a la política llevada a cabo por Estados Unidos en esta zona, considerada como esencial para hacer frente a la expansión soviética.

---

183  P. Arnaud, La dette du Tiers-Monde, p. 71.
184  Diario Oficial del Parlamento Europeo (10 de junio de 1986), p. 84.
185  Ibid., p. 73.
186  L'Etat du Monde 1986–1987 p. 197.

*América Latina* 127

Otro problema que se planteaba era la amenaza de expulsión del continente norteamericano de dos millones de emigrados mexicanos que presionaba fuertemente a México. El retorno de esta mano de obra a su país de origen en plena crisis económica sería catastrófico. Por otra parte, la persistencia de la guerrilla en América Central, que podía degenerar en un conflicto generalizado, tenía su parte de responsabilidad en la llegada masiva de refugiados a Guatemala y México.

Pons Grau (PSOE S) reprochaba al Consejo de Ministros haber esquivado la posibilidad que se planteaba de dar a la Asamblea un control Político[187], a la vez que estimaba que los préstamos de 80 millones dedicados a la cooperación económica eran insuficientes[188]. Por otro lado, apoyaba la iniciativa de otorgar préstamos a los sandinistas, puesto que los problemas de América Central que ponían en peligro la paz en la región e, incluso, en otras zonas, tenían un origen social. Se trataba de una cuestión de relaciones Norte-Sur y no Este-Oeste como algunos, por interés, hacían creer[189].

Suárez González (AP-DE), por su parte, recriminó al Consejo por haber retirado al Parlamento Europeo el control del diálogo político con los gobiernos de América Central[190]. Del mismo modo, apoyó la cooperación económica, aunque mostrándose bastante evasivo en cuanto al importe de la ayuda. Para este eurodiputado, no era sorprendente que los españoles, independientemente de su pertenencia política, compartiesen con su Rey la idea de que España no podía ni quería olvidar los estrechos y particulares vínculos que la unían a las naciones latinoamericanas. Era importante que la Comunidad estableciese una eficaz cooperación con estos países[191].

En cambio, Suárez González (AP DE) sometió a ciertas condiciones la concesión de préstamos a Nicaragua. Asimismo, tras declarar que todos los pueblos eran iguales y merecedores de la ayuda comunitaria[192], manifestó que la CEE debía negociar la cooperación, haciendo entender a los gobiernos que el hecho de defender la mejora de la calidad de vida, el desarrollo, la educación, así como la formación profesional, tenía

---

187 *Ibid*.
188 *Ibid*.
189 *Ibid*.
190 *Ibid*.
191 *Ibid*.
192 *Ibid*.

como objetivo último ayudarles a permanecer en el "mundo libre"[193]. Sobre esta cuestión, Claude Cheysson aclaró que la CEE se había comprometido con los países de América Central y que no se excluiría a ninguno de ellos del sistema de cooperación[194]. Consecuentemente, cualquier intento de exclusión de Nicaragua equivaldría a romper el acuerdo económico.

El éxito del acuerdo "San José II" entre la CEE y los países de América Central dependía de la acogida que iba a tener la iniciativa impulsada por el Grupo de Apoyo a Contadora.

Entre los esfuerzos hechos por este grupo, también llamado Grupo de Lima, para proponer soluciones pacíficas, conviene hacer especial hincapié en una reunión que tuvo lugar en enero de 1986 en Venezuela y se difundió a través del mensaje de Caraballeda.

La novedad significativa radicaba en la reconsideración del poder desempeñado por Estados Unidos en la dinámica de la crisis centroamericana. El documento de la reunión reconocía la necesidad de una negociación triangular que debía pasar por Washington y no limitarse a un acuerdo entre los cinco países centroamericanos. El hecho de considerar explícitamente a EE.UU. como parte beligerante en el conflicto, ponía fin a un tabú que, hasta entonces, había estado presente en la actuación del Grupo de Apoyo a Contadora, mostrando una actitud más firme hacia la política norteamericana.

El entusiasmo con el que los diversos actores de la comunidad internacional (la Organización de las Naciones Unidas (ONU); la Organización de los Estados Americanos (OEA); la CEE; la Internacional Socialista; y los países centroamericanos), recibieron el mensaje de Caraballeda, confirmó la importancia de esta nueva actitud en el proceso de negociación. En la misma línea, el Partido Demócrata americano hizo todo lo posible para encontrar una alternativa a la política beligerante del Partido Republicano[195]. En cuanto a la CEE, apoyó la declaración de Caraballeda y todos los partidos se pronunciaron a favor de la no intervención de potencias extranjeras.

Sin embargo, ciertos eurodiputados de derecha adoptaron una postura divergente, resaltando que Estados Unidos no era la única potencia

---

193 *Ibid.*
194 *Ibid.*, p. 244.
195 Cuadernos Cecari, n.º 2, Escenarios políticos en Centroamérica, pp. 23–28.

*América Latina*  129

extranjera implicada en este conflicto, a lo que Pons Grau (PSOE S) respondió que el cese de cualquier tipo de violencia, presión y desestabilización exterior que ponía en peligro el acuerdo de paz era deseable. A continuación, pidió a Estados Unidos que hiciese verdaderos esfuerzos de paz, entre los cuales estaría el cese de la ayuda militar a los grupos armados contrarrevolucionarios[196].

En cuanto a Durán Corsanego (AP DE), defendió toda iniciativa pacificadora dirigida hacia un pluralismo democrático sin influencia exterior, al mismo tiempo que afirmó que le parecía insensato que se pidiese a una sola potencia que hiciese un gesto a favor de la paz, cuando otras potencias, como Cuba, que se distinguían por su acción desestabilizadora, directa o indirecta, estaban involucradas en el conflicto[197].

No obstante, ciertos países europeos no tenían interés en enfrentarse de pleno con las potencias extranjeras implicadas en el conflicto. Así, según Claude Cheysson, la inestabilidad en esta parte del mundo no resultaba de la acción de tal o cual potencia exterior, sino que se basaba en profundos desequilibrios que se habían manifestado a lo largo de los dos últimos siglos y que, en consecuencia, convenía centrarse en los problemas de desarrollo socioeconómico[198].

Esta voluntad de no chocar con la susceptibilidad de las potencias exteriores y, en particular, con Estados Unidos se manifestó en junio de 1986 en una sentencia del Tribunal de Justicia Internacional de La Haya que condenó a Estados Unidos por violar los Derechos Humanos en Nicaragua. En efecto, durante la votación celebrada en el Consejo de Seguridad de las Naciones Unidas, Francia y Gran Bretaña se abstuvieron, mientras que España apoyó la resolución del Tribunal de Justicia. Estas divergencias entre países miembros perjudicaban la credibilidad de la CEE en los países latinoamericanos.

De hecho, las divergencias en temas de política exterior no aparecían solo entre países miembros, sino que existían entre los propios partidos políticos nacionales. Durante los debates parlamentarios relativos al análisis de los acontecimientos sobrevenidos en determinados países latinoamericanos, se expresaron estas divergencias.

---

196  Diario Oficial del Parlamento Europeo (12 de junio de 1986), p. 248.
197  *Ibid.*
198  Diario Oficial del Parlamento Europeo (15 de marzo de 1986).

Asimismo, en Nicaragua, el gobierno sandinista acababa de prohibir el diario de la oposición "La Prensa" y expulsar al Arzobispo Vega por sus declaraciones a favor de la ayuda de Estados Unidos a los contras.

Los conceptos de democracia y respeto de los Derechos Humanos que iban imponiéndose en América Latina, no se vislumbraban en Nicaragua por culpa de la dictadura[199]. Robles Piquer (AP DE) mencionó que, con excepción de Nicaragua, no existía ninguna dictadura en los países de América Central. Costa Rica seguía fiel a su ejemplar democracia, mientras que El Salvador, Honduras y Guatemala habían organizado elecciones libres. Solo el gobierno de Nicaragua había hecho fracasar una revolución en nombre de la Libertad: las elecciones no eran democráticas; la radio y la prensa estaban privadas de su derecho de expresión; y había prisioneros políticos[200].

En lo que se refiere a Pons Grau (PSOE S), se negaba a emitir un juicio negativo sobre la política del gobierno sandinista. Como los demás representantes de los partidos de izquierda en el Parlamento Europeo, opinó que se intentaba presentar la situación en Nicaragua como si todo girase en torno a la libertad de prensa y la prohibición de dejar entrar a un eclesiástico[201]. Las medidas adoptadas por el país centroamericano constituían medidas de autodefensa frente al aumento constante de la ayuda económica a la "contra" y la intensificación de la presión guerrillera[202].

Por otra parte, declaró estar inquieto, debido a ciertas decisiones tomadas por el gobierno nicaragüense[203]. En este sentido, considerando el caso del arzobispo, hubiese preferido que fuese interrogado y sometido a un juicio histórico, pero la cuestión era de saber si verdaderamente podía justificar el apoyo que había brindado a la intervención militar extranjera en su propio país. En cualquier caso, su expulsión era un error político deplorable que de ninguna manera podía aprobar[204].

En lo que concierne al cierre del diario "La Prensa", hubiese sido conveniente recurrir a los tribunales para investigar si, como afirmaban

---

199 Diario Oficial del Parlamento Europeo (10 de julio de 1986), p. 302.
200 *Ibid.*, p. 304.
201 *Ibid.*, p. 306.
202 *Ibid.*
203 *Ibid.*, p. 305.
204 *Ibid.*

las autoridades, este diario había mantenido vínculos con grupos subversivos[205].

Pues este debate ilustraba perfectamente las divergencias existentes en cuanto a cómo abordar los problemas políticos en América Latina. Por un lado, los acontecimientos sobrevenidos daban lugar a una condena global del régimen sandinista y, por otro, las medidas tomadas por el gobierno de Nicaragua eran preocupantes. También, se condenaba el hecho de que los tribunales no se hubiesen pronunciado, al mismo tiempo que se evocaba un reflejo de autodefensa frente al agresor.

Con la llegada al poder en 1986 del demócrata-cristiano Vinicio Cerezo en Guatemala y del socialdemócrata Arias en Costa Rica, que iban a favorecer una nueva dinámica de paz, las acciones de Contadora fueron perdiendo protagonismo. En efecto, estos gobernantes, preocupados por la internacionalización de los conflictos locales, favorecieron la toma de decisiones por parte de actores regionales para encontrar soluciones de paz y fomentar el desarrollo. Asimismo, Vinicio Cerezo organizó en Esquipulas una reunión entre los cinco presidentes de América Central, durante la que se decidió la creación de un Parlamento Centroamericano, cuyos miembros deberían ser elegidos mediante sufragio universal directo, respetando el pluralismo político, así como el principio de encuentros periódicos. De dicha reunión nació la Declaración de Esquipulas I del 25 de mayo de 1986. En cuanto a Arias, planificó en febrero de 1987 una cumbre con cuatro países centroamericanos para presentar un nuevo plan de paz denominado "Plan Arias".

Sucediendo a este plan, el Acuerdo de Guatemala -o Esquipulas II- que fue firmado el 7 de agosto de 1987 por los presidentes centroamericanos, consistía en la restauración de una paz segura y duradera en América Central. Este plan, basado en una voluntad de autonomía por parte de las regiones centroamericanas, fue recompensado por la comunidad internacional que, en 1987, otorgó a Arias el Premio Nobel de la Paz.

Robles Piquer (AP DE) pidió que, de una vez por todas, no se hablase más de la paz en América Central, recordando que todas las instituciones comunitarias (Parlamento, Comisión, Consejo y Ministros de Asuntos Exteriores) habían declarado en todas las lenguas que sostenían las más diversas iniciativas de paz. También quiso subrayar la actuación del Parlamento por haber mantenido un fructífero diálogo con los

---

*205 Ibid.*

representantes oficiales y las fuerzas vivas de Guatemala, Honduras, El Salvador, Costa Rica y Nicaragua. Finalmente, argumentó que la delegación del Parlamento para América Central, presidida por Fernández Suárez, eurodiputado de su grupo, esperaba que todas las fuerzas políticas, así como todos los grupos parlamentarios de la Asamblea nunca desmintiesen por sus acciones lo que proclamaban en su discurso[206]. Pues expresaba probablemente el pesimismo mostrado por ciertos eurodiputados respecto a las posibilidades de éxito del nuevo plan de paz y, también, el hecho de que para poder tener cierta influencia, el Parlamento debía hablar con una sola voz para incitar a los gobiernos a unirse.

Por su parte, Garaikoetxea Urriza (CEP ACR), pidió que cesase toda forma de intervención exterior susceptible de retrasar el éxito del acuerdo. Concretamente, dirigió su solicitud a Estados Unidos, volviendo a exigir que las partes implicadas en el plan de paz, en especial Nicaragua, confirmasen sus procesos de democratización respectivos que planteaba el acuerdo de Esquipulas[207]. Por lo demás, señaló que había enviado una carta al Congreso y al Senado americano con el fin de que intentasen restablecer la paz en América Central y rechazasen la votación de nuevas ayudas militares para la guerra en Nicaragua[208]. Así, se unía a Gutiérrez Díaz (IU COM) que pensaba que había que atraer la atención de los senadores americanos que se disponían a votar la concesión de 270 millones de dólares para ayudar a la Contra[209].

García Arias (PSOE S) compartía esta opinión ante la actitud incomprensible de la Administración estadounidense y su Presidente[210]. Preconizó que el Parlamento Europeo, junto al Consejo, explicase el punto de vista de la CEE a los representantes del pueblo americano dado que, afortunadamente, existían en el seno del Senado americano algunas voces que estaban en conformidad con las de la Comunidad[211]. En lo que concierne a la ayuda de la CEE a los países latinoamericanos, resaltó que todos aplaudían los discursos de solidaridad pronunciados

---

206 Diario Oficial del Parlamento Europeo (20 de octubre de 1987), p. 164.
207 Ibid., p. 232.
208 Ibid.
209 Ibid.
210 Diario Oficial del Parlamento Europeo (17 de septiembre de 1987), p. 249.
211 Ibid.

*América Latina* 133

por la Comisión y el Consejo, pero resaltó que para que fuesen eficaces, debían traducirse en ECUS,[212] precisando que no solo el presupuesto dedicado a la ayuda era insuficiente sino que, además, ni siquiera se había utilizado el 50 % de estos fondos en 1987.

Entre los demás temas abordados por García Arias y Garaikoetxea Urriza, se encontraba la tragedia de los refugiados a quienes había que asegurar el retorno seguro a su país y proporcionar ayudas materiales para permitir su reinserción. Se trataba de decenas de millares de indígenas que habían escapado de los regímenes militares, así como de guatemaltecos, salvadoreños y nicaragüenses que se habían ido a Honduras. El drama de estos refugiados, añadido a las numerosas violaciones de los Derechos Humanos en diferentes países latinoamericanos, preocupaban el Parlamento Europeo.

Chile

Tal y como había mencionado Müns Albuixech (CIU LDR) tras una estancia en Chile, la característica esencial de la dictadura desde un punto de vista económico era el reparto arbitrario de la recuperación económica y el desarrollo entre los distintos grupos sociales, dado que las capas menos favorecidas eran las que disponían de los medios de defensa más pobres[213].

A la vuelta de un viaje a Chile, Monforte Arregui (PNV PPE) dio su opinión en cuanto a la manera de resolver los problemas de este país dónde el régimen militar pretendía mantenerse en el poder tras las elecciones presidenciales de 1989. Era partidario de una acción para conseguir la organización de elecciones libres y transparentes que garantizasen la igualdad de posibilidades y acceso a los medias para el conjunto de candidatos. El objetivo consistía en permitir la transición pacífica hacia la democracia e impedir una bipolarización entre los que preconizaban la continuidad del régimen y los que defendían su caída por el uso de la violencia[214]. Monforte Arregui recordó que era imperativo evitar los errores cometidos en España, donde un grupo próximo al Partido Nacionalista Vasco que recomendaba la violencia como instrumento de lucha contra la dictadura se encontraba en el origen de ETA[215]. También, insistió en el hecho de que la dinámica de la violencia

---

212 *Ibid.*
213 Diario Oficial del Parlamento Europeo (9 de abril de 1987), p. 228.
214 *Ibid.*
215 *Ibid.*

había perdurado en España tras el restablecimiento de la democracia. Finalmente, concluyó que la única vía posible para sacar a Chile del círculo infernal en el que estaba metido era la oposición democrática. En este sentido, pensaba que el socialismo democrático y la democracia cristiana podrían desempeñar un papel fundamental en este país[216].

Este discurso no se alejaba del "Acuerdo Nacional para la Transición a la Plena Democracia" suscrito por representantes de diversos partidos políticos chilenos, bajo el patrocinio de la Iglesia Católica, el 25 de agosto de 1985. Incluía tanto a partidarios como opositores a la dictadura militar de Augusto Pinochet, todos los cuales presentaron las bases para transitar hacia una democracia plena y representativa[217]. Sin embargo, el Acuerdo Nacional no concretaba la unidad de la oposición, puesto que los componentes del Movimiento Democrático Popular (MDP), así como el Partido Comunista, el Movimiento de la Izquierda Revolucionaria y el ala marxista del Partido Socialista habían sido apartados de las negociaciones.

En efecto, existía un desacuerdo en cuanto a los medios a aplicar para combatir la dictadura. La Alianza Democrática (AD) era partidaria de una aproximación pacífica negociada con las fuerzas armadas y el General Pinochet[218], mientras que, tanto el MDP como el Grupo Comunista (COM) del Parlamento, preconizaban el recurso a todas las formas de lucha posibles para hacer caer al Régimen.

Sin ir tan lejos, ciertos diputados europeos eran partidarios de que la CEE desarrollase acciones enérgicas. Convenía concretar el apoyo a la lucha unitaria de la oposición chilena mediante actos políticos y diplomáticos coherentes, denunciando la actitud ambigua y el silencio culpable de Estados Unidos con respecto a la lucha democrática de Chile[219]. Sobre esta cuestión, Morodo Leoncio (CDS CTDI) declaraba que, fuera cual fuera la decisión, había que tener en cuenta la influencia de Estados Unidos sobre América Latina y, particularmente, sobre Chile. Su responsabilidad histórica era evidente y su deber ético y moral era corregir lo que había hecho los años anteriores[220]. Por su parte, Escuder Croft

---

216 L'Etat du Monde 1986, p. 366.
217 Ibid.
218 Diario Oficial del Parlamento Europeo (17 de septiembre de 1987), p. 299.
219 Ibid., p. 245.
220 Ibid., p. 299.

*América Latina* 135

(AP DE) dudaba de que las presiones extranjeras hacia Pinochet pudiesen contribuir a facilitar una transición hacia la Democracia. Además, estimaba que ciertas posturas extremas eran susceptibles de crear tensiones, impidiendo toda transición constructiva[221]. Se trataba de una alusión a una propuesta del Grupo Comunista que exigía la inmediata dimisión de Pinochet para que el pueblo pudiese instaurar su propia democracia[222]. El eurodiputado añadía que, en situaciones análogas, los españoles tenían una larga experiencia en condenas y presiones internacionales que, desafortunadamente, habían sido poco útiles[223].

Determinados acontecimientos, tales como el asesinato el 15 de junio de 1987 de doce demócratas chilenos a manos de la policía, proporcionaron argumentos a los partidarios de un endurecimiento hacia el régimen de Pinochet. García Arias (PSOE S) tenía claro que el General Pinochet pretendía mantenerse en el poder en base a la represión y provocación sistemática de las fuerzas opositoras democráticas. Los muertos simbolizaban el carácter cínico y sanguinario de los que dirigían la política chilena. Por lo visto, había sido una acción premeditada de la policía para liquidar a miembros de la oposición[224].

La oposición chilena pidió la creación de una Comisión de investigación para aclarar los acontecimientos presentes y del pasado. La policía declaró haberse enfrentado con agresores armados, mientras que los grupos de los demócratas europeos, comunistas y verdes, afirmaron que se trataba de un asesinato, trágico episodio de una larga serie de crímenes.

Robles Piquer (AP DE), recordó que Chile gozaba de una antigua tradición demócrata, la más arraigada en la América de lengua española. Asimismo, toda valoración de los problemas de Chile debía hacerse con una extrema prudencia, una extrema claridad y un extremo respeto[225].

En septiembre de 1987, una importante delegación del Parlamento Europeo integrada por prácticamente todos los grupos políticos se desplazó a Santiago. Medina Ortega (PSOE S) afirmó que la visita mostraba al pueblo chileno que las fuerzas democráticas empezaban

---

221 Diario Oficial del Parlamento Europeo (10 de julio de 1987), p. 299.
222 *Ibid.*
223 Diario Oficial del Parlamento Europeo (9 de julio de 1987), p. 239.
224 *Ibid.*
225 Diario Oficial del Parlamento Europeo (17 de septiembre de 1987), p. 240.

a trabajar juntas para restablecer la democracia en este país[226]. Los chilenos estaban pendientes de un apoyo moral y económico por parte de la Asamblea europea.

Durante esta visita, la Vicaría de la Solidaridad y la Organización de Defensa de los Derechos Humanos insistieron sobre el hecho de que numerosas personas estaban todavía sujetas a amenazas, secuestros, malos tratos, torturas y detenciones arbitrarias[227].

Escuder Croft (AP DE) estaba profundamente preocupado por la situación de los Derechos Humanos en Chile, un país que a lo largo de la historia había sido un ejemplo vivo de democracia. No obstante, recalcó que el grupo de eurodiputados había podido visitar libremente las cárceles y encontrarse con grupos políticos, deseando que otra delegación tuviese la oportunidad de desplazarse a otros países latinoamericanos donde, desafortunadamente, no era tan fácil moverse como había sido para él ir a Chile[228].

Por su parte, Pérez Royo (IU COM) afirmó que la tradición democrática de la que se hablaba se había bruscamente interrumpido con el golpe de Estado de Pinochet y que, ahora, en virtud de su "Constitución", las elecciones libres y pluralistas estaban prohibidas[229].

En cuanto a Müns Albuixech (CiU LDR), sacó conclusiones negativas de su visita a Chile. Se mostró muy preocupado por la violación de los Derechos Humanos que, lejos de presentar síntomas de regresión, seguía practicándose de manera sistemática. A esta situación se añadía la aplicación arbitraria de la represión que ofrecía un panorama desolador de inseguridad jurídica y falta de libertad[230].

Morodo Leoncio (CDS CTDI) manifestó que no se podía definir la situación chilena como la de un fascismo típico, sino más bien como un fascismo "tardío" que no compartía las mismas características que el fascismo de los años 30 en Europa[231]. En consecuencia, era partidario de aplicar una estrategia transitoria para el restablecimiento de la democracia, precisando que la transición no podría llevarse a cabo sin transacción. El Parlamento Europeo y los gobiernos de los estados

---

226 *Ibid.*, p. 243.
227 *Ibid.*
228 *Ibid.*, p. 24.
229 *Ibid.*
230 *Ibid.*, p. 245.
231 *Ibid.*

miembros debían denunciar las violaciones de los Derechos Humanos para acosar al gobierno de Pinochet[232].

Colombia

Evocando el asesinato de Jaime Pardo Leal, Robles Piquer (AP DE) declaró que la violencia política afectaba de pleno al pueblo colombiano que se enfrentaba con la crisis económica y el peso de la deuda exterior[233]. En efecto, la deuda del país que se cifraba en 12 mil millones de dólares representaba la tercera parte del PIB, mientras que, en Perú, ascendía al 80 %. Era fundamental ocuparse de los acontecimientos que tenían lugar en Colombia, a la vez que ayudar a las autoridades democráticas frente a las bandas armadas, tanto las que asesinaban a hombres políticos de izquierda como las que asesinaban a miembros del gobierno elegido por el pueblo[234].

Arbeloa Muru (PSOE S) se refirió a las declaraciones de Amnistía Internacional que había denunciado la masacre de 600 colombianos perpetrada por unidades del ejército, tropas policiales y malhechores. Recordó que entre las víctimas se encontraban militares de izquierda, sindicalistas, profesores y trabajadores, al mismo tiempo que afirmó que no se había preguntado a los Ministros de Asuntos Exteriores reunidos en el marco de la cooperación política si tenían constancia de estos terribles acontecimientos y si habían intentado evitar nuevas masacres[235]. Luego se sublevó contra los argumentos a favor de la no injerencia, afirmando que la violación sistemática o no de los Derechos Humanos en cualquier parte del mundo, no podía considerarse como un asunto interno de un determinado país. Si fuera el caso, el Parlamento Europeo tendría que cerrarse durante una buena temporada y ser destruidas las bases de la Declaración Universal de los Derechos Humanos y, por lo tanto, la unidad europea que se estaba edificando[236].

Perú

Durante un debate en el Parlamento Europeo relativo a la situación en Perú, donde acababa de ser reprimida una rebelión en las cárceles, Suárez González (AP DE) fue el único eurodiputado español en tomar

---

232 Diario Oficial del Parlamento Europeo (15 de octubre de 1987), p. 237.
233 *Ibid.*, p. 242.
234 Diario Oficial del Parlamento Europeo (12 de julio de 1987), pregunta n.º 98.
235 *Ibid.*
236 L'Etat du Monde 1984, p. 256.

la palabra. Declaró que su grupo condenaba formalmente a Sendero Luminoso y su terrorismo[237], cuyas acciones desestabilizaban al país y eran susceptibles de volver a poner en cuestión el proceso democrático. A continuación, afirmó sentirse horrorizado por la actitud de las fuerzas represoras de la rebelión. En efecto, comandos especiales de la Guardia Republicana y fuerzas de la policía paramilitar, bajo mando militar, habían reprimido salvajemente la rebelión, asesinando a los detenidos que se habían entregado con los brazos en alto[238]. El eurodiputado mostró un documento que confirmaba que las cárceles estaban bajo control de Sendero Luminoso desde hace más de cuatro años y que el poder civil había tenido todo el tiempo del mundo para evitar esta situación[239]. Por último, reiteró su apoyo al presidente Alan García con la esperanza de que, con las armas de la democracia, llegase a instaurarse orden y justicia.

Cuba

Al abordar la situación de los prisioneros políticos en Cuba, el debate se hizo más duro todavía. Münch (PPE DE) confirmó que su grupo tenía la intención de no hacer excepciones frente a las violaciones de los Derechos Humanos. Según él, había en Cuba más de cien casos bien conocidos de detenciones de prisioneros políticos. Comentó el caso de Alberto Valdés Terán que, condenado a 30 años de prisión por delito de opinión, acababa de ser liberado, sin que por lo tanto el problema fuese resuelto[240]. El hecho de liberar a un detenido no podía enmascarar las continuas detenciones arbitrarias[241].

Robles Piquer (AP DE) compartió esta opinión, sosteniendo que la dictadura cubana, la más antigua de América, pisoteaba los derechos de la gente de bien y que había aprendido mucho de su maestro y abastecedor principal: la dictadura soviética[242]. Se alegró de la decisión tomada por el Parlamento Europeo de abordar, por primera vez, sin tabúes la realidad cubana[243].

---

237 Diario Oficial del Parlamento Europeo (10 de julio de 1986), p. 309.
238 Ibid.
239 Diario Oficial del Parlamento Europeo (15 de octubre de 1987), p. 40.
240 Ibid.
241 Ibid.
242 Ibid.
243 Ibid., p. 242.

Gutiérrez Díaz (IU COM) puso en entredicho este relato de los acontecimientos, declarando que había que ser responsable e inflexible y no caer en la reacción partidista. Igualmente declaró que, en el caso Valdés, Amnistía Internacional había dicho que no se trataba de un delito de opinión, sino de terrorismo[244]. Y añadió que el diputado cubano Fermín Rodríguez, que asistía al debate en el Parlamento Europeo, había manifestado que su país estaba dispuesto a acoger a todos los parlamentarios europeos.

## 9.2. El terrorismo

Antes de analizar los discursos de los eurodiputados relativos al terrorismo nacional, conviene describir las reacciones de la clase política española ante la respuesta americana a los atentados perpetrados por Libia en Europa.

La acción estadounidense, si bien planteaba el problema del respeto del derecho internacional, hacía también reflexionar sobre las medidas antiterroristas que podrían adoptar los estados de derecho sin faltar a sus principios.

En la noche del 14 de abril de 1986, aviones americanos con base en Gran Bretaña bombardearon las ciudades libias de Trípoli y Benghazi, causando la muerte de 37 personas entre las que se encontraban numerosos civiles. Francia y España no habían autorizado el sobrevuelo de su territorio. Este ataque se produjo tras la explosión de una bomba en un Boeing de la compañía TWA y el atentado en Berlín oeste contra una discoteca frecuentada por soldados americanos[245]. Sin tener en cuenta las opiniones de sus aliados europeos, la Casa Blanca decidió recurrir a las armas, estimando que se trataba de una respuesta apropiada.

En el transcurso del debate que tuvo lugar en la Asamblea de Estrasburgo, Perinat Elio (AP DE) expuso que su grupo deploraba profundamente la suerte de las víctimas del ataque[246], pero que el gobierno de Estados Unidos había cumplido con su deber, cometiendo actos oportunos para acabar con los ataques terroristas. Pues la Comunidad Europea debía considerar positiva esta acción[247]. Además, lamentó que las

---

244 *Ibid.*, p. 247.
245 El País, 16 de abril de 1986, p. 2.
246 Diario Oficial del Parlamento Europeo (17 de abril de 1986), p. 279.
247 *Ibid.*

naciones europeas no hubiesen conseguido poner en marcha un dispositivo de lucha eficaz contra el terrorismo, limitándose a simples declaraciones retóricas[248].

De la misma manera, Manuel Fraga (AP DE) confirmó la postura de su partido, estimando que el presidente Reagan había cumplido con su deber de honesto hombre de estado y merecía el reconocimiento de todos los que deseaban la paz en el mundo. Teniendo en cuenta la situación en la que se encontraba la comunidad internacional, no cabía otra solución que el prudente recurso a la legítima defensa[249].

Fuera del Parlamento, las diversas fuerzas políticas españolas se expresaron y todas reconocieron que las represalias americanas eran desmedidas. Así, Óscar Alzaga, presidente del Partido Demócrata Popular (PDP), emitió un juicio muy diferente del formulado por Fraga. Aseveró que su partido estaba en desacuerdo con la desmedida réplica militar americana, cuya eficacia se ponía en duda[250].

En cuanto al PSOE, impugnó la acción de fuerza llevada a cabo contra Libia, estimando que no era el método adecuado para combatir el terrorismo[251]. Los socialistas preconizaban la vía diplomática para resolver cualquier contencioso entre países.

En lo que atañe al PCE, condenó la acción americana, calificándola de broma política para la mayoría de los países europeos que, en La Haya, habían rechazado el empleo de la fuerza militar[252].

El CDS, en la persona de Agustín Sahagún, criticó con una extrema dureza la actitud del gobierno Reagan hacia Europa, declarando que la Casa Blanca había despreciado a los Aliados tratándoles como ciervos[253].

Por lo que se refiere a los partidos regionales, CiU afirmó que el terrorismo exigía una respuesta eficaz, pero diferente de la utilizada por Estados Unidos, mientras que el PNV advirtió que las represalias norteamericanas colocaban a Europa en una delicada situación[254].

---

248 *Ibid.*
249 El País, 16 de abril de 1986, p. 8.
250 *Ibid.*
251 *Ibid.*
252 *Ibid.*
253 *Ibid.*
254 *Ibid.*

Esta condena de la agresión americana, compartida por la totalidad de los partidos políticos españoles con excepción de AP, reflejó la lógica según la cual un estado democrático en su lucha contra el terrorismo, no puede invocar la legítima defensa para justificar el recurso a acciones represivas violentas que, al fin y al cabo, no se distinguen de los métodos terroristas. El terrorismo de estado era tan condenable como el terrorismo perpetrado por grupúsculos organizados y, por lo tanto, un estado de derecho debía recurrir a la prevención, negociación y acción diplomática para combatir el terrorismo.

En cuanto a Planas Puchades (PSOE S), expresándose en el marco de un debate relativo al terrorismo internacional, afirmó que no existían fórmulas mágicas para solucionar el problema de un día para otro y, sobre todo, que no se podía emprender nada fuera de las normas del estado de derecho o de las normas dictadas por el derecho internacional[255]. Esta cuestión se volvió a plantear en el discurso de los eurodiputados españoles referidos a la lucha contra el terrorismo vasco.

A pesar del restablecimiento de la democracia, el diálogo y las concesiones otorgadas por el gobierno español a la autonomía vasca, no solamente los atentados perduraban, sino que aumentaban. En palabras de Miranda de Lage (PSOE S), el terrorismo era la expresión suprema de la intolerancia y la desviación criminal de la impotencia política que intentaba ahogar por la violencia la voluntad democrática, así como el pluralismo político. La diputada socialista recordó también que la organización terrorista ETA había nacido bajo la dictadura y que, paradójicamente, se había reproducido, ampliado y consolidado a partir de la instauración de la democracia en España. Del mismo modo, denunció los métodos utilizados por ETA para lograr sus objetivos, es decir el asesinato, chantaje y sabotaje[256].

Es cierto que el terrorismo había aumentado a medida que había ido restableciéndose la democracia.

El primer atentado sangriento de ETA remontaba al 7 de junio de 1968 con el asesinato en plena calle de un guardia civil en la localidad de Villabona (provincia de Guipúzcoa)[257].

---

255 Diario Oficial del Parlamento Europeo (11 de septiembre de 1986), p. 242.
256 Diario Oficial del Parlamento Europeo (13 de marzo de 1986), p. 200.
257 Cambio 16, 16 de mayo de 1979 (n.º 388), p. 8.

En España, el terrorismo afectaba esencialmente a las fuerzas de seguridad (policía, guardia civil y militares) que constituían el objetivo número uno de la banda terrorista. Los etarras veían en las fuerzas de seguridad los representantes de un poder que les oprimía y ejercía sobre ellos una larga y terrible represión[258]: durante la dictadura franquista, el ejército español se había presentado como el garante de la unidad nacional y, ahora, con el restablecimiento de la democracia seguía participando estrechamente en la lucha antiterrorista en el País Vasco.

El 23 de febrero de 1981, los militares cansados de la escalada de la violencia reaccionaron con un intento de golpe de estado, el teniente coronel Tejero tomando como rehenes a ministros y parlamentarios[259].

ETA pedía a gritos un golpe de estado militar que, al destruir el régimen democrático de España, justificaría, a posteriori, su acción y le proporcionaría apoyos externos[260]. Así, si las acciones de ETA podían justificarse por la represión sistemática ejercida desde 1939 por el régimen franquista en el País Vasco, desde la muerte de Franco parecía más difícil defender la violencia perpetrada por la organización terrorista. De hecho, los etarras se habían empeñado en impedir el restablecimiento de la democracia, obligando a los dirigentes democráticos a conferir al ejército un poder que, en otras circunstancias, hubiese perdido y, al mismo tiempo, sometiéndoles a la amenaza de una sublevación militar, puesto que los militares estaban hartos de ser presos de unos cuantos criminales. Además, las acciones tomadas por los etarras se oponían a una solución pacífica del problema vasco[261].

Según Robles Piquer (AP DE), esta voluntad de primar la violencia sobre el debate era, más que nunca, inadmisible, dado que la España democrática se traducía no solo en la libertad de poder formar partidos políticos, sino también en la relativa transferencia del poder político a las autonomías, lo que hasta entonces nunca había alcanzado ningún otro país europeo[262].

---

258 Cambio 16, 13 de mayo de 1979 (n.º 388), p. 10.
259 El País, 24 de febrero de 1981, p. 1.
260 T. De Montbrial y J. Edin, Ramses 90, p. 311.
261 G. Hermet, L'Espagne au XXème siècle, p. 296.
262 Diario Oficial del Parlamento Europeo (9 de julio de 1987), p. 225.

Los políticos, los empresarios y los intereses franceses también eran víctimas de la violencia de ETA. Además del sabotaje y asesinato, la organización terrorista recurría al secuestro[263].

Así, el industrial Jaime Caballero se encontraba secuestrado desde el mes de diciembre de 1986 y, a cambio de su liberación, ETA exigía un rescate. Este secuestro ilustraba los métodos aplicados por ETA a los que rechazaban de pagar el "impuesto revolucionario". Robles Piquer (AP DE) declaró que, gracias a estas prácticas[264], ETA financiaba sus actividades.

En el momento del secuestro de Caballero, la organización terrorista se enfrentaba con serias dificultades financieras, debido a que la presión de la policía francesa había ido reduciendo su actuación en cuanto al cobro del impuesto se refiere: se había acabado con las citas en las taquillas instaladas en los bares previstos a tal efecto.

La policía francesa había descubierto en la empresa de muebles Sokoa en Hendaya una documentación contable que desvelaba la identidad de empresarios que, bajo amenaza o de forma voluntaria, pagaban el impuesto revolucionario, lo que iba a privar a los etarras de unos 30 millones de pesetas para sus gastos corrientes[265]. El gobierno de Madrid amenazaba a los empresarios con tener que justificarse ante los tribunales y, por lo tanto, los contribuyentes voluntarios se encontraban en una delicada situación[266].

ETA acusó al PSOE de llevar a cabo un minucioso plan de destrucción económica de Euskadi[267] y justificó el secuestro de Caballero para poder cobrar el superávit sustraído al pueblo vasco trabajador[268]. Por su parte, los empleados de la empresa dirigida por Caballero acusaron a ETA de destruir económicamente Euskadi y hundir a la población en un estado de auténtica pobreza[269]. El secuestro fue seguido, dos días más tarde, por un atentado con explosivos en Zarauz[270].

---

263 Cambio 16, 30 de marzo de 1987 (n.º 800), p. 18.
264 Diario Oficial del Parlamento Europeo (22 de enero de 1987), p. 245.
265 El País, 12 de diciembre de 1986, p. 16.
266 El País, 15 de diciembre de 1986, p. 15.
267 El País, 13 de diciembre de 1986, p. 18.
268 Ibid.
269 El País, 12 de diciembre de 1986, p. 16.
270 El País, 13 de diciembre de 1986, p. 18.

Ambos acontecimientos se produjeron poco tiempo después de las elecciones autonómicas del 30 de noviembre de 1986, poniendo de relieve que seguía existiendo un sector de la población vasca irrespetuoso de la voluntad popular, que intentaba imponer la suya por la fuerza[271].

Seis meses después, el 19 de junio de 1987, un atentado de una extrema violencia perpetrado en Barcelona iba a movilizar a toda la sociedad española, dando lugar a un amplio debate sobre el terrorismo en el Parlamento Europeo. ETA hacía explotar un coche-bomba en el aparcamiento de un centro comercial[272]. Por vez primera, la población entera, sin distinción ninguna, era objetivo de los etarras[273]. Se podía temer una extensión de la violencia con la acción cómplice del grupúsculo independentista Terra Lliure creado en 1979[274], considerado como el embrión de una ETA catalana[275].

Este acto de violencia tuvo gran resonancia no solo en España, sino también en los demás estados miembros. De este modo, el 9 de julio de 1987, los eurodiputados votaron varias propuestas de resolución que condenaban el terrorismo, a la vez que exigían la coordinación y cooperación de los países miembros en la lucha contra la violencia.

Los eurodiputados españoles, independientemente de su ideología, condenaron las acciones violentas de ETA, aprobando la adopción de resoluciones, con excepción de Montero Zabala (HB NI). El eurodiputado de Herri Batasuna declaró que su partido criticaba con firmeza el atentado, pero sin embargo no veía conveniente abordar el terrorismo desde un ángulo estrictamente represivo. Según él, la actuación de Barcelona solo podía entenderse como una extrema y desmedida manifestación de un problema político. Para tratar el contencioso vasco en toda su complejidad, era necesario establecer un diagnóstico preciso[276]. Una vez más solicitó la creación de una comisión que se encargase de las investigaciones en el terreno y valorase las raíces políticas de la violencia estructural que tan fácilmente se había instaurado en el País Vasco[277].

---

271 El País, 16 de diciembre de 1986, p. 10.
272 El País, 29 de junio de 1987, p. 1.
273 Ibid., p. 8.
274 Ibid., p. 14.
275 Anuario Grupo Zeta 1986, p. 41.
276 Diario Oficial del Parlamento Europeo (9 de julio de 1987), p. 231.
277 Ibid.

Esta declaración provocó la reacción de Romera i Alcázar (AP DE) que denunció el lenguaje inaceptable de su colega Montero: ¿Cómo se podía afirmar en pleno Parlamento que acciones como las de Barcelona podían entenderse? Según él, Montero Zabala no hacía más que encubrir a una banda de asesinos que la Asamblea de Estrasburgo debía condenar[278].

En cuanto a Gutiérrez Díaz (IU COM), en un primer momento condenó sin equívoco la violencia etarra, comparándola con un crimen contra la humanidad. Denunció, no solamente los muertos y los heridos de Barcelona, sino también la larga serie de muertos, secuestros y atentados contra civiles y no civiles[279], afirmando que el terrorismo dibujaba una nítida frontera entre los que intentaban imponer sus posiciones extremistas y los que deseaban la democracia, la libertad y la sociedad[280].

A continuación resaltó que los objetivos etarras podían tener puntos de convergencia con el pueblo de Euskadi en el contexto del sentimiento nacional[281]. Asimismo, de la misma manera que se oponía a los métodos utilizados por los nacionalistas para hacerse entender, tampoco rechazaba por completo las raíces políticas a las que Montero Zabala (HB NI) se refería.

Verde i Aldea (PSOE S), al igual que Gutiérrez Díaz (IU COM), pensaba que acción política y atentado terrorista representaban dos apartados distintos[282]. De hecho, los socialistas apartaban toda orientación o vínculo político con los atentados terroristas[283].

Por un lado, estaban los que buscaban raíces políticas a los atentados y, por otro, los que pensaban que la violencia etarra violaba los Derechos Humanos y, concretamente, el derecho a la vida. Para unos, dado que se les negaba la independencia por ser contraria al principio de indisoluble unidad de la Nación española recogida en la Constitución, la violencia era un acto de legítima defensa para concretar su legítima reivindicación del derecho al autogobierno. Para otros, como Garaikoetxea Urriza (CEP ARC), había que reunir tres condiciones para justificar

---

278 *Ibid.*
279 *Ibid.*, p. 226.
280 *Ibid.*
281 *Ibid.*
282 *Ibid.*, p. 223.
283 *Ibid.*

esta postura. Primero, que no existiesen otras vías pacíficas para reivindicar este derecho; segundo, que el mal resultante no fuese peor que el que se intentaba evitar; tercero, que la mayoría de la población estimase que ambas condiciones habían sido satisfechas[284]. Por lo demás, afirmó que la mayoría de la población vasca seguía esperando que su legítima y mayoritaria aspiración al autogobierno fuese respetada, siempre y cuando se presentase de manera pacífica[285].

Por otra parte, los eurodiputados españoles en su gran mayoría defendían la coordinación y cooperación de los países miembros para luchar contra el terrorismo. Así, Gasoliba y Böhm (CiU LDR) declaró que convenía intensificar la puesta en vigor de medidas y acciones decididas por las instituciones comunitarias, al mismo tiempo que era necesario crear un espacio jurídico[286].

Punset i Casals (CDS CTDI), compartiendo la misma preocupación, manifestó que la lucha contra el terrorismo constituía una responsabilidad colectiva, a la vez que pidió a los estados miembros y las instituciones comunitarias que pusiesen en marcha los mecanismos de una cooperación internacional que no existía[287].

Robles Piquer (AP-DE), de su parte, aseguró que defendía la unidad europea frente al terrorismo[288], mientras que Verde i Aldea (PSOE S) recordó la necesidad de un compromiso comunitario en la lucha contra el terrorismo[289].

La tardanza en definir una acción común por parte de la Asamblea de Estrasburgo se debía al propio estatuto de la CEE. En efecto, la competencia de los estados miembros en cuanto a terrorismo estaba puesta en entredicho a tenor de la interpretación del artículo 235 del Tratado de Roma. Este artículo preveía que cuando una acción de la Comunidad resultase necesaria para lograr uno de los objetivos de la Comunidad, sin que el presente Tratado hubiese previsto los poderes de acción necesarios al respecto, el Consejo, por unanimidad, a propuesta de la

---

284 *Ibid.*, p. 229.
285 *Ibid.*
286 *Ibid.*, p. 224.
287 *Ibid.*, p. 229.
288 *Ibid.*, p. 225.
289 Diario Oficial del Parlamento Europeo (11 de septiembre de 1986), p. 242.

Comisión y previa consulta al Parlamento Europeo, adoptaría las disposiciones pertinentes[290].

La polémica radicaba en el hecho de que los objetivos prioritarios de la CEE eran el establecimiento del Mercado Común, así como la progresiva aproximación de las políticas económicas de los Estados miembros, pero no la erradicación del terrorismo. Los partidarios de una acción común insistieron en las repercusiones económicas del terrorismo, tomando como ejemplo a Irlanda del Norte que sufría una importante pérdida de capitales.

Además, la dificultad para coordinar la lucha antiterrorista a nivel europeo se debía a la existencia de una legislación propia a cada uno de los Estados miembros respecto a las nociones de delito político, principio de extradición y su corolario, el derecho de asilo político.

Ante la ola de atentados, Europa debía dotarse de los medios necesarios para luchar eficazmente contra el terrorismo. En primer lugar, había que desarrollar la coordinación internacional, una opinión compartida por la mayoría de los eurodiputados. Perinat Elio (AP DE) aseguró que los Derechos Humanos más elementales no tenían la posibilidad de existir en una sociedad que no disponía de los medios necesarios para combatir el terrorismo[291], y añadió que, por lo tanto, era importante que se adoptase una política comunitaria de coordinación internacional para librarse, de una vez por todas, de este fenómeno social destructor[292]. Punset i Casals (CDS NI) reivindicó la puesta en marcha de los mecanismos indispensables para que esta política pudiese llevarse a cabo, dado que la lucha contra el terrorismo constituía una responsabilidad colectiva[293]. Verde i Aldea (PSOE S) y Robles Piquer (AP DE), expresaron la misma preocupación por la necesidad de establecer una cooperación entre todos los Estados miembros. De la misma manera, Gasoliba i Böhm (CiU) aludió a la necesidad de crear un espacio judicial europeo que, para ser eficaz, debía disponer de medios importantes en materia de información, investigación y acción judicial.

Sin embargo, unos parlamentarios temían que en nombre de la lucha contra el terrorismo, estas medidas restringiesen las libertades

---

290 Communautés européennes – Parlement européen, Les nouveaux traités 1993, p. 198.
291 Diario Oficial del Parlamento Europeo (13 de marzo de 1986), p. 201.
292 *Ibid.*
293 Diario Oficial del Parlamento Europeo (9 de julio de 1987), p. 230.

individuales y democráticas[294]. Asimismo, Gutiérrez Díaz (IU COM), apoyó la iniciativa del Parlamento Europeo de febrero de 1985, que había encargado a la Comisión Jurídica de los Derechos del Ciudadano realizar un estudio sobre los problemas jurídicos planteados por la lucha contra el terrorismo y la defensa de las libertades individuales[295]. En la misma línea, Montero Zabala (HB NI) declaró que después del atentado cometido en Irlanda del Norte, no quería que el espacio judicial y policial fuese un instrumento para resolver conflictos fundados en la injusticia. Además, consideró que este instrumento equivalía a una estructura supranacional represiva en contra de las minorías y las fuerzas progresistas[296]. De esta manera, confirmó que la reivindicación a favor de la independencia era una causa justa, y expresó su convicción de que una coordinación internacional, y no nacional, sería muy eficaz.

Esta idea de elaborar una legislación europea común en materia de represión no era nueva. Se enfrentaba con las concepciones divergentes de ciertos Estados miembros en cuanto a delito político, principio de extradición y derecho de asilo político. La cuestión fundamental era: ¿Cómo restringir la noción de delito político en materia de extradición sin atentar contra el derecho de asilo?

A partir de 1977, los Ministros de Asuntos Exteriores de los 19 países miembros del Consejo de Europa firmaron un acuerdo que definía una serie de delitos que no podían considerarse como delitos políticos y, por consiguiente, autorizaban la extradición de quiénes los habían cometido. Solo diez países, entre los que se encontraba España, lo ratificaron.

Este acuerdo no tuvo el impacto legal esperado, puesto que todos los países miembros no entendían de la misma manera el concepto de delito político. Con vistas a conciliar las discrepancias, un nuevo acuerdo nació en Dublín el 4 de diciembre de 1979, que atribuía a los tribunales de cada país la posibilidad de decidir si un delito terrorista era o no de naturaleza política. Cada Estado miembro debía firmarlo para que entrase en vigor, pero Francia subordinó su ratificación a la aceptación de su propuesta de crear un espacio judicial europeo[297].

---

294  *Ibid.*, p. 226.
295  El País, 23 de abril de 1986, p. 6.
296  Diario Oficial del Parlamento Europeo (19 de noviembre de 1987), p. 250.
297  El País, 22 de abril de 1986, p. 14.

No obstante, los acuerdos de 1977 y 1979 tuvieron repercusiones importantes, pues se creó un clima que legitimaba las reacciones de los Estados miembros más afectados por el terrorismo dentro de su propia jurisdicción. El verdadero objetivo consistía en disponer de una sola ley, una sola política o, por lo menos, de una perfecta coordinación policial, así como de un texto legal común para los delitos violentos. Así lo corroboró un representante del Ministerio del Interior español que declaraba que el objetivo era eliminar toda frontera susceptible de existir en la lucha contra el terrorismo y la delincuencia. Si un terrorista mataba en España y se refugiaba en Alemania, es la policía alemana que debía condenarle. Pues la sentencia sería definitiva en cualquier país europeo[298].

Pero como observó Planas Puchades (PSOE S), no era suficiente proclamar la cooperación, había que pasar a la acción. En efecto, ciertos países que proclamaban abiertamente su deseo de cooperar, se mostraban reticentes cuando se trataba de superar el marco de las medidas generales. Asimismo, era necesario un espacio judicial europeo[299]. Los acuerdos de 1977 y 1979 no habían logrado la creación de este espacio judicial, pero habían permitido la emergencia de una nueva cultura jurídica. En determinados aspectos, esta nueva cultura que actuaba en defensa de la tradición democrática, paradójicamente, rompía con ella. Para limitar sus efectos, en mayo de 1984, el Consejo de Ministros adoptó una recomendación según la que, en defensa de la democracia, no se podían utilizar métodos contrarios a los Derechos Humanos, a la vez que la lucha contra el terrorismo no podía justificar la instauración de regímenes o adopción de medidas fascistas tan odiosas como el propio terrorismo[300].

En nombre de la prevención y represión de los actos de violencia había aparecido una organización, llamada Grupos Antiterroristas de Liberación (GAL) que, en sus acciones llevadas a cabo contra nacionalistas vascos refugiados en Francia, utilizaba métodos terroristas. La aparición de los GAL que actuaban en el País Vasco francés, había coincidido con la desaparición de dos grupos, el Batallón Vasco Español (BVE) y Antiterrorismo ETA (ATE) que, hasta ahora, habían simbolizado la

---

298 Cambio 16, 30 de marzo de 1987 (n.° 800), p. 22.
299 Diario Oficial del Parlamento Europeo (11 de septiembre de 1986), p. 242.
300 El País, 22 de abril de 1986, p. 14.

lucha terrorista contra los etarras. Desde que se habían dado a conocer en diciembre de 1983 por el secuestro de un etarra, los matones de los GAL habían asesinado a más de 20 terroristas españoles, así como a ciudadanos franceses sin vínculo aparente con la organización terrorista. La detención de matones o colaboradores de los GAL en Francia desvelaba que, entre ellos, se encontraban jóvenes de extrema derecha, informadores de la policía española, veteranos de la guerra sucia contra ETA, matones procedentes de Marsella y desempleados dispuestos a ganar un dinero fácil. Los GAL ofrecían dos millones de pesetas (100.000 francos), por el asesinato de un etarra refugiado en Francia[301].

En marzo de 1986, el Parlamento Europeo condenó sus actividades.

Según Miranda de Lage (PSOE S), las acciones de los GAL eran inadmisibles. Con la misma dureza que se condenaba el terrorismo de ETA, había que condenar el de los GAL que causaba estragos en el País Vasco francés y era responsable de varios asesinatos. No incumbía a nadie, sino a la justicia y los tribunales españoles y franceses juzgar y emitir una sentencia, de la misma manera que solo incumbía a los organismos de seguridad de ambos países perseguir el crimen[302].

Por su parte, Monforte Arregui (PNV PPE) aprobó la resolución del Parlamento Europeo, pero puso de relieve la actitud del gobierno español que, aparte de condenas individuales, todavía no había dictado una condena similar a la incluida en esta resolución[303]. No había estimado conveniente seguir investigando sobre los GAL, lo que según Monforte permitiría a los gobiernos francés y español descubrir cuál era el origen de los GAL, quién los financiaba y cuál era su objetivo[304]. Luego su discurso se hizo más severo: lo único que se había conseguido era alejar la paz del País Vasco, dado la escalada de violencia y falta de credibilidad de las instituciones para la gran mayoría de la población[305].

En cuanto a Guimón Ugartechea (PDP DE), se alegró que los GAL fuesen condenados y resaltó que la propuesta presentada tenía el mérito de condenar, a la vez, dos organizaciones terroristas de tendencias opuestas: ETA, una organización criminal, cuya actividad era conocida por todos; y los GAL, una organización oscura, pero sin piedad,

---

301 El País, 10 de abril de 1986, p. 1.
302 Diario Oficial del Parlamento Europeo (13 de marzo de 1986), p. 201.
303 Ibid.
304 Ibid.
305 Ibid.

cuyos objetivos, precisamente, pretendían ser la lucha contra ETA[306]. A continuación, se puso a enumerar los principios que garantizaban la superioridad moral de un estado de derecho. Se trataba de afirmar solemnemente cinco principios. En primer lugar, que el derecho a la vida, que muchos proclamaban y defendían como el bien supremo, se aplicaba a los que no respetaban el derecho a la vida de los demás. En segundo lugar, que las garantías de procedimiento propias de un estado de derecho, también se aplicaban a los enemigos. En tercer lugar, que nadie podía hacer justicia por sí mismo y que esto incumbía exclusivamente a los poderes públicos legítimamente establecidos. En cuarto lugar, que utilizar los métodos del terrorismo hacía de los que los utilizaban unos terroristas. En quinto y último lugar, que la superioridad moral de un estado de derecho se fundamentaba en el respeto de estos principios y de esta superioridad podía surgir la victoria[307].

Este discurso planteaba el problema al que se enfrentaban los aparatos de los estados democráticos para luchar eficazmente contra el terrorismo interno. En opinión de Michel Wieviorka, periodista del diario *Le Monde*, generalmente, eficacia y reorganización tenían un valor no desdeñable respecto a los principios de democracia. El terrorismo obligaba al estado a ponerse a nivel y consolidarse, lo que constituía una amenaza para el estado de derecho y la democracia (jurisdicción de excepción, leyes especiales, etc.)[308].

## 9.3. *La política regional*

A pesar de la creación del FEDER, en 1986, los desequilibrios regionales persistían en los Estados miembros y, en determinados casos, habían empeorado, debido a la ampliación y la creación del mercado interior. Varios eurodiputados españoles dieron a conocer sus inquietudes ante la situación. Así, Bencomo Mendoza (GMS LDR) manifestó que los desequilibrios regionales seguían siendo profundos pese a que los Estados miembros promoviesen una política activa de desarrollo regional[309].

---

306 *Ibid.*, p. 202.
307 *Ibid.*
308 L'État du monde 1986–1987, p. 42.
309 Diario Oficial del Parlamento Europeo (12 de junio de 1986), p. 280.

Esta situación se había agravado con la crisis económica de los últimos años y la adhesión de España y Portugal[310].

En efecto, la ampliación supuso el aumento de la población que vivía en regiones desfavorecidas, constituyendo un verdadero desafío para la CEE con la aparición de disparidades todavía más marcadas entre zonas ricas y pobres. El eurodiputado español expuso que el mercado interior, aunque fuese útil para el desarrollo de la economía europea en su conjunto, podía tener consecuencias negativas sobre la economía de las regiones menos desarrolladas[311].

El gran mercado se traducía en una aceleración del proceso de desregulación y liberalización que era susceptible de beneficiar a las zonas industriales dotadas con la infraestructura y tecnología necesarias, en detrimento de las económicamente débiles que presentaban desequilibrios estructurales.

Recordando el doble objetivo asignado por el Acta Única Europea al FEDER, que consistía en la reactivación de las economías de las regiones menos desarrolladas y las de tradición industrial en declive, Bandrés Molet (GMCH ARC) afirmó que había que evitar cualquier discusión que enfrentase las regiones entre sí. Primero, porque era difícil comparar las regiones, debido a su naturaleza heterogénea y, segundo, porque desde el punto de vista de la política regional comunitaria, el problema radicaba en una correcta y suficiente financiación, tanto por parte del FEDER, como por parte de los demás fondos e instrumentos financieros comunitarios, que debían facilitar el desarrollo de una política regional adecuada[312].

De hecho, dos grandes problemas se planteaban: por una parte, el retraso del desarrollo de las zonas rurales que se plasmaba en la falta de infraestructuras y, por otra, la inadecuación de estas últimas en los centros urbanos donde la reestructuración industrial era vital. Un enfrentamiento entre regiones de tradición industrial en declive y regiones subdesarrolladas tendría graves repercusiones sobre la integración europea, desembocando en un conflicto norte-sur.

Luego Bandrés Molet (GMCH ARC) argumentó que la crisis industrial había afectado más duramente a los países miembros menos desarrollados. Así, las regiones españolas de tradición industrial debían

---

310 *Ibid.*
311 *Ibid.*
312 Diario Oficial del Parlamento Europeo (8 de septiembre de 1986), p. 23.

La política regional 153

realizar un esfuerzo de modernización mediante la puesta en marcha de una política de inversiones. Además, tras recordar las consecuencias de la adhesión de España y Portugal sobre las economías de ciertas regiones agrícolas de la zona mediterránea, alegó que era también deseable tener en cuenta las consecuencias de esta misma adhesión sobre las economías de ciertas regiones industriales de los nuevos estados miembros. Pues estos últimos necesitaban una atención particular en materia de política regional comunitaria[313].

Durante los debates en el Parlamento Europeo, los eurodiputados se empeñaron en analizar las causas de la persistencia de las desigualdades regionales, a la vez que proponer soluciones. Por un lado, resaltaron las responsabilidades de las instituciones comunitarias y, por otro, de los Estados miembros. La insuficiencia presupuestaria, el reparto de las ayudas, la falta de fiabilidad de las estadísticas y los retrasos en los pagos, eran responsabilidades imputables a las instituciones comunitarias.

La insuficiencia presupuestaria fue vivamente criticada dado que, a pesar del crecimiento de los fondos, los préstamos otorgados con respecto al conjunto del presupuesto comunitario se estancaban (el 7 % en 1982 y 1983 contra el 7,3 % para el año 1984).

Oliva García (PSOE S) deploró la dispersión en el reparto de las ayudas, debido a una mala política regional. Según él, los políticos debían preocuparse por esta política, porque la estrategia que consistía en corregir los problemas coyunturales con fondos del FEDER no hacía más que aumentar las disparidades entre regiones ricas y pobres[314].

Concretamente, dicha estrategia consistía en concentrar los recursos limitados del FEDER en un número creciente de regiones, reduciendo así su impacto, en vez de hacerlo en las zonas más subdesarrolladas. El principio de concentración de los fondos estructurales exigía la solidaridad de los estados miembros hacia los estados más necesitados, es decir, las regiones donde el PIB por habitante era inferior al 75 % de la media comunitaria. Concretamente, se trataba de Andalucía, Asturias, Castilla y León, Castilla-La Mancha, la Comunidad Valenciana, Extremadura, Galicia, Canarias y Murcia[315].

---

313 *Ibid.*
314 *Ibid.*, p. 9.
315 *Ibid.*

Para Álvarez de Eulate Peñaranda (AP DE), dada la coyuntura, la situación socioeconómica de las regiones comunitarias más deprimidas no había mejorado[316], y era preocupante la situación de paro generalizado que afectaba a Europa, donde en ciertos países, como España, la tasa era superior al 20 %[317].

La siguiente Tabla 32 corrobora la dramática situación de subempleo a la que se enfrentaban determinados estados miembros.

Tabla 32. Los progresos de la construcción europea (julio de 1986-junio de 1987) – Tasas de paro

| Países | Tasa total de paro (%) | Tasa de paro juvenil (- 25 años) |
|---|---|---|
| RFA | 8,1 | 23,1 |
| Francia | 10,8 | 35,5 |
| Italia | 13,8 | 47,2 |
| Países Bajos | 12,4 | 35,0 |
| Bélgica | 12,6 | 34,0 |
| Luxemburgo | 1,5 | 44,5 |
| Reino Unido | 12,1 | 35,6 |
| Irlanda | 18,4 | 31,3 |
| Dinamarca | 7,6 | 23,6 |
| Grecia | 7,5 | 26,8 |
| España | 21,5 | 43,3 |
| Portugal | 8,5 | 36,4 |

Del mismo modo, Bencomo Mendoza (GMS LDR), criticó el reparto de las ayudas. En efecto, si era evidente que en el corazón de la Europa industrial existían regiones con dificultades de orden socioeconómico, no había que olvidar que estas regiones siempre tenían, por lo menos, un nivel de ingreso por habitante de ocho a diez veces superior al de las regiones agrícolas más pobres de España, Portugal y Grecia. Por esta razón, era difícil defender la tesis según la cual estas regiones debían beneficiarse de los recursos del FEDER, de por sí muy escasos[318].

Interviniendo sobre un informe relativo a las PYMES, Bueno Vicente (PSOE S), recordó que la Comunidad había evolucionado con

---

316 Diario Oficial del Parlamento Europeo (12 de junio de 1986), pp. 280-281.
317 Parlement européen, Document de séance, Série A. Document A2 437/88, Partie B, p. 19.
318 Diario Oficial del Parlamento Europeo (12 de junio de 1986), p. 290.

La política regional 155

la adhesión de España y Portugal. Así, una PYME española, por su tamaño, legislación, contexto económico, dinamismo social y concepción propia de la empresa se diferenciaba de una PYME holandesa[319]. De esta manera, era importante reajustar los mecanismos de solidaridad interregional, pero también la política de distribución de los escasos fondos comunes, en conformidad con el espíritu de cohesión socioeconómica contemplado en el Acta Única[320]. En 1986, las PYMES españolas solo habían recibido el 0,45 % de los 860 millones de ECUS que la CEE dedicaba a las ayudas financieras al desarrollo. Bueno Vicente veía crucial prohibir las subvenciones a empresas que eran filiales de grandes sociedades y se hacían pasar por PYMES.

En palabras de Álvarez de Eulate Peñaranda (AP DE), el objetivo principal era el combate contra el paro, y el FEDER debía orientar sus ayudas hacia una política que apuntase a su erradicación mediante el desarrollo de infraestructuras y proyectos más apropiados para poder combatirlo[321].

En cuanto a Sánchez Cuenca Martínez (PSOE S), muy virulento en su discurso, dudó de que existiese una verdadera política regional comunitaria o que la Comunidad hubiese repartido préstamos y ayudas en función de criterios bien determinados[322].

En varias ocasiones se criticó el índice sintético que permitía elegir las regiones que iban a beneficiarse de las ayudas, y se propusieron nuevos parámetros para que la financiación fuese más equitativa. De esta forma, se sugirió que se tomasen en cuenta la rama de actividad, el ingreso disponible, el saldo migratorio, así como el nivel de la infraestructura regional.

Oliva García (PSOE S) fue el único en defender el índice sintético, que tenía en cuenta el PIB por habitante y la tasa de paro, subrayando que era el más objetivo de todos[323]. El índice no era malo en sí, sino más bien la política que se llevaba a cabo[324]. Luego se refirió a la dificultad de proporcionar estadísticas[325]. Asimismo, aludió a España donde, a

---

319 Diario Oficial del Parlamento Europeo (14 de mayo de 1987), p. 260.
320 Ibid.
321 Diario Oficial del Parlamento Europeo (8 de septiembre de 1986), p. 9.
322 Diario Oficial del Parlamento Europeo (11 de julio de 1986), p. 349.
323 Diario Oficial del Parlamento Europeo (12 de junio de 1986), p. 280.
324 Ibid.
325 Ibid.

pesar de los esfuerzos realizados por el Instituto Nacional de Estadística, los datos oficiales relativos a las regiones seguían siendo insuficientes y se publicaban demasiado tarde, de tal manera que, impedían un análisis serio de la situación socioeconómica.

No era la opinión de su colega Álvarez de Eulate Peñaranda (AP DE) para quien la Comunidad debía perfeccionar su aparato estadístico, intentando valorar la situación socioeconómica de las regiones a partir de índices económicos actualizados[326].

El otro aspecto que perjudicaba a la eficacia de los fondos estructurales era el retraso e, incluso, el rechazo por transferir las ayudas a Estados miembros, previo acuerdo de la Comisión.

Así, Bencomo Mendoza (GMS LDR) dio a conocer su profunda preocupación en cuanto a los presupuestos de 1986 y 1987. En efecto, negar los recursos necesarios para pagar las obligaciones contraídas los años anteriores por el FEDER, equivalía a sentar las bases de una grave crisis financiera del fondo. Tal decisión limitaría la capacidad de una intervención eficaz, sobre todo en las regiones desfavorecidas de los nuevos países miembros que solo disfrutarían de recursos financieros limitados, dada la necesidad de volver a plantear el problema del "peso del pasado"[327].

Dos problemas se planteaban: la adhesión de los nuevos Estados miembros y el inevitable aumento de las ayudas para hacer frente a las obligaciones contraídas anteriormente, o sea, el "peso del pasado". El proyecto de presupuesto presentado por el Consejo para 1986 era inferior al anteproyecto de la Comisión y, entre otros, suprimía 1,4 mil millones de ECUS para asumir la carga del pasado[328].

La actitud del Consejo era más bien contradictoria dado que, al mismo tiempo que se alegraba de la adhesión de España y Portugal, rechazaba las propuestas presupuestarias de la Comisión que, justamente, tenían en cuenta esta ampliación.

Abordando las responsabilidades de los estados miembros en la persistencia de las disparidades, los eurodiputados denunciaron la ineficacia de los instrumentos nacionales de política regional, la falta de respeto a las reglas de la competencia y al principio de adicionalidad, y

---

326 Diario Oficial del Parlamento Europeo (15 de octubre de 1987), p. 263.
327 *Ibid.*, p. 290
328 Parlement européen, Les progrès de la construction européenne (juillet 1985–juin 1986), p. 84.

*La política regional* 157

el poder de los gobiernos. Ante la situación, la Comisión se planteó confiar a consultores independientes la realización de un estudio detallado relativo a los instrumentos nacionales de política regional, ya que todos los Estados miembros solicitaban las ayudas del FEDER.

A este respecto, Oliva García (PSOE S) manifestó que una comisión de expertos no solucionaría el problema. En efecto, si era difícil aprehender la política regional comunitaria, cuando existían un presupuesto y objetivos concretos, sería todavía más difícil conocer las políticas regionales de los países miembros en los cuales varios organismos otorgaban las ayudas, a la vez que se asistía a una fuerte tendencia a la descentralización económica a nivel regional, por lo menos en España[329].

En lo que se refiere al respeto de las reglas de competencia, dependía, sobre todo, de las ayudas concedidas por los Estados miembros que falseaban, o amenazaban con falsear, la competencia, favoreciendo a ciertas empresas o producciones[330].

El importe de las ayudas concedidas por los Estados miembros era muy superior a las ayudas comunitarias concedidas a través del FEDER. Así, entre 1981 y 1986, los Estados miembros otorgaron a las empresas más de 11,7 mil millones de ECUS al año, o sea, veinte veces más que la ayuda proporcionada por el FEDER a las inversiones productivas[331]. Esta realidad justificó plenamente la intervención de Álvarez de Eulate Peñaranda (AP DE), para quien la eficacia, la transparencia y el respeto de las reglas de competencia constituían tres condiciones fundamentales para mejorar la política regional europea.

En cuanto a la transparencia, los Estados miembros debían facilitar información sobre las ayudas nacionales[332], obligando al Parlamento Europeo a controlarlas y asumirlas con transparencia.

La transparencia debía también contribuir al respeto, por parte de los Estados miembros, del principio fundamental de adicionalidad que, en muchos casos, se enfrentaba con el de subsidiariedad. En demasiadas ocasiones, la ayuda comunitaria no se percibía como un complemento, sino como un sustitutivo de las acciones nacionales, puesto que los gobiernos veían en el FEDER una fuente de ingresos.

---

329 Diario Oficial del Parlamento Europeo (11 de julio de 1986), p. 385.
330 Tratado de Roma, Artículo 92.1.
331 Y. Doutriaux, La politique régionale de la CEE, p. 83 (Que sais-je ? n.° 2587).
332 Diario Oficial del Parlamento Europeo (15 de octubre de 1987), p. 263.

En este sentido, Álvarez de Eulate Peñaranda (AP DE) afirmó que los Estados miembros no podían utilizar las ayudas comunitarias para recortar la financiación prevista inicialmente en sus presupuestos generales[333].

No obstante, era complejo para el Parlamento ejercer un control. También había que tener en cuenta las ventajas fiscales, los fondos cedidos a las colectividades y los préstamos atractivos. Estas ventajas atraían a los inversores extranjeros y falseaban las condiciones del intercambio entre Estados miembros. Además, el hecho de que los países ricos pudiesen ofrecer condiciones más ventajosas que los pobres, iba en contra del Tratado de Roma que velaba por el desarrollo armonioso de las actividades económicas en todo el territorio comunitario[334].

Por fin, el poder del que disponían los gobiernos podía, de una cierta forma, obstaculizar la elaboración de una política regional adecuada.

A este respecto, Bandrés Molet (GMCH ARC) estimó que el hecho de que los únicos interlocutores válidos para las autoridades comunitarias fuesen los Estados y que, por lo menos en España, las comunidades autónomas no tuviesen representantes en los órganos que definían la política comunitaria, tenía como consecuencia el traspaso de las competencias en estas materias[335]. Izquierda de los Pueblos (IP), en su programa para las elecciones europeas de 1987, retomó este punto de vista. En un capítulo relativo al estado de las autonomías tras la adhesión, esta formación deploró el poder absoluto del gobierno central, alegando que las comunidades autónomas seguían sin desempeñar ningún tipo de papel en la Europa comunitaria. Todavía peor, las instituciones centrales no habían tomado disposiciones que permitiesen su participación[336].

El poder de los gobiernos se hacía sentir, sobre todo, en la elección arbitraria de los representantes en los diversos órganos europeos y el reparto de los fondos[337].

Dado que las medidas dedicadas a reducir las disparidades regionales no dieron los resultados esperados, la CEE se vio obligada a analizar los factores que ponían en entredicho su política regional, así como

---

333 *Ibid.*
334 Tratado de Roma, Artículo 2.
335 Diario Oficial del Parlamento Europeo (8 de septiembre de 1986), p. 23.
336 Programa de Izquierda de los Pueblos para las elecciones al Parlamento Europeo, p. 26.
337 *Ibid.*, pp. 26—27.

## La política regional 159

la llevada a cabo por los Estados miembros. Resultó de este estudio que una reforma de los fondos estructurales era indispensable. Paralelamente, se empeñó en explorar nuevas vías hasta ahora descartadas, dándose cuenta del papel que podían desempeñar el movimiento cooperativo, la educación y la formación, así como el desarrollo de determinados sectores del turismo.

En los Estados miembros, las cooperativas ocupaban entre tres y cuatro millones de personas. De carácter social, estas empresas se caracterizaban por la menor importancia atribuida al concepto de beneficio y, sobre todo, por su reparto igualitario entre los miembros[338]. De esta manera, las cooperativas fomentaban el interés de los habitantes por su región. Gracias a su contribución a las actividades secundarias y terciarias, y a la reinversión de beneficios en el lugar de producción, favorecían la creación de puestos de trabajo, evitando la despoblación de ciertas zonas. Al contrario, las empresas exteriores no se atrevían a invertir en las provincias desfavorecidas, puesto que las perspectivas de crecimiento eran inexistentes. Además, al poseer y controlar los medios de producción, estas empresas apartaban a los habitantes de las tomas de decisión.

Sin embargo, el Parlamento Europeo se mostraba reticente a conceder ayudas a las cooperativas porque no encarnaban la ideología liberal que había presidido la creación de la CEE. A este respecto, ciertos liberales se preguntaban si este movimiento no era una manifestación típica de los partidarios de un sistema de naturaleza socialista o colectivista, a pesar de grandes éxitos logrados por las cooperativas en países con tradición capitalista como Suiza o Estados Unidos. Era probable que no apreciasen los propósitos de Arbeloa Muru (PSOE S) cuando opinaba que el cooperativismo en sí constituía un concepto verdaderamente revolucionario que simbolizaba la revolución social pacífica de la época[339]. Por su parte, Oliva García (PSOE S), advirtió contra toda reacción apasionada, recordando que el movimiento cooperativo había sido tachado de todos los calificativos, desde revolucionario a tremendamente reaccionario e, incluso, movimiento de extrema izquierda que aspiraba a retrasar la revolución y la lucha de clases. La propia Iglesia, que debía serle favorable, algunas veces se

---

338  R. Guillén et J. Vincent, Lexique de termes juridiques.
339  Ibid., p. 256.

apasionaba por el movimiento cooperativista y otras adoptaba unas posturas extrañas, más bien elitistas[340].

Convencidos de las ventajas de las cooperativas, los eurodiputados españoles hicieron hincapié en su relevancia para las regiones y proporcionaron medios para hacerlas más competitivas.

En este sentido, Arbeloa Muru, (PSOE S), las calificó de instrumento adecuado para crear y conservar empleos, y de eficaz solución para el desarrollo regional, subrayando la importancia de las iniciativas locales[341]. En cuanto a Álvarez de Eulate Peñaranda (AP DE), estimó que las cooperativas podían contribuir favorablemente al desarrollo socioeconómico de las regiones[342]. Por fin, Oliva García (PSOE S), afirmó que reunían un conjunto de elementos indispensables para promover el desarrollo de las regiones más desfavorecidas en período de crisis[343]. Así, los tres se alinearon en las opiniones emitidas por los representantes de los países miembros.

El movimiento cooperativo tenía vocación social y su objetivo era el empleo, así como la mejora de las condiciones de trabajo. Además, podía asumir una responsabilidad única en la reactivación de las zonas desfavorecidas, puesto que se basaba en la participación de las fuerzas locales.

Ciertos diputados españoles, entre los que, se encontraba Arbeloa Muru (PSOE S), se apoyaron en sus experiencias personales para justificar sus convicciones. Relató el caso de Navarra donde había asistido a la emergencia de un múltiple movimiento cooperativo agrícola, comerciante e industrial que desde principios de siglo había transformado el paisaje de esta zona. En el sector agrícola y concretamente en Navarra y la provincia de Burgos, los campesinos habían unido sus tierras con el fin de cultivarlas conjuntamente, lo que había dado lugar a un aumento impresionante de la producción (una agrupación había visto su producción pasar de 13,6 hectáreas a 590 hectáreas)[344]. En el sector industrial, se refirió a la iniciativa de José María Arizmendiarrieta que, junto con antiguos aprendices de una fábrica de Mondragón, había creado la "Unión Cerrajera", un taller cooperativo de fabricación de cocinas[345].

---

340  Ibid., p. 261.
341  Ibid., p. 256.
342  Ibid., p. 257.
343  Ibid., p. 261.
344  A. Huetz de Lemps, L'économie de l'Espagne, p. 82.
345  Diario Oficial del Parlamento Europeo (9 de julio de 1987), p. 261.

A continuación, los eurodiputados españoles se centraron en las deficiencias de las cooperativas y los medios para erradicarlas.

Oliva García (PSOE S) identificó debilidades inherentes a las cooperativas: falta de formación; dificultad de acceso a los circuitos comerciales; implantación en las regiones menos desarrolladas; apoyos financieros nulos; y conocimiento irrisorio de los circuitos comerciales[346].

Por su parte, Arbeloa Muru (PSOE S) se preguntó cómo era posible no aprobar los programas comunitarios de ayuda a la formación de los cooperativistas, así como el Fondo Europeo de Garantía, que facilitaba su acceso a los préstamos concedidos por la Comunidad[347].

En cuanto a Álvarez de Eulate Peñaranda (AP DE), subrayó que era necesario mejorar el acceso de las cooperativas a las nuevas tecnologías, a la vez que financiarlas, sobre todo en su fase de lanzamiento[348].

El análisis de los parlamentarios desveló claramente que la falta de formación explicaba la debilidad de las cooperativas. Además, la formación era indispensable para reducir las disparidades regionales. En efecto, por una parte, se trataba de formar un personal calificado para las empresas privadas y los servicios públicos y, por otra, proporcionar a los individuos la voluntad, los conocimientos teóricos y las aptitudes técnicas necesarias para el desarrollo de actividades existentes o la creación de nuevas[349]. Al fin y al cabo, al diversificar las enseñanzas y las formaciones, se trataba de diversificar las actividades regionales, no solo en los sectores tradicionales, como el turismo, sino también en el sector de las tecnologías de vanguardia[350].

La consecución de estos objetivos significaba que las autoridades públicas debían orientar su política hacia tres direcciones. Durante la fase de escolarización, había que desarrollar el sentido de la iniciativa entre los jóvenes, es decir: prepararlos para la creación de su propia empresa; informarles sobre las perspectivas ofertadas por las regiones; concienciarles de los recursos locales y posibilidades de empleo; proporcionarles una formación polivalente; facilitarles la movilidad profesional; y asegurar la transición entre la escuela y la vida profesional mediante la consolidación de la relación escuela-empresa. Además, era

---

346 *Ibid.*
347 *Ibid.*, p. 256.
348 *Ibid.*, p. 258.
349 Diario Oficial del Parlamento Europeo (9 de marzo de 1987), p. 16.
350 *Ibid.*

indispensable coordinar los fondos estructurales para garantizar una mejor formación continua; ayudar a las PYMES, las cooperativas y las empresas artesanales mediante una asistencia técnica y de gestión; y facilitar los intercambios de experiencias, así como la cooperación transfronteriza[351]. Por último, las regiones debían desempeñar un papel fundamental en la realización de este programa. De hecho, la adaptación del potencial de producción de las regiones y el bienestar de la población eran vitales para frenar el fenómeno de la despoblación.

Suscribiendo el informe, Arbeloa Muru (PSOE S) declaró que los nuevos modelos de enseñanza, llamados no oficiales, utilizados, tanto para los adultos como para los adolescentes y los niños, respondían a unas necesidades sociales muy concretas, y alentaban en las regiones rurales y en otras más o menos deprimidas, un tipo de desarrollo mucho más integrado de las pequeñas colectividades que, de esta forma, se convertían en agentes y protagonistas de su propia evolución[352]. A este respecto, hizo alusión a los programas de educación para adultos, desarrollados principalmente en Navarra, en estrecha colaboración con los municipios, las administraciones regionales, los sindicatos y las empresas.

En su conjunto, las fuerzas políticas españolas evocaron esta nueva forma de enseñanza. El PSOE especificó en su programa que la prioridad sería dada a los proyectos que acercaban la escuela al entorno físico y social, así como a las experiencias pedagógicas que favorecían la autonomía del alumno y el desarrollo de su creatividad. Se apostaba por mejorar la formación profesional gracias a la combinación entre formación cultural y formación específica con carácter profesional, velando siempre por responder a las necesidades socioeconómicas[353]. Por lo demás, el programa insistía en la puesta en marcha de proyectos que permitiesen el reciclaje de los trabajadores con el fin de que pudiesen adaptarse a las nuevas exigencias de los sistemas avanzados de producción tecnológica[354].

---

351 *Ibid.*
352 *Ibid.*, p. 20.
353 Programa P.S.O.E, 1986–1987, pp. 62–63.
354 *Ibid.*, p. 35.

*La política regional* 163

Arbeloa Muru (PSOE S) afirmó que la formación continua era urgente, dado que los nuevos procesos tecnológicos como la informática y la automatización ponían un término final al trabajo manual tradicional.

Finalmente, la Comunidad, que seguía buscando nuevas vías susceptibles de reducir las disparidades regionales, se interesó por el sector del turismo.

Así, Perinat Elio (AP DE) se interesó por las posibilidades de desarrollo de las zonas subdesarrolladas mediante la atracción de nuevos residentes. El objetivo era doble, primero, incentivar el desarrollo socioeconómico de las regiones más depauperadas y, segundo, reducir la tasa de paro, tanto global como estacional, en las zonas donde alcanzaba niveles trágicos[355].

En efecto, tal política podía resultar beneficiosa, puesto que favorecería la construcción de las instalaciones necesarias para la acogida de turistas y permitiría la mejora de las infraestructuras. De esta manera, se crearían empleos y los jóvenes, particularmente afectados por el paro, encontrarían trabajo en su región, lo que frenaría el éxodo demográfico.

Sin embargo, un diputado comunista griego llamó la atención de los parlamentarios sobre el hecho de que el turismo y los servicios relacionados con la salud y el tiempo libre de los ancianos corrían el riesgo de pasar bajo control de los grupos multinacionales, con beneficios mínimos, tanto para los interesados como para las regiones afectadas[356]. Por lo demás, pidió a la Comunidad que encontrase los medios para animar a las colectividades locales a desarrollar redes de prestaciones y servicios, al mismo tiempo que insistió sobre la necesidad de que las prestaciones de servicios turísticos u otras a personas de la tercera edad dependiesen de los servicios sociales[357].

Al contrario, Perinat Elio (AP DE) quien era partidario de una política liberal, opinó que se lograrían más fácilmente los objetivos socioeconómicos, eliminando los obstáculos a la libertad de establecimiento, prestación de servicios y liberalización de los movimientos de capital[358]. Esta política permitiría el desarrollo económico de regiones desfavorecidas como Andalucía, las Islas Canarias, Galicia y Murcia. De hecho,

---

355 Diario Oficial del Parlamento Europeo (17 de enero de 1986), p. 363.
356 *Ibid.*, p. 365.
357 *Ibid.*
358 *Ibid.*, p. 363.

Andalucía poseía la tasa más elevada de paro de entre todos los países de la Comunidad (el 31,29 %, contra el 26,45 % en las Islas Canarias, el 13,33 % en Galicia y el 20,64 % en Murcia)[359].
En el seno de la CEE, el desarrollo del fenómeno migratorio se debía a las disparidades regionales. Asimismo, en España se había producido una migración interna y externa. A finales del siglo XX, se multiplicaron los movimientos migratorios hacia Barcelona y Madrid, pero también hacia los centros industriales. No obstante, la población rural siguió siendo importante hasta mediados del siglo XX. Entre 1950 y 1960, 1.500.000 españoles dejaron su tierra natal por las grandes ciudades. Durante la década siguiente, casi 3.500.000 españoles cambiaron de lugar de residencia, las zonas rurales de menos de 10.000 habitantes perdieron más de un millón de personas, mientras que las ciudades de más de 100.000 habitantes acogieron a unas 800.000 personas.

La siguiente Tabla 33 pone de relieve los movimientos migratorios entre las distintas regiones autónomas.

**Tabla 33** *La economía española – Saldo migratorio net 1941–1983*

| | | | |
|---|---|---|---|
| Andalucía | - 1.921.210 | Cataluña | +1.914.710 |
| Castilla León | - 1.170.860 | Madrid | +1.886.100 |
| Castilla-La Mancha | - 1.085.410 | Valencia | + 786.620 |
| Extremadura | - 790.010 | País Vasco | + 546.430 |
| Galicia | - 652.840 | Baleares | + 174.060 |
| Murcia | - 224.960 | Canarias | + 93.790 |
| Aragón | - 106.780 | | |
| Cantabria | - 53.720 | | |
| Rioja | - 37.660 | | |
| Asturias | - 32.620 | | |
| Navarra | - 3.640 | | |

En el exterior, el auge económico de la Europa occidental en los años 50 se había acompañado de una fuerte demanda de mano de obra, y los españoles atraídos por los salarios más ventajosos se fueron a Francia, Alemania, Suiza, Bélgica o Gran Bretaña. La mayoría de ellos procedía de zonas rurales particularmente pobres como Andalucía, Galicia, Castilla y Levante. Entre 1951 y 1960, el balance migratorio desveló

---

359 *Ibid.*

La política regional

una pérdida de unas 700.000 personas, y de 1961 a 1970, la cifra de emigrantes superó en 600.000 a la cifra de retornados. Esta migración siguió desarrollándose al mismo ritmo hasta 1973. A partir de esta fecha, la crisis mundial frenó la demanda de mano de obra que procedía de los países industrializados. Entonces, la tendencia se invirtió. Sin embargo, muchos emigrantes eligieron quedarse en el país de acogida.

La Tabla 34 indica el número de españoles que residían en el extranjero a finales de los años 80.

Tabla 34 *La economía española. Los emigrantes españoles*

| | |
|---|---|
| América del Sur | 850.000 |
| América del Norte | 110.700 |
| Europa | |
| Francia | 321.000 |
| RFA | 154.000 |
| Suiza | 108.000 |
| Reino Unido | 64.000 |
| Bélgica | 178.700 |

Conviene mencionar que, en el momento de las cosechas, se asistía a una migración estacional procedente de Andalucía, Murcia y el Levante hacia Francia[360].

Los eurodiputados tuvieron que debatir de un informe de la Comisión Europea relativo a los problemas regionales y los movimientos migratorios.

Según Grimaldos Grimaldos (PSOE S), solo una política regional adecuada orientada hacia la cohesión socioeconómica, como preconizaba el Acta Única, podía permitir la progresiva erradicación de la emigración[361]. Era obvio que, sin una voluntad comunitaria, las regiones más pobres seguirían despoblándose.

Simultáneamente, la adaptación de los migrantes al país de acogida planteaba problemas. Como lo hizo observar Cabezón Alonso (PSOE S), esta mano de obra barata se había enfrentado más de una

---

360  A. Huetz de Lemps, L'économie de l'Espagne, pp. 45–46.
361  Diario Oficial del Parlamento Europeo (20 de noviembre de 1987), p. 365.

vez a problemas de marginalización sociopolítica y cultural[362]. Por lo demás, se asombró de que Europa demostrase una gran hipocresía en el sentido de que, en ciertas ocasiones, defendía ardientemente los postulados de libertad y democracia y, en otras, como en el caso de los trabajadores migrantes y sus familias, no había reconocido todavía plenamente sus derechos políticos, culturales y socioeconómicos[363].

Si la acogida en el país extranjero causaba dificultades, era igualmente delicado el retorno al país de origen. Grimaldos Grimaldos (PSOE S), aseguró que convenía, sin obstáculos burocráticos insoportables, reconocer los derechos adquiridos por la población migrante desde un punto de vista socioeducativo, al mismo tiempo que era fundamental solucionar los problemas relativos a su reinserción en su región de origen[364].

En período de crisis económica, las tendencias se invertían y se observaba un aumento del número de personas que abandonaban las regiones industriales en declive para volver a su pueblo. Por otra parte, cuando regresaban a casa, no invertían sus ahorros y, por lo tanto, no participaban en la modernización de la región. Cabezón Alonso (PSOE S) manifestó su deseo de que estos trabajadores desarrollasen iniciativas de apoyo a la creación de empresas para evitar que sus ahorros fuesen absorbidos por la dinámica del sistema bancario[365].

Otro problema radicaba en dilucidar si las disparidades culturales entre regiones constituían un obstáculo a la integración europea.

Al parecer, unos 40 millones de ciudadanos de la Comunidad Europea, o sea, alrededor del 10 % de la población total, usaban una lengua oficial. En 1981, una resolución había pedido a los gobiernos de los estados miembros, así como a las autoridades regionales y locales que pusiesen en marcha en materia de enseñanza y relaciones sociales, una política orientada hacia la protección y promoción de los derechos culturales y lingüísticos de las minorías étnicas. En 1983, el Parlamento Europeo había creado un presupuesto específico para financiar las acciones a favor de estas minorías, suprimido en 1986 para ser incluido en el apartado "Enseñanza". Las acciones emprendidas consistían en la

---

362  *Ibid.*, p. 363.
363  *Ibid.*
364  *Ibid.*
365  *Ibid.*, p. 365.

*La política regional* 167

organización de conferencias sobre el bilingüismo, así como, publicaciones en las lenguas minoritarias.

La Asamblea Consultiva del Consejo de Europea y la Conferencia Permanente de las Administraciones Locales y Regionales habían redactado una Carta de las lenguas regionales y minoritarias con el fin de obtener un estatuto jurídico, pero los Estados miembros no se habían adherido todavía a esta Carta.

El diputado del Partido Popular Europeo, Dalsass, resumía perfectamente el sentimiento de los partidarios de una ayuda más importante a las minorías, alegando que la cuestión que se planteaba a Europa era la de saber si iba a mantener su gran tradición espiritual o dejar periclitar esta herencia, despreciando a las minorías étnicas que no debían ser un vestigio problemático de una época cumplida, sino que debían considerarse como una fuente de enriquecimiento a nivel cultural[366].

Sobre esta cuestión, Péry, eurodiputado socialista francés, dio a conocer sus temores. Recordó la connotación política que tenía la defensa de las lenguas minoritarias, precisando que si se observaba una frialdad casi general de la opinión pública cuando se abordaba la cuestión era porque, más allá de la defensa de la lengua y la cultura, se perfilaba un proyecto político con sus tentaciones extremistas y, a veces, el uso de la violencia. Desde este punto de vista, afirmar que el alma de un pueblo era, primero, su lengua, parecía sospechoso[367]. Luego alegó que España, por su historia, sus culturas y su Constitución, era un país avanzado en estos temas. Más allá de las cuestiones de orden lingüístico y cultural, se trataba del país que se encontraba más violentamente confrontado a una exigencia política que, desafortunadamente, se traducía en sangre[368].

El diputado comunista griego Alavanos se mostró todavía más explícito, declarando que el problema de las minorías no se podía disociar de los esfuerzos realizados por unos círculos reaccionarios para sacar provecho de los problemas de las minorías, con el fin de desestabilizar Europa y provocar tensiones entre los países europeos[369].

Otros, como el socialista griego Plaskovitis puso de relieve la dificultad que se planteaba para definir un estatuto de las minorías aplicable a

---

366 Diario Oficial del Parlamento Europeo (30 de octubre de 1987), p. 308.
367 *Ibid.*, pp. 324–325.
368 *Ibid.*
369 *Ibid.*, p. 321.

cada estado. En efecto, se requería prudencia, dado que el problema lingüístico estaba vinculado a problemas de orden constitucional en cada país. Además, en algunos casos, dialectos particulares sobrevivían en regiones aisladas o aldeas agrícolas. En este caso, era excesivo exigir la creación de una realidad lingüística donde realmente no existía[370].

Por lo demás, los eurodiputados se preocuparon por las repercusiones del proyecto en discusión, afirmando que no era serio pedir la creación de escuelas, institutos y organismos regionales específicos para proteger idiosincrasias lingüísticas[371].

Varios eurodiputados españoles se expresaron, pero ninguno de ellos infundió temores o críticas parecidas a las que se acaban de evocar. Otros solicitaron una autorización excepcional para expresarse en la lengua de su región.

Es de recordar que la comunidad autónoma del País Vasco abarca tres provincias en las que la lengua vasca goza de un estatuto oficial igual al del castellano. Se trata de Guipúzcoa, Vizcaya y Álava. En Navarra, la lengua oficial es el español. El País Vasco contaba con unos 2,2 millones de habitantes de los que, teóricamente, solo 700.000 eran capaces de utilizar la lengua vasca, y un poco más del 15 % recibía una enseñanza en euskera. Así, e incluso dentro de las fronteras del País Vasco, esta lengua era minoritaria. Pues la situación era crítica y la normalización, tanto lingüística como cultural, requería los esfuerzos coordinados de las administraciones y organizaciones populares.

Los discursos de los eurodiputados vascos fueron profundamente políticos.

Garaikoetxea Urriza (CEP ARC) expuso que cuando un pueblo pierde su lengua, pierde casi siempre la conciencia de su identidad. Por otra parte, afirmó que los nacionalistas habían luchado para conseguir su propio poder político, indispensable para que la cultura de un pueblo pudiese sobrevivir. La mayoría de los vascos trabajaban de manera pacífica, respetando las reglas democráticas para lograr este poder político que les permitiría, por una parte, seguir existiendo como pueblo y, por otra, mantener viva su lengua. Sin duda, el temor de ver desaparecer su vieja lengua explicaba el radicalismo del nacionalismo vasco[372].

---

370 *Ibid.*, p. 314.
371 *Ibid.*
372 *Ibid.*, p. 309.

*La política regional* 169

En cuanto a Montero Zabala (HB NI), recordó que el 70 % de los vascos exigían la reconstrucción nacional y pedían una nación con derecho a la soberanía. Reivindicaban que el euskera fuese lengua nacional[373]. Más tarde, alejándose del tema central del debate, se opuso a la extradición de los vascos españoles refugiados en el País Vasco francés, y atacó al gobierno francés, tachándole de gobierno caracterizado por unas tradiciones jacobinas retrógradas. Este mismo gobierno debería leer atentamente el texto que recomendaba el reconocimiento oficial de los cursos y centros de enseñanza creados por asociaciones que usaban una lengua regional minoritaria como lengua de enseñanza. Pues Seaska, la federación de ikastolas, merecía un trato diferente[374].

Del mismo modo, los eurodiputados catalanes se expresaron, recordando que, dentro del Estado español, el catalán, que pertenecía a la familia de las lenguas neolatinas, era una lengua única con numerosos dialectos. En Cataluña, 6 millones de habitantes hablaban catalán, contra 3,5 millones en el País Valenciano, y 500.000 en las Islas Baleares.

No obstante, y como lo demuestra la siguiente Tabla 35, el catalán no era perfectamente conocido en estas regiones.

Tabla 35 *Boletín de las Comunidades Europeas*

| Lengua catalana | Cataluña | Valencia | Baleares |
| --- | --- | --- | --- |
| La entienden correctamente | 82 % | 62 % | 55 % |
| La hablan correctamente | 76 % | 55 % | 31 % |
| La leen correctamente | 86 % | 73 % | 39 % |
| La escriben correctamente | 82 % | 62 % | 55 % |

El catalán era considerado lengua oficial junto al español, pero el bilingüismo institucionalizado frenaba el proceso de restauración lingüística, y la lengua española gozaba de una preponderancia absoluta. Sin embargo, el uso del catalán aumentaba progresivamente, como lo corroboraban las publicaciones de libros, así como los programas televisivos y de radio. No obstante, aunque su enseñanza fuese obligatoria, no era suficiente. Pues el Gobierno central debía reconocer el

---

373 *Ibid.*, p. 313.
374 *Ibid.*

territorio lingüístico, es decir, que a cada pueblo le correspondía una lengua única[375].

El catalán Coderch Planas (CDS CTDI) se declaró solidario con las lenguas minoritarias y estimó que había que incitar a las autoridades de los Estados miembros a favorecer su difusión, dado que pertenecían al patrimonio mundial[376]. Paralelamente, precisó que el catalán no constituía una lengua minoritaria, puesto que el número de personas de expresión catalana ascendía a 7 millones. Entre las 56 lenguas que existían en Europa, el catalán ocupaba la vigésima primera posición[377]. Por otra parte, pareció satisfecho del Estatuto de Cataluña dentro del Estado Español, dado que la Constitución y el propio Estatuto Autonómico protegían sus derechos[378].

Gasoliba y Böhm (CiU LDR), el otro diputado catalán, se mostró más exigente, calificando de largo y, a veces, desesperante el proceso de construcción europea. Pidió que se tomasen las medidas adecuadas para que un día, no muy lejano, los catalanes pudiesen expresarse en su lengua a nivel nacional y comunitario[379]. Sus declaraciones estaban en conformidad con el programa presentado por su partido durante la campaña para las elecciones europeas, que afirmaba que la lengua catalana era un patrimonio europeo de la misma importancia, o incluso, más importante que otras lenguas oficiales como el griego o el danés. En consecuencia, el catalán debía estar plenamente reconocido y ser usado normalmente por las instituciones comunitarias[380]. Así, era imprescindible que las instituciones comunitarias demostrasen más sensibilidad y propusiesen una solución de compromiso hacia las lenguas vivas sin estado como el catalán, y que fuese enseñado en todos los Estados miembros como las demás lenguas oficiales de la Comunidad[381].

Rubert de Ventós (PSOE S), el tercer catalán en expresarse, lo hizo de una manera bastante ambigua, sosteniendo que, casi siempre, la construcción de la identidad nacional se había realizado en los estados

---

375 Commission des communautés européennes, Bulletin Contact, Vol. 2 numéro 3.
376 Diario Oficial del Parlamento Europeo (30 de octubre de 1987), p. 316.
377 Ibid.
378 Ibid.
379 Ibid.
380 Convergencia i Unió, Catalunya Veu i vot a Europa, p. 4.
381 Ibid., p. 520.

## La política regional

europeos mediante la imposición de una lengua o cultura unitaria. Convenía erradicar este nacionalismo para evitar que los nacionalismos capilares, más o menos mesiánicos, proliferasen y se radicalicen en toda Europa, como ocurría con el nacionalismo de Estado. Añadió que la situación de las lenguas minoritarias presentaba grandes disparidades y que el concepto abarcaba lenguas habladas por una minoría con una tradición casi exclusivamente oral. Por ello no se podía proyectar la adopción de una minuciosa y homogénea reglamentación ante tal diversidad[382].

Rubert de Ventós (PSOE S) solicitó la aplicación de criterios, como el número de personas que hablaban una lengua o la manera de practicarla, para determinar un "umbral" a partir del cual se podría modular la actitud de la CEE al respecto. Finalizó su intervención avanzando que, según el Principio de Aristóteles, la justicia política consistía en tratar en pie de igualdad lo que era igual, y diferentemente, lo que era diferente[383].

García Arias (PSOE S) recurrió a este principio al evocar la incomprensión existente en torno a la defensa del asturiano, una lengua románica hablada todavía por el 26 % de los 113.000 habitantes de Asturias. Así, curiosamente, esta incomprensión se debía a personas que se decían representantes políticos de otras culturas minoritarias como, por ejemplo, la cultura catalana y, para quienes la existencia en España de otras minorías parecía problemática, quizás por motivos presupuestarios[384].

Rubert de Ventós (PSOE S), por su parte, pareció a fin de cuentas no sentirse muy a gusto, dividido entre sus convicciones socialistas y su "nacionalidad" catalana. Advirtió contra la proliferación de los nacionalismos de Estado y se mostró partidario de practicar una selección de las lenguas minoritarias de menor importancia, recordando que el catalán era una lengua más extendida que otras habladas en los países miembros. Más tarde, aclaró que no se trataba de defender las lenguas sin estado frente a las lenguas de los estados europeos[385]. Consecuentemente, tenía conciencia que sus declaraciones faltaban de claridad. A continuación, como provocación o simple prueba de sus sentimientos

---

382 Diario Oficial del Parlamento Europeo (30 de octubre de 1987), pp. 317–318.
383 *Ibid.*, p. 318.
384 *Ibid.*, p. 319.
385 *Ibid.*, p. 317

nacionalistas, intervino en catalán, estableciendo una diferencia entre lenguas, unas siendo las de las relaciones oficiales, y otras las de las relaciones íntimas o personales[386]. Conviene preguntarse si sus relaciones con la Asamblea de Estrasburgo eran oficiales o íntimas.

Ferrer i Casals (CiU PPE), el último eurodiputado de origen catalán en tomar la palabra, defendió la necesidad de proteger el derecho a las señas de identidad nacional[387], a la vez que evocó el tema de la enseñanza de las lenguas minoritarias, precisando que no bastaba con reconocer este derecho, sino que había que garantizar su ejercicio, y que la Administración Pública tenía que asegurarse de que los propios docentes de la lengua minoritaria conociesen suficientemente dicha lengua para enseñarla correctamente[388]. Así, pedía que se evaluasen los conocimientos de los maestros para evitar que una mala calidad de la enseñanza acentuase el declive del catalán que, en su región, era ya minoritario.

Ramírez Heredia (PSOE S), inició su discurso con unas declaraciones de carácter general: la palabra es el fundamento de la Democracia; la palabra y la escritura son indispensables para que los hombres libres puedan defender sus ideas, confrontar sus opiniones, es decir, consagrar su capacidad de lucha y entusiasmo a la defensa de un ideal[389]. Luego alegó que la diversidad constituía uno de los principales componentes de la belleza[390], lo que no impedía ser racional en el momento de examinar las diversas lenguas contenidas en el informe. Dicho de otro modo, una criba era necesaria antes de dirimir quiénes entrarían a formar parte del "club" de los pueblos con derecho al reconocimiento de su identidad. El eurodiputado terminó su intervención resaltando que era de origen gitano y que cada vez que era posible se expresaba en catalán, una lengua hablada por 12 millones de ciudadanos en Europa.

En cuanto a Gutiérrez Díaz (IU COM), afirmó que las lenguas como señas de identidad constituían un principio democrático que había que defender. No se podía decir que separaban territorios y creaban desórdenes públicos. Los territorios estaban unidos por una voluntad democrática y mayoritaria. Al contrario, lo que podía causar desórdenes era

---

386 *Ibid.*
387 *Ibid.*, p. 322.
388 *Ibid.*
389 *Ibid.*, p. 307.
390 *Ibid.*

el intento de asfixiar las lenguas vivas que deseaban progresar y servían para afirmar la identidad de las personas que las hablaban[391]. De ninguna manera las minorías lingüísticas podían representar un peligro.

Otros eurodiputados españoles se expresaron por escrito. Entre ellos, Diez de Rivera (CDS CTDI), quien tras recordar que España reconocía la pluralidad lingüística, estimó que el uso de las lenguas minoritarias constituía un elemento vivo que dinamizaba la vida social[392]. Además, afirmó que un uso exclusivo o prioritario de la lengua oficial de un país o región se traducía, generalmente, en discriminación no solo en el ámbito de la enseñanza, sino también a nivel social. Por lo demás, la lengua como fuente de poder era susceptible de impedir el acceso a puestos de responsabilidad[393].

Por fin, Arbeloa Muru (PSOE S) fue quizás el eurodiputado que mejor resumió la realidad española, al afirmar que el combate por la normalización de la situación lingüística había constituido para todos los demócratas españoles un capítulo importante de la normalización de la situación democrática. En efecto, la Constitución en lo que se refiere a los estatutos de autonomía, así como las leyes complementarias votadas por el Parlamento español y los Parlamentos autonómicos, habían conferido a las lenguas habladas en el País Vasco y Cataluña, una influencia cultural desconocida hasta entonces. También las realidades lingüísticas de menor envergadura como el gallego y el dialecto aragonés habían sido reconocidas y protegidas. Para concluir, Arbeloa Muru mencionó al escritor hispano vasco Miguel de Unamuno para quien la lengua era la sangre del espíritu y, sin lengua, no había ni pueblo ni sociedad[394].

## 9.4. *La política industrial*

Las cuotas de producción de acero constituían un tema de debate que ponía de relieve dos lemas opuestos. Por una parte, la visión proteccionista que afirmaba que, al persistir la crisis siderúrgica, era imposible pensar en la supresión, ni siquiera progresiva, de las cuotas a partir de enero de 1987, tal y como proponía la Comisión. Pues había que posponer cualquier medida de liberalización y, por lo tanto, prolongar

---

391 *Ibid.*, p. 318.
392 *Ibid.*, p. 324.
393 *Ibid.*
394 *Ibid.*

el periodo transitorio, antes de restablecer la libre competencia (el objetivo consistía en crear las condiciones para el desmantelamiento de la sobrecapacidad comunitaria, valorada en 20 millones de toneladas). Y, por otra, la visión liberal, según la cual la eliminación de las cuotas equivalía a rechazar la abolición del "dirigismo" practicado en este sector.

La adaptación de la oferta a la demanda era más cómoda mediante el juego de las leyes del mercado que mediante unas restricciones fijadas arbitrariamente. De hecho, el retorno de la industria siderúrgica europea a la economía de mercado, estaba inscrito en el Tratado de la CECA.

Bueno Vicente (PSOE S), defendió la prórroga del régimen de las cuotas para cuatro años, puesto que se trataba de un medio de control provisional del desarrollo del mercado, que permitía llevar a cabo la necesaria reestructuración de este sector, a la vez que resolver los problemas socio regionales provocados por la pérdida de peso de la siderurgia europea, sin duda, inevitable[395]. En consecuencia, se opuso al restablecimiento de la libre competencia desenfrenada como modo de saneamiento del mercado del acero[396]. En todo caso, la intervención del eurodiputado español era discutible, ya que el Tratado de Adhesión no había incluido a España en el sistema de limitación de la producción.

Contestando a la propuesta de la Comisión de hacer participar a España en el programa de lucha contra la crisis siderúrgica antes de que expirase el periodo transitorio fijado a finales de 1988, Bueno Vicente (PSOE S) replicó que el país difícilmente podía realizar un esfuerzo suplementario, dado que se encontraba en pleno proceso de modernización de sus instalaciones, así como de reestructuración técnico-financiera[397]. Los socialistas que defendían esta política eran partidarios del desmantelamiento de las capacidades productivas, dándose cuenta de que era imperativo que la siderurgia comunitaria en su conjunto se convirtiese en competitiva para no verse marginalizada. Pues confiaban en el porvenir del acero y en el carácter estratégico de esta industria. No obstante, no querían que esta reestructuración fuese global y, sobre todo, pedían que no supusiese costes sociales. Por ello apoyaban las

---

395 *Diario Oficial del Parlamento Europeo* (17 de diciembre de 1987), p. 267.
396 *Ibid.*
397 *Ibid.*

demandas de los trabajadores de la industria siderúrgica europea entre los que se encontraban millares de trabajadores españoles[398].

Asimismo, Bueno Vicente expresó su apoyo a las medidas socio-regionales complementarias como el programa RESIDER financiado por el FEDER, que alentaba la implantación de las PYMES en las regiones afectadas por la crisis siderúrgica. Sin embargo, quiso precisar que, dado la gravedad de la crisis de las cuencas siderúrgicas, era importante que la transferencia de fondos del FEDER al presupuesto operacional de la CECA, no llegase a ser una práctica corriente cada vez que se presentaba un problema similar al que se conocía. Convenía mantener una cierta reserva hasta que la Comisión no definiese con exactitud las regiones NUTS III dotadas con industrias siderúrgicas para poder fijar el techo de la intervención. En efecto, dado el techo previsto por la Comisión, casi todas las regiones con vocación siderúrgica de la Comunidad se beneficiarían de este plan, independientemente de su situación económica, lo que no favorecía a los países económicamente débiles de la Comunidad[399].

La nomenclatura NUTS (Unidades Territoriales Estadísticas) aprobada por EUROSTAT y los países miembros, distinguía tres niveles de división regional. El Grado 1 que agrupaba 64 regiones; el Grado II que se refería a 167 regiones administrativas correspondientes, entre otras, a las comunidades autónomas españolas; y el Grado III, que tomaba en cuenta las 824 subdivisiones de las zonas previamente mencionadas e incluía las provincias del territorio español.

Argüelles Salaverría (AP DE) evaluó el programa RESIDER positivamente, sobre todo en lo que se refería a la cláusula relativa a la duplicación de las dotaciones económicas[400], puesto que los fondos concedidos pasarían de 300 a 600 millones de ECUS. Del mismo modo, acogió satisfactoriamente su inmediata aplicación a España, una decisión que, de una cierta manera, reconocía los sacrificios consentidos por las regiones españolas de Asturias y Vizcaya. La única problemática radicaba en el hecho de que sobre un total de 600 millones de ECUS, se les concedían solo 50 millones[401].

---

398 Diario Oficial del Parlamento Europeo (19 de noviembre de 1987), p. 258.
399 Diario Oficial del Parlamento Europeo (17 de diciembre de 1987), p. 267.
400 *Ibid.*, p. 271.
401 *Ibid.*

La construcción naval y, más concretamente, el tema de la atribución de las ayudas dio también lugar a intervenciones. Entre otros, la Comisión había propuesto la adopción de una nueva directiva, dado que la que estaba en vigor expiraba a finales de 1986. Esta última había fracasado en su intento de frenar el declive del sector y favorecer la competencia o libre comercio intracomunitario, puesto que los armadores se abastecían en su propio país o en Extremo Oriente. Asimismo, no había llegado a garantizar una leal y equitativa distribución de los fondos públicos, a menudo disparatados en los diferentes Estados miembros.

Bueno Vicente (PSOE S) defendió esta propuesta, ya que la puesta en marcha de mecanismos proteccionistas en la construcción naval era imprescindible. Se trataba de un sector con un gran impacto socioeconómico, industrial, tecnológico y, también, estratégico, dado que Europa no podía seguir dependiendo de la construcción naval originaria de otros bloques económicos. Sin embargo, este sector iba ahogándose poco a poco, debido a la reducción de la demanda y la imposibilidad de competir con los precios fijados por los astilleros japonés, coreano o de otros países del Sudeste Asiático[402 403].

Como observó Bueno Vicente (PSOE S), el grupo socialista estaba estrechamente implicado en la elaboración de esta nueva directiva, tras haber sugerido la introducción de diversos techos de ayudas a la producción, que variaban entre el 26 y el 35 %, según el valor contractual del barco. Este sistema permitiría cubrir toda la gama de barcos construidos en los astilleros comunitarios, desde los que integraban equipamientos de alta tecnología hasta los grandes barcos que Europa necesitaba[404]. Al ser la primera potencia comercial mundial, los Doce tenían que dotarse con una industria moderna. No obstante, el problema consistía en determinar los tipos de barcos que presentaban las características requeridas para beneficiarse de la máxima ayuda; una ayuda que se recortaría a medida que los astilleros europeos mejorasen su competitividad.

Bueno Vicente (PSOE S), alegó que las subvenciones debían ampliarse al sector de la reparación del que dependían países pequeños o países económicamente débiles en el sector de la construcción naval[405].

---

402 Diario Oficial del Parlamento Europeo (12 de diciembre de 1987), p. 378.
403 *Ibid.*
404 *Ibid.*
405 *Ibid.*

*La política industrial* 177

Deseando también que los procesos de reestructuración y modernización se realizasen en conformidad con la noción de cohesión socioeconómica defendida por el Acta Única, es decir que los costes socioeconómicos de la reducción de toneladas fuesen repartidos solidariamente[406], se alegró de que se hubiesen tenido en cuenta medidas complementarias de desarrollo regional para las zonas más afectadas por la crisis, tales como el programa de reconversión RENAVAL, así como las acciones sociales a favor de los trabajadores despedidos, financiadas respectivamente por el FEDER y el FSE. Finalmente, defendió la intensificación de una política de investigación y desarrollo, de tal manera que los barcos construidos en los astilleros europeos pudiesen ser competitivos frente a los productos asiáticos.

En el sector textil, la renovación del Acuerdo Multifibras (AMF) entre la CEE y terceros países dio lugar a un debate en el que participó Gasoliba y Böhm (CiU LDR). El eurodiputado estimó que no era fácil llegar a una solución equilibrada que satisficiese a las partes interesadas, es decir, la Europa de los Doce y los países en vías de desarrollo. En efecto, por una parte, los Estados miembros conocían una situación económica difícil, pero, por otra, tenían que facilitar el acceso del mercado comunitario a los PVD que luchaban para colmar su retraso, sin que, por lo tanto, eso se tradujese en una especie de sobreprotección que devaluase su economía a medio plazo o que favoreciese las condiciones de una competencia desleal, por causa de condiciones laborales que eran inaceptables[407]. Pues era imperativo consolidar las acciones dedicadas a la reestructuración de la industria textil europea que constituía un sector particularmente importante en la economía de los nuevos Estados miembros[408], asumiendo España y Portugal el 29 % de la producción comunitaria.

Luego Gasoliba y Böhm (CiU LDR) se posicionó respecto a las condiciones reservadas a estos países en el tratado de adhesión. Según él, estos nuevos miembros no podían recibir un trato discriminatorio en comparación con terceros países, y debían obtener cláusulas de acceso a los mercados comunitarios que fuesen similares a las otorgadas al resto de los países[409]. De hecho, sus exportaciones hacia la Comunidad

---

406 *Ibid.*
407 *Diario Oficial del Parlamento Europeo* (20 de febrero de 1986), p. 321.
408 *Ibid.*
409 *Ibid.*, p. 322.

se veían limitadas por la fijación de cuotas. Estas medidas restrictivas justificaban la oposición del eurodiputado español a una excesiva liberalización a favor de terceros en el marco del AMF. Una vez más, no se podía poner en entredicho el principio de la preferencia comunitaria.

Es cierto que unos países subdesarrollados se beneficiaban de un trato particularmente favorable, dado que sus productos no estaban sujetos a cuotas, aunque la CEE se reservase el derecho a modificar el contrato inicial.

Al margen de las industrias tradicionales en declive como la siderurgia, la construcción naval y el textil, la industria del automóvil despertó un gran interés en el seno del Parlamento.

Para seguir siendo competitivo a nivel internacional, este sector debía actuar concertadamente, puesto que las empresas implantadas en numerosos Estados miembros como Gran Bretaña, España, Francia, Italia y Alemania Occidental, no eran suficientemente importantes para, a largo plazo, resistir a las potencias industriales de Japón y Estados Unidos que, gracias a una política basada en conceptos mundiales, dominaban los mercados.

Con vistas a la realización del gran mercado interior, Bueno Vicente (PSOE S) defendió esta estrategia comunitaria única para la industria. Necesitaba un marco político que abarcase medidas jurídicas y normativas comunes a todos los estados miembros[410]. Se trataba de un gran desafío al que debía hacer frente la Comunidad para integrar las industrias nacionales en el mercado único. Numerosos gobiernos y empresarios se negaban a perder el control que ejercían a nivel nacional sobre la industria, los intercambios y el comercio. Según Bueno Vicente (PSOE S), el marco político debía emanar de las administraciones públicas de los Estados miembros y eliminar las trabas existentes en varios países. La protección del mercado interior del automóvil se basaría en el mantenimiento de restricciones comunitarias hacia las importaciones directas o indirectas de vehículos japoneses. Al respecto, para hacer frente al proteccionismo practicado por Japón, la Comunidad había limitado a 1,1 millones, el número de vehículos autorizados a entrar en el mercado a partir de 1987. También, se fundamentaría en la aproximación de los sistemas fiscales nacionales y la armonización de las reglamentaciones y medidas técnicas.

---

410 Diario Oficial del Parlamento Europeo (23 de enero de 1987), p. 264.

## La política industrial

Además, era conveniente lograr una serie de objetivos: poner en marcha una política coordinada de investigación y desarrollo en la Comunidad; acercar las empresas mediante fusiones; y lograr acuerdos, tanto a nivel de la financiación como a nivel de la producción, comercialización o redes ordinarias de servicios postventa. La industria del automóvil exigía economías a gran escala, políticas comerciales que variasen continuamente, y grandes esfuerzos financieros durante la concepción y lanzamiento de nuevos modelos. Todo ello requería grandes empresas. Europa debía seguir este camino[411].

De la misma manera que la realización del mercado único era vital para el desarrollo del sector, lo era también la puesta en marcha de una determinada política comercial. A este respecto, Bueno Vicente (PSOE S) declaró que convenía proyectar la agresividad comercial comunitaria, compitiendo con vehículos japoneses y norteamericanos en los mercados mundiales. No pensaba que las políticas nacionales aisladas con intereses extraeuropeos favorecían el mantenimiento o la creación de empleos. A largo plazo, estos intereses iban a constituir los factores que debilitarían considerablemente el conjunto del sector comunitario y tendrían efectos negativos en el empleo[412].

Así, se opuso a la implantación de fábricas japonesas en los diferentes Estados miembros. En un primer momento, estos inversores beneficiaban al país de acogida, debido a la creación de puestos de trabajo, al uso de unas técnicas más avanzadas en materia de compra de piezas y plazos, así como a su capacidad para satisfacer las exigencias del consumidor. No obstante, se podía temer que solo se interesasen por el montaje de los vehículos con piezas importadas, lo que a largo plazo debilitaría la industria comunitaria en cuanto a tecnología y empleo. Por fin, expresándose sobre el tema de la seguridad, el eurodiputado afirmó que la industria automovilística europea tenía que concentrar sus esfuerzos en la producción de coches más seguros. En efecto, el sector de la electrónica, así como las nuevas tecnologías y técnicas de producción debían actuar en pro de la seguridad automóvil, es decir, situarse por encima de las demás prestaciones[413].

Al margen de las grandes sociedades industriales, las PYMES desempeñaban un papel importante en las economías de los Estados miembros

---

411 *Ibid.*
412 *Ibid.*
413 *Ibid.*

como abastecedoras de productos a nivel local, pero, también, como subcontratistas que trabajaban para grandes empresas. Se caracterizaban por la flexibilidad del empleo, salarios más bien bajos y, a veces, unas condiciones de trabajo menos favorables que las de las grandes empresas. Su implantación regional contribuía a la conservación del tejido sociocultural.

Las PYMES se correspondían con empresas cuyo número de asalariados no rebasaba los 500, y cuyos bienes muebles netos no superaban los 75 millones de ECUS. Teniendo en cuenta estos criterios, representaban el 95 % de las empresas de la CEE, absorbiendo gran parte de los asalariados[414]. Estas empresas eran susceptibles de crear puestos de trabajo y contribuir al crecimiento del PIB, pero había que asegurar un entorno favorable que permitiese su creación y desarrollo. En otros términos, según Romera i Alcázar (AP DE) había que reducir la complejidad burocrática, administrativa y fiscal a la que estaban sometidas, así como la diversidad legislativa de los países miembros que no facilitaban ni su funcionamiento, ni su eficacia, ni su competitividad[415].

Del mismo modo, tenían que cooperar entre sí para hacer frente a la competencia de las grandes sociedades multinacionales y monopolísticas. Así lo expresó Bueno Vicente (PSOE S), estimando que la CEE debía defender el principio de igualdad entre PYMES y grandes empresas. No se oponía a la libertad de mercado, sino que, al contrario, exigía un espacio socioeconómico adecuado, así como unas condiciones de coordinación que permitiesen a las PYMES no limitarse al papel de subcontratista ni ser consideradas como los parientes pobres de las grandes empresas. Solo en estas condiciones se podría compartir equitativamente el mercado y, lógicamente, los beneficios que creaba[416].

En cuanto a Gangoiti Llaguno (PNV PPE), abordando el tema de la competencia de terceros países, manifestó que era necesario reducir los costes sociales para que fuesen comparables a los que existían en Estados Unidos y Japón[417]. Defendió también la concesión de importantes

---

414  Fiches techniques sur le Parlement européen et les activités de la Communauté européenne (1989), Les Petites et Moyennes Entreprises (P.M.E.) FRIII/H/2.
415  Diario Oficial del Parlamento Europeo (10 de septiembre de 1986), p. 222.
416  Diario Oficial del Parlamento Europeo (14 de mayo de 1987), p. 260.
417  *Ibid.*, p. 264.

medidas fiscales a las PYMES para favorecer la creación de nuevas empresas[418] y permitirles tomar parte en los nuevos programas tecnológicos y de investigación científica[419]. También puso encima de la mesa cuestiones relacionadas con el acceso a la información y la organización de las condiciones de financiación. Sobre este último punto, la política comunitaria hacia las PYMES consistía en poner fin a ciertas prácticas discriminatorias de las que eran víctimas, como el acceso a los mercados financieros, la fiscalidad y las posibilidades de adaptación al cambio[420]. En cuanto a la información, la CEE iba a crear oficinas conocidas bajo el nombre de Euro Infocentros/Eurotaquillas.

## 9.5. *La política agraria común*

A menudo, por razones de política exterior, no se cumplía el principio básico de preferencia comunitaria. Este principio consistía en un trato de favor que se concedía a las mercancías producidas en la CEE, con el fin de estimular los Estados miembros a abastecerse prioritariamente en los países comunitarios. Esta situación explicaba en gran parte las dificultades presupuestarias y los problemas encontrados por la PAC para dar salida a sus productos.

Interesándose por la cuestión, Navarro Velasco (AP-¬DE) preguntó si, tras la ampliación de la Comunidad a doce miembros, no había llegado el momento de apoyarse en nuevas bases. A este respecto, quiso conocer en qué consistía las preferencias comunitarias para los productos comunitarios excedentarios, es decir, la mantequilla y la carne de cordero procedentes de Nueva Zelanda; el aceite de oliva de Túnez; los cereales de Estados Unidos; y las frutas y verduras de Israel y Marruecos. ¿Qué política se pensaba adoptar en lo referente a las preferencias comunitarias para evitar la acumulación de los excedentes?[421].

Parecía deseable revisar ciertos acuerdos de importación, ya que la política de excedentes costaba muy cara, concretamente cerca de 30

---

418 *Ibid.*
419 *Ibid.*
420 Fiches techniques sur le Parlement européen et les activités de la Communauté européenne (1989), Les Petites et Moyennes Entreprises (P.M.E.) FR III/H/2.
421 Diario Oficial del Parlamento Europeo (15 de enero de 1986), p. 151.

mil millones de francos en 1986, o sea el 20 % del FEOGA Garantía[422]. Sobre este tema, García Raya (PSOE S) estimó que los intentos de revisión por parte de los Estados miembros habían, en muchos casos, primado sobre los de la Comunidad, haciendo muy difícil valorar con realismo los costes de la PAC relativos a su política de excedentes y almacenamiento[423]. Esta situación preocupaba también a Colino Salamanca (PSOE S), dado su repercusión sobre el empleo. Los socialistas estaban convencidos de que tenían la obligación de ofrecer perspectivas de futuro a unos 11 millones de personas directamente empleadas en la agricultura y consideraban que, de ninguna manera, había que apartarse de los principios fundamentales de la PAC y, particularmente, de la preferencia comunitaria[424].

En efecto, era paradójico preconizar medidas restrictivas para limitar las producciones agrícolas en los Estados miembros, como por ejemplo la congelación de las tierras que tenía una desastrosa influencia sobre el empleo, mientras que la oficina de estadísticas de las comunidades estimaba que los cereales importados por la CEE equivalían a una producción de 9,9 millones de hectáreas, o sea, el 10 % de las tierras dedicadas a la agricultura[425]. Así, la postura de la CEE en materia de política agraria y su eficacia en los acuerdos concluidos en el marco del GATT no era demasiado clara.

Al respecto, Navarro Velasco (AP DE) lamentó que la Comunidad se olvidase de sus principios, mientras que Estados Unidos amenazaba permanentemente con entrar en conflicto con la CEE, estableciendo mecanismos de ayuda para sus agricultores, es decir, aplicando el sistema de la preferencia interna[426].

Estos propósitos ilustraban la lucha comercial que enfrentaba a Estados Unidos con la CEE, dos bloques que dominaban el mercado de los productos agroalimentarios. La CEE representaba alrededor del 22 % de las exportaciones agrícolas americanas y, al mismo tiempo, era un serio rival para Estados Unidos, particularmente en el sector de los cereales. Ambos se acusaban mutuamente de practicar una política

---

422 Diario Oficial del Parlamento Europeo (17 de abril de 1986), p. 151.
423 *Ibid.*, p. 169.
424 Diario Oficial del Parlamento Europeo (17 de abril de 1986), p. 151.
425 Diario Oficial del Parlamento Europeo (12 de mayo de 1986), p. 41.
426 Parlement européen, Les progrès de la construction européenne (juillet 1986–juin 1987), p. 49.

*La política agraria común* 183

desleal. En los sectores del azúcar y la harina de trigo, Estados Unidos denunciaba la CEE ante el GATT. Durante una reunión del GATT celebrada en Ginebra en noviembre de 1982, Estados Unidos que no había conseguido lograr su objetivo, había optado por llevar a cabo una política de ayuda a la exportación para competir con la CEE e, incluso, sustituirla en los mercados tradicionales, como Egipto[427].

El periodo 1985–1986 fue también marcado por el continuo deterioro de las relaciones comerciales entre Estados Unidos y la CEE. En efecto, Estados Unidos aumentó sus aranceles para las importaciones de pastas alimenticias como medida de represalia contra las importaciones de la CEE procedentes de países de la cuenca mediterránea. La Comunidad reaccionó con el aumento de los aranceles relativos a los frutos secos y los limones americanos[428].

La tensión se hizo todavía más aguda en el momento de la ampliación a España y Portugal. Estos últimos y, sobre todo, España que hasta ahora compraba cereales a los americanos, iba a tener la obligación de abastecerse en Europa.

En conformidad con las reglas del GATT, Estados Unidos pidió compensaciones, pero la CEE significó que no se podían despreciar las ventajas conseguidas por este país tras la reducción de los aranceles españoles en lo que se refería a los productos industriales. En efecto, estos aranceles que España se disponía a aplicar, eran más elevados que los de la Europa de los Diez[429].

Finalmente, la CEE cedió bajo las presiones americanas y tras el acuerdo logrado en 1987, Estados Unidos consiguió exportar maíz a España durante un periodo de cuatro años. De hecho, se aplicaron aranceles reducidos a dos millones de toneladas. Además, se redujeron los aranceles relativos a los productos agrícolas e industriales[430]. Como lo mencionó Navarro Velasco (AP DE), esta marcha atrás de la CEE en las negociaciones tenía consecuencias negativas, dado que la ampliación de la Comunidad había dado lugar a un tipo de acuerdo vinculante con Estados Unidos que, de una cierta manera, ejercía distorsiones en el

---

427 *Ibid.*
428 L'Etat du monde 1987 – 1988, p. 26.
429 Parlement Européen, Les progrès de la construction européenne (juillet 1986–Juin 1987), p. 49.
430 Diario Oficial del Parlamento Europeo (12 de mayo de 1987), p. 42.

mercado interno de los cereales. Este acuerdo violaba el principio de la preferencia comunitaria[431].

El problema de los excedentes constituía la herencia de la política practicada durante muchos años, que había privilegiado el crecimiento de la productividad. La CEE, dividida en este tema, no sabía cómo resolver la situación.

La existencia de reservas era problemática para el presupuesto e influía en los precios del mercado a nivel europeo y mundial. A finales de 1985, su valor ascendía a 11 mil millones de ECUS. En cuanto a los costes técnicos y financieros del almacenamiento, ascendían a 1,4 mil millones, mientras que "la reapreciación" alcanzaba los 5,6 millones. Era imprescindible encontrar mercados para estas reservas[432].

Varios eurodiputados españoles reprocharon a la CEE la laxitud que había demostrado en lo referente al problema de los excedentes que se conocía desde 1980. Entre otros, García Raya (PSOE S) deploró que las deliberaciones del Parlamento siempre se hiciesen por unanimidad y preguntó al Consejo si estaba verdaderamente convencido de que era urgente combatir esta plaga que afectaba el organismo comunitario[433].

Del mismo modo, Navarro Velasco (AP DE) se opuso a la manera con la que la Comisión abordaba el problema de los excedentes. En efecto, si hubiese querido dar pruebas de su determinación, hubiese solicitado la opinión del Parlamento Europeo, pidiéndole la redacción de un informe, así como su intervención para establecer una responsabilidad conjunta en la toma de decisiones, pero de ninguna manera hubiese tomado decisiones unilateralmente[434].

Por su parte, Colino Salamanca (PSOE S) estimó que esta situación resultaba de las graves omisiones del Consejo y la Comisión durante los últimos años. Además, comprobó que la Comisión no abordaba el problema de los excedentes en su conjunto, sino que se refería, única y exclusivamente, a los excedentes de mantequilla, mientras que el Parlamento había subrayado la necesidad de presentar un plan global de eliminación de los excedentes[435].

---

431 Diario Oficial del Parlamento Europeo (23 de octubre de 1986), p. 30.
432 *Ibid.*, p. 260.
433 Diario Oficial del Parlamento Europeo (27 de octubre de 1987), p. 30.
434 Diario Oficial del Parlamento Europeo (20 de febrero de 1987), p. 324.
435 *Ibid.*

*La política agraria común* 185

Se había llegado a tal situación que la financiación de los excedentes no podía depender solamente del FEOGA-Garantía. El Parlamento había propuesto que los gastos fuesen soportados por los Estados miembros mediante contribuciones especiales, con excepción de España y Portugal. Para Colino Salamanca (PSOE S), no era justo obligarles a financiar parcialmente la liquidación de excedentes que no habían contribuido a crear[436].

Sin embargo, la Comisión estaba a favor de otro medio de financiación de los excedentes, en particular para la mantequilla. Se basaba en préstamos negociados por los Estados miembros cuyo reembolso, con los correspondientes intereses que variaban según el país, sería trimestral y empezaría en 1989[437]. De este modo, España y Portugal participarían en la financiación.

Por lo demás, la Comisión realizó una encuesta relativa al problema de los excedentes agrícolas. García Raya (PSOE S) abordó de nuevo la cuestión de la participación de España en la financiación de los excedentes creados antes de la ampliación comunitaria. Al parecer, durante los últimos años, los diez Estados miembros habían tomado decisiones equívocas que se encontraban en el origen del grave problema de los excedentes. Era justo que las responsabilidades contraídas en su momento por los Estados miembros no recayesen ahora sobre los países que, en aquella época, no pertenecían al "club comunitario" y que, no solo no habían sacado provecho de las decisiones adoptadas, sino que además, no habían tenido la posibilidad de decidir democráticamente mediante el voto[438].

Paradójicamente, mientras que la CEE hacía frente a problemas presupuestarios para controlar los excedentes agrícolas y su almacenamiento, en los países miembros numerosas personas vivían en la pobreza, víctimas del paro y de la precariedad del empleo. Con el fin de ayudarles, la CEE se planteaba la posibilidad de proporcionar a determinadas organizaciones productos alimentarios procedentes de los "stocks" de intervención para que fuesen distribuidos a las personas más desprovistas. Son los Estados miembros que decidirían de quiénes se iban a beneficiar de estas ayudas. La financiación de la operación, limitada en el tiempo, corría a cargo de la Comunidad. En efecto, según Colino

---

436 *Ibid.*
437 *Ibid.*, p. 333.
438 Diario Oficial del Parlamento Europeo (30 de octubre de 1987), p. 296.

Salamanca (PSOE S) esta ayuda sería coyuntural y, de ninguna manera, sustituiría el verdadero objetivo que debía perseguir la CEE: que todos los ciudadanos pudiesen disponer de ingresos suficientes para satisfacer sus necesidades alimenticias básicas[439].

Por su lado, Cervera Cardona (CDS CTDI) comentó que este problema desvelaba un fracaso de la acción social, a la vez que afirmó no entender muy bien el vínculo que podía existir entre este tipo de medidas y la situación de países que se habían instalado en un estado de bienestar[440]. Por otra parte, añadió que era posible que la propuesta de la Comisión permitiese "ofrecer un pez", pero no enseñaba el arte de pescar. Convenía darse cuenta de que la mejor manera de ayudar a las personas pobres en sus respectivos países pasaba por las prestaciones de la Seguridad Social[441].

Esta distribución de alimentos mediante el canal de organizaciones caritativas no constituía tampoco un medio para reducir sustancialmente los enormes excedentes[442]. Sobre esta cuestión, Matutes, miembro español de la Comisión, opinaba que estas acciones solamente se podían llevar a cabo en la medida en que los "stocks" de intervención las hacían posibles y deseables. No se trataba únicamente de una medida de carácter social, sino de una medida de carácter económico. De este modo, quería subrayar que esta acción no pretendía ser una panacea, sino que se concebía como una acción con efectos limitados que iba en el sentido de una mejor cohesión, y pretendía facilitar la eliminación de los excedentes[443].

Más tarde, las medidas restrictivas adoptadas por la nueva política agraria fueron objeto de análisis y, a menudo, recibieron vivas críticas por parte de los eurodiputados. Entre otros, se trataba de la corresponsabilidad financiera; la congelación de los precios; los estabilizadores presupuestarios; y las limitaciones de las intervenciones.

Durán i Lleida (CiU PPE) resaltó que estas medidas no eran ni muy favorables ni muy alentadoras para los agricultores españoles que acababan de descubrir la política agraria común. Las medidas de austeridad y penalización afectaban a las producciones mediterráneas y, en

---

439 Ibid., p. 300.
440 Ibid.
441 Ibid.
442 Ibid.
443 Diario Oficial del Parlamento Europeo (14 de abril de 1986), p. 84.

*La política agraria común* 187

particular, las españolas. Esta política era nefasta para la economía en general ya que, no solo acentuaba el desequilibrio entre el norte y el sur, sino que modificaba las condiciones de adhesión de España a la Comunidad[444]. Colino Salamanca (PSOE S) aclaró este punto, declarando que se trataba de medidas relativas a la calidad de los productos, la fijación de cuotas para la leche, y las grasas oleaginosas. Era vital que se respetasen los acuerdos concluidos[445].

En efecto, estas exigencias iban en contra de los intereses españoles, condenando a numerosos agricultores en zonas desfavorecidas. Profundizando su análisis, este mismo eurodiputado estimó que las medidas proyectadas suponían un esfuerzo heroico para evitar un aumento de los gastos agrícolas[446], pero la cuestión era de saber si realmente iban a evitar la creación de excedentes.

Todavía más incisivo que sus colegas, Navarro Velasco (AP DE) emitió serias dudas en cuanto a la eficacia de la tasa de corresponsabilidad, de la que convenía deshacerse por dos razones esenciales. Por una parte, porque su aplicación a los productos lácteos se había desvelado ineficaz y, por otra, porque una tasa gestionada por la burocracia comunitaria tenía como consecuencia que la contribución del agricultor que pagaba la tasa fuese muy superior al beneficio que recogía una vez dicha tasa reciclada por dicha burocracia[447]. Expresándose sobre la congelación de los precios, precisó que la PAC no podía reposar únicamente en los precios, y que debía basarse en las estructuras de producción, comercialización e industrialización de los productos agrícolas[448]. Asimismo, hizo hincapié en la necesidad de un reequilibrio financiero entre los dos componentes del FEOGA, la sección Garantía que gestionaba el mercado, y la sección Orientación, encargada de planificar las estructuras agrícolas. Se trataba de modificar sus presupuestos que eran del 95 % y 5 %, respectivamente.

En otros términos, se cuestionaba la política estructural, cuyo objetivo principal consistía en mejorar la productividad para aumentar la

---

444 *Ibid.*
445 Diario Oficial del Parlamento Europeo (12 de mayo de 1987), p. 51.
446 Diario Oficial del Parlamento Europeo (15 de abril de 1987), p. 57.
447 *Ibid.*
448 Fiches techniques sur le Parlement européen et les activités de la Communauté européenne (1989), Politique Agricole Commune FR III/P/3.

renta de los agricultores y contribuir al desarrollo de las regiones más desfavorecidas de la Comunidad[449].

En un primer momento, dado que no existía ninguna política común aplicable a las estructuras agrícolas, la CEE se había empeñado en coordinar y cofinanciar las políticas nacionales. Más tarde, en 1968, la Comisión propuso una verdadera política que era complementaria de la política de mercados y precios. De este modo, se pusieron en marcha medidas como las directivas socioculturales de 1972, relativas a la modernización de las explotaciones, promoción del cese de actividades, y formación profesional. En 1975, nació la directiva sobre la agricultura de montaña y determinadas zonas desfavorecidas, seguida en 1978 por el reglamento para la promoción de las organizaciones de productores. En 1985, la política estructural agrícola empezó a evolucionar debido, entre otros, a la adhesión de España y de Portugal. Asimismo, se orientó todavía más hacia el desarrollo regional, asociando las medidas agrícolas específicas con otras acciones en los sectores del turismo, del comercio, de las PYMES, etc., con el fin de mejorar las condiciones de vida y dotar las regiones agrícolas con estructuras básicas[450].

Sin embargo, la parte del presupuesto de la CEE reservada a las mejoras estructurales era insuficiente para realizar estos objetivos.

Sobre este punto, Sierra Bardají (PSOE S) declaró que era indispensable ayudar a las zonas rurales y, más particularmente, las regiones de montaña, donde los agricultores debían luchar contra una tierra poco generosa, pero también contra la falta de infraestructuras y servicios públicos (carreteras, agua corriente, electricidad, teléfono, escuelas y centros de salud)[451].

Vázquez Fouz (PSOE S) recordó que España era el país europeo que poseía la más importante superficie agrícola protegida por la reglamentación comunitaria de las zonas desfavorecidas, o sea, alrededor de 37 millones de hectáreas, que representaban el 73 % del territorio español[452]. Además, subrayó que las provincias gallegas de Lugo y Ourense tenían el dudoso honor de figurar en el último y penúltimo lugar en lo que se refería a la renta nacional por habitante con una población

---

449 *Ibid.*
450 Diario Oficial del Parlamento Europeo (13 de junio de 1986), p. 333.
451 *Ibid.*, p. 332.
452 *Ibid.*

agrícola del 50 %[453], al mismo tiempo que denunció el hecho de que en Galicia, su tierra natal, existiesen todavía estructuras casi feudales.

Para remediar la situación, Colino Salamanca (PSOE S) pidió que los fondos del FEOGA Orientación pasasen del 5 al 25 %. Añadió que para reducir las disparidades socio-regionales entre el norte y el sur, y las regiones periféricas de la Comunidad, había que dar prioridad a las zonas rurales desfavorecidas y al problema del paro[454].

Consciente de las obligaciones impuestas por la política de los precios a los pequeños agricultores, la Comisión propuso en abril de 1987 una serie de medidas socioculturales que incluían un régimen comunitario de ayudas compensatorias para sostener las rentas agrícolas, un sistema de incentivo al cese de la actividad agrícola, así como el posible recurso a las ayudas nacionales bajo control de la Comunidad.

La primera medida, que no dependía de la política estructural, sino del FEOGA Garantía, proponía sostener las rentas durante un periodo transitorio de dos años. La segunda medida permitía la jubilación o prejubilación de los agricultores. La tercera y última medida, dictada por necesidades presupuestarias, consistía en recurrir a las ayudas de los países miembros a favor de los agricultores para compensar la reducción de los precios. Todos los representantes españoles criticaron esta medida.

Según Colino Salamanca (PSOE S), la construcción de un mercado agrícola en Europa suponía, necesariamente, tener un presupuesto propio y, eso, era costoso. Sin embargo, al no ser el caso, tarde o temprano, la PAC sería de nuevo nacionalizada. Entonces, se consolidaría el proteccionismo dentro de la Comunidad, a la vez que se rompería el mercado agrícola común. En consecuencia, era difícil mantener un equilibrio entre las necesidades presupuestarias y la obligación de consolidar o racionalizar la política agraria común[455].

Era también la opinión de Cervera Cardona (CDS CTDI) quien, partidario de un fondo comunitario único dotado con recursos suficientes, dudaba de las posibilidades de cohabitación entre dos fondos de origen distinto[456], al mismo tiempo que temía una distorsión de la libre competencia entre los agricultores pertenecientes a estados ricos, que estaban

---

453 Diario Oficial del Parlamento Europeo (15 de abril de 1986), p. 92.
454 Diario Oficial del Parlamento Europeo (12 de mayo de 1987), p. 52.
455 Diario Oficial del Parlamento Europeo (27 de octubre de 1987), p. 54.
456 *Ibid.*

mejor colocados para conseguir ayudas nacionales, y los pertenecientes a estados pobres, cuyos gobiernos se enfrentaban con problemas de déficit público. De hecho, la Comisión advertía del peligro de una nueva nacionalización[457], ya que no se respetaba el principio de la solidaridad financiera.

Para Navarro Velasco (AP DE), dos grandes problemas se planteaban a la PAC, la nueva nacionalización y la regionalización, es decir, una polarización sobre dos políticas agrícolas comunes dentro de la propia Comunidad, la del norte y la del sur[458]. En el marco del presupuesto, pensaba que era preferible aumentar el FEOGA-Orientación y reducir el FEOGA-Garantía, con el fin de facilitar las reestructuraciones agrícolas mediterráneas. Solo se podría mejorar la competitividad de las explotaciones mediante la aplicación de la solidaridad financiera entre los países del norte y los del sur[459]. Todavía más categórico, Colino Salamanca (PSOE S) declaró que la propuesta de reglamento relativa al encuadramiento de las ayudas nacionales debía rechazarse. En definitiva, implicaba el traspaso a los Estados miembros de la competencia en materia de ayudas nacionales, lo que podía favorecer ciertas empresas y suponía un desequilibrio en la concesión de ayudas entre estados ricos y pobres; una situación que abriría la vía a una nueva nacionalización de la PAC[460].

Finalmente, la adopción de la última propuesta constituía una derogación a las disposiciones del artículo 92 del Tratado de Roma que consideraba incompatibles con el mercado común las ayudas otorgadas por los Estados que falseaban o amenazaban con falsear la competencia, favoreciendo a empresas o ciertas producciones[461]. En cualquier caso, sería muy difícil mantener la transparencia.

Las explotaciones familiares fueron las primeras víctimas de la política de precios practicada por la PAC, pues no se respetó el artículo 39b del Tratado de Roma que preveía asegurar un equitativo nivel de vida a la población agrícola mediante el aumento de la renta individual del agricultor[462].

---

457 *Ibid.*
458 *Ibid.*, p. 56.
459 *Ibid.*
460 *Ibid.*, p. 46.
461 Tratado de Roma.
462 Diario Oficial del Parlamento Europeo (12 de mayo de 1987), p. 52.

*La política agraria común* 191

Tradicionalmente, las explotaciones familiares agrícolas constituían un elemento de estabilidad socioeconómica. En las regiones mediterráneas se constituían como fuente de empleo y desempeñaban un papel fundamental en la conservación del tejido social que era indispensable para evitar la despoblación. Pero estas empresas se caracterizaban por un elevado coste de producción y una baja productividad. Además, eran víctimas de la política de mercados y precios. La reducción de los precios, cuyo objetivo radicaba en reducir los excedentes, provocaba la quiebra de los pequeños agricultores, cuyos ingresos no cubrían los costes de producción. Por otra parte, los efectos de las medidas estructurales prometidas se harían sentir a medio y largo plazo, mientras que toda acción sobre los precios tendría consecuencias inmediatas. Así, cada año, desaparecían 500.000 empleos en el sector agrícola de la CEE[463]. A este respecto, el diputado Graefe zu Baringdorf acusaba a la PAC de ser responsable de la situación. En efecto, había apoyado consciente y unilateralmente las explotaciones en fase de expansión, sabiendo que los mercados estaban saturados. No se había dejado ninguna opción a las pequeñas explotaciones, puesto que la meta consistía en producir más barato[464].

El resultado era que el 25 % de las grandes explotaciones y empresas agroindustriales aseguraban entre el 70 y el 75 % de la producción, mientras que el 75 % de los agricultores, es decir, esencialmente las explotaciones familiares, aseguraban entre el 25 y el 30 %[465].

Los representantes españoles eran conscientes de los peligros de esta política para la agricultura de su país, caracterizada por las pequeñas explotaciones. Así, en 1982, alrededor del 41 % de las explotaciones tenían menos de 2 hectáreas, y el 22 % poseía entre 2 y 5 hectáreas de tierra[466]. Al respecto, Colino Salamanca (PSOE S) preconizó que se tomasen en cuenta las disparidades entre productores y regiones introduciendo mecanismos progresivos y no lineales, porque pensaba que esta política se alejaba del objetivo de salvaguardia de las explotaciones familiares[467].

---

463 *Ibid.*
464 Diario Oficial del Parlamento Europeo (9 de julio de 1987), p. 274.
465 Diario Oficial del Parlamento Europeo (15 de abril de 1986), p. 46.
466 *Ibid.*, p. 46.
467 A. Huetz de Lemps, L'économie de l'Espagne, p. 75.

El caso de las explotaciones familiares situadas en zonas de montaña era todavía más preocupante, debido a las condiciones climáticas, las dificultades de acceso y el aislamiento. Además, se dedicaban a la agricultura y la cría, utilizando métodos arcaicos que generaban ingresos escasos. En estas zonas montañosas era necesaria una cierta densidad de población para garantizar los servicios sociales fundamentales en los ámbitos educativos, de la salud o las comunicaciones. Álvarez de Eulate Peñaranda (AP DE) subrayó la importancia de los programas integrados, puesto que solo una cooperación a nivel regional, nacional y comunitario podría dinamizarlas[468]. De forma especial, mencionó la necesidad de erradicar las zonas de pobreza que existían de ambos lados de la frontera entra España y Portugal[469]. Para remediar la despoblación de estas zonas, propuso la aplicación de medidas: exoneración fiscal para los agricultores; protección de las PYMES y cooperativas; promoción de las industrias no contaminantes; y desarrollo del turismo.

Arbeloa Muru (PSOE S) defendió la necesidad de simplificar los trámites administrativos, pidiendo a los miembros de la Comisión que, en el caso de los Alpes y los Pirineos, se hiciese todo lo posible para que los estados colindantes pudiesen realizar un estudio conjunto, y que no hubiese más que solicitar, en nombre de un pueblo, una provincia o una región, la construcción de una carretera, un camino, etc. Esta política complacía a los electores, pero no solucionaba el problema[470].

Por su parte, Cervera Cardona (CDS CTDI), estimó conveniente excluir las regiones de montaña de las restricciones preconizadas por la PAC, porque imponerles tasas de corresponsabilidad y cuotas de producción no haría más que acentuar su marginalización, acelerando así el ritmo, ya rápido, de la despoblación y deterioro del entorno[471].

Otro aspecto de la PAC interesante para las explotaciones familiares era el incentivo al cese de la actividad agrícola, dado que numerosas explotaciones pertenecían a agricultores mayores, generalmente reacios al progreso tecnológico.

El incentivo al cese de la actividad agrícola abarcaba un doble objetivo. El primero de ellos era económico. Se trataba de reducir la

---

468 Diario Oficial del Parlamento Europeo (12 de mayo de 1987), p. 51.
469 Diario Oficial del Parlamento Europeo (12 de octubre de 1987), pp. 14–15.
470 *Ibid.*
471 *Ibid.*, p. 14.

producción, congelando una parte de las tierras y reconvirtiéndolas a fines no agrícolas (repoblación forestal). Al mismo tiempo, esta medida debía contribuir al saneamiento del mercado, así como a la evolución estructural de las explotaciones restantes, gracias a una financiación comunitaria regulada según la riqueza de las zonas interesadas.

El segundo objetivo, de carácter social, debía permitir a las personas de más de 55 años, que representaban más de la tercera parte de los agricultores europeos, jubilarse. Las jubilaciones contribuirían a mejorar el nivel de vida de los activos. Este objetivo que incluía a las mujeres agricultoras y los asalariados de las explotaciones, constituía un verdadero progreso social. No obstante, las modalidades de aplicación eran discutibles, debido a que variaba el importe de la pensión concedida al agricultor. Así, el que encontraba un sucesor tenía una pensión inferior al que no asumía su sucesión. Evidentemente, el objetivo radicaba en favorecer la congelación de las tierras, lo que equivalía a dejar al candidato a la jubilación la posibilidad de elegir a quién iría la tierra que abandonaba, mientras que esta decisión, lógicamente, debía pertenecer a un organismo encargado de la planificación del espacio.

Esta decisión de abandonar las tierras conllevaba también el riesgo de aumentar la desertificación de ciertas regiones en caso de jubilaciones masivas de los agricultores. Sin embargo, Sierra Bardají (PSOE S) se mostró satisfecho de la propuesta, dado que la población agrícola activa estaba envejeciendo y, a menudo, la supervivencia de la explotación era difícil de gestionar por falta de herederos o sucesores deseosos de dedicarse a la agricultura[472]. Veía en esta propuesta un medio para permitir un abandono digno de la agricultura[473]. Por lo demás, afirmó que, sin una contribución financiera suficiente de la Comunidad, este programa no podría aplicarse en países desfavorecidos como España. Esta opinión era compartida por Cervera Cardona (CDS CTDI), para quien la parte presupuestaria destinada al cese de la actividad agrícola era muy insuficiente[474]. Igualmente, deploró que Europa se caracterizase por tener sistemas heterogéneos de Seguridad Social, ya que no solo variaban las prestaciones, sino también la edad de jubilación[475], y se asombró de que, a nivel de las indemnizaciones, los propietarios,

---

472  Ibid., p. 18.
473  Diario Oficial del Parlamento Europeo (15 de diciembre de 1987), p. 60.
474  Ibid.
475  Ibid.

asalariados y demás miembros de la familia no fuesen colocados en pie de igualdad. Criticó todavía más duramente el destino de las tierras liberadas. En efecto, el deseo de realizar la planificación de las producciones no hacía más que esconder una voluntad de esterilizar la capacidad productiva[476].

Navarro Velasco (AP DE) formuló también sus reservas al respecto, comprobando la existencia de unos problemas que no habían sido abordados en profundidad: primero la coordinación de las legislaciones nacionales relativas al sistema de jubilación y, segundo, el reglamento propuesto por la Comisión sobre el cese de la actividad agrícola[477]. Era indispensable armonizar las legislaciones, con el fin de que la prejubilación del agricultor fuese compatible con su legislación nacional[478].

Las medidas tomadas por la PAC para reducir las capacidades productivas de los países miembros, incluso el incentivo al cese de la actividad agrícola, tenían un serio impacto sobre el empleo. Sin embargo, no eran las únicas responsables. En relación con esta cuestión, estudios realizados por la Organización para la Cooperación y el Desarrollo Económicos (OCDE) y el Banco Mundial afirmaban que el proteccionismo practicado por la PAC se traducía, en definitiva, en puestos de trabajo perdidos o no creados.

Para la diputada socialista británica Longue, el presupuesto de la Comunidad dedicaba una parte tan importante a la agricultura, que los demás sectores de la economía como la industria manufacturada, creadora de riquezas y proveedora de empleos, se veían afectados por este reparto. Además, y contrariamente a su objetivo declarado, la PAC no salvaguardaba empleos. El 75 % de las ayudas, o más, se concentraba en el 25 % de las explotaciones, y cada veinte minutos un agricultor cesaba su actividad; se trataba principalmente de las pequeñas explotaciones familiares[479]. El diputado irlandés Maher (LDR), observaba, que antes de la creación de la CEE, los países subvencionaban la agricultura y exportación de productos agrícolas, y que si de nuevo se aplicaba la financiación país por país, el proteccionismo aumentaría en el seno de la Comunidad[480].

---

476 *Ibid.*
477 *Ibid.*
478 Diario Oficial del Parlamento Europeo (27 de octubre de 1987), p. 56.
479 *Ibid.*
480 Diario Oficial del Parlamento Europeo (9 de julio de 1987), p. 271.

La política agraria común 195

En cuanto a Navarro Velasco (AP DE), estaba convencido de que la PAC desempeñaba un papel negativo en temas de paro. En efecto, no se podía conciliar una política agraria proteccionista con una reducción de los costes del sector, porque más un sector estaba protegido, más paro generaba. Al contrario, cuanto menos protegido, más activo y creador de empleos[481]. En consecuencia, era partidario de que las fuerzas del mercado permitiesen al sector agrícola adaptarse y dinamizarse, no solo en función de los factores de producción sino, también, teniendo en cuenta la rama de producción, lo que haría posible la industrialización y comercialización, o sea, la mejora de la calidad de los productos agrícolas[482]. Añadió que las cuotas de intervención fijadas no estimulaban a los agricultores y que, consecuentemente, era mucho más fácil producir con cuotas de seguridad que aceptar los riesgos de las nuevas tecnologías[483], entendiendo que había que reducir la importancia del FEOGA-Garantía y aumentar la del FEOGA-Orientación para permitir la reestructuración de las explotaciones que, por cierto, se traducían en pérdidas de empleo.

Debido a la adhesión de España, ciertos productos específicos como los cereales, la leche, el aceite de oliva y de girasol, el vino y los frutos secos planteaban problemas.

En el momento de la adhesión, el sector de los cereales presentaba dos problemas fundamentales. Por una parte, la existencia de excedentes (25 millones de toneladas) que se intentaban reducir mediante la congelación de precios y la aplicación de una tasa de corresponsabilidad con franquicia para las primeras 25 toneladas producidas y, por otra, el déficit comunitario en productos destinados a la alimentación del ganado. Además, los cereales forrajeros cultivados en Europa tenían un precio excesivo y sufrían la competencia ejercida por productos de sustitución como la mandioca, la soja y el salvado. Estas culturas no estaban protegidas por la reglamentación del Tratado de Roma, puesto que no podían adaptarse a los climas europeos y presentaban un déficit estructural.

En lo que atañe al problema de los excedentes, las medidas preconizadas por la CEE tenían repercusiones negativas sobre las rentas de los agricultores y, en muchos casos, sobre la propia supervivencia de las

---

481  *Ibid.*, p. 269.
482  *Ibid.*, p. 273.
483  *Ibid.*

pequeñas explotaciones, particularmente en el sector de la producción de trigo duro, destinado a la industria de las pastas alimenticias. Se trataba de mejorar su calidad por el control de la tasa de humedad, el peso específico y la cantidad de impurezas. Esta medida iba a apartar del mercado grandes cantidades de trigo procedentes de las áridas regiones mediterráneas, donde las tierras utilizadas no permitían el desarrollo de cultivos alternativos. Penalizar estos cultivos equivalía a condenar a algunos agricultores que no disponían de otros recursos.

Colino Salamanca (PSOE S) alegó que no se podía disociar la relación entre el nivel de ingresos y la calidad de los productos, al mismo tiempo que advirtió contra los peligros de esta política. Recordó que, si la política de precios no podía ser ajena a la calidad de la producción, su aplicación debía hacerse de manera progresiva, permitiendo a los agricultores adaptarse como se debía. En cualquier caso, esta política debía garantizar una renta mínima[484]. En paralelo, se posibilitaría una orientación hacia cultivos de sustitución[485] lo que, según la naturaleza de los suelos, no era siempre factible.

En cuanto a Navarro Velasco (AP DE), expresó con más firmeza la necesidad de someterse a las leyes del mercado en materia de calidad, dado que el valor de los productos agrícolas no se medía en función de su contravalor monetario, sino que otros factores, como los criterios de calidad, definían la situación real o cotización de un producto para quien lo cultivaba, a la vez que determinaban la renta de los agricultores[486]. Para el eurodiputado español, era esencial la competitividad en los mercados internacionales y, de ninguna manera, la CEE podía seguir favoreciendo productos de calidad mediocre, manteniendo un feroz proteccionismo de los productos agrícolas[487]. No obstante, templó sus declaraciones pidiendo a la CEE que demostrase flexibilidad y comprensión, y que tuviese en cuenta la diversidad de climas y calidad de los suelos[488]. También preconizó un periodo de adaptación para casos excepcionales. No obstante, la norma debía seguir siendo la competitividad en los mercados mundiales.

---

484 Parlement Européen Les progrès de la construction européenne (juillet 1985 – juin 1986).
485 Diario Oficial del Parlamento Europeo (12 de mayo de 1987), p. 51.
486 *Ibid.*
487 Diario Oficial del Parlamento Europeo (10 de julio de 1987), p. 321.
488 *Ibid.*

Del mismo modo, Navarro Velasco (AP DE) subrayó otro problema referente a la alimentación del ganado. En efecto, el caso de los cereales era paradójico, ya que existían excedentes en ciertas zonas o para ciertos productos, mientras que otros eran deficitarios. Asimismo, esta política necesitaba una nueva orientación[489]. Finalmente, atrajo la atención sobre los agricultores europeos que necesitaban saber hacia qué dirección tenían que orientar sus explotaciones. No se les podía decir que no debían aumentar su producción de cereales, leche o carne, porque la CEE era excedente y, al mismo tiempo, que no debían aumentar su producción de soja, girasol o forraje porque, aunque el déficit fuese importante en estos sectores, la PAC costaba muy cara[490].

Gracias a la aplicación de medidas restrictivas, tales como la introducción de cuotas, la aplicación de supertasas en caso de superar las cantidades permitidas, y la limitación de las intervenciones, se puso un límite a la producción de productos lácteos. Sin embargo, esta última era todavía muy superior a las posibilidades de venta en el mercado. Así, según la Comisión, la superproducción se situaba en unos 5 millones de toneladas de leche que pasaban a ser 6 u 8 millones para otros[491].

Con el fin de resolver este problema, la Comisión se había visto obligada a modificar los reglamentos, pero las modificaciones propuestas se habían aplicado poco tiempo después de la adhesión de España lo que, según Colino Salamanca (PSOE S) no era admisible, puesto que no se podía poner en entredicho las disposiciones acordadas durante las negociaciones de adhesión, que fijaban la cuota láctea de España en 4.500.000 toneladas[492] [493].

Por su parte, Navarro Velasco (AP DE) defendió que había que alentar la reducción de las cuotas sin que la Comunidad impusiese medidas coercitivas[494]. De este modo, se unía a la opinión expresada por diversos eurodiputados de su grupo, que estimaban que se podía alcanzar un mejor equilibrio entre la demanda y la oferta mediante un sistema comunitario de compensaciones destinado a los productores que se comprometían a abandonar definitivamente su producción.

---

489 Ibid.
490 Diario Oficial del Parlamento Europeo (15 de abril de 1986), p. 57.
491 Diario Oficial del Parlamento Europeo (12 de mayo de 1987), p. 52.
492 Diario Oficial del Parlamento Europeo (21 de febrero de 1986), p. 377.
493 Ibid., p. 336.
494 Ibid.

Entre las disposiciones del nuevo reglamento, el Consejo había introducido un sistema de compensación interregional, cuyo efecto había sido reducir drásticamente la eficacia de las cuotas. Entre otros, permitía a cada Estado miembro otorgar a las explotaciones, cuya capacidad de producción lo permitían, las cuotas que no habían podido alcanzar las explotaciones de pequeño tamaño. Algunos miembros del Parlamento se oponían a este procedimiento que, en un principio, solo debía aplicarse durante un año, mientras que el Consejo acababa de prorrogarlo de dos años. En efecto, este sistema había aumentado la producción de leche de 1,6 millones de toneladas y, además, había provocado un recorte de las recaudaciones de las supertasas, debido a que los productores que se beneficiaban de estas cuotas suplementarias no podían ser sancionados por haber superado sus propias cuotas.

Al contrario, otros parlamentarios estimaban que la compensación constituía un elemento de flexibilidad indispensable. Colino Salamanca (PSOE S) era consciente de que la introducción, por el Consejo, de la compensación regional, había generado un aumento del 1 % de la producción que, además, había escapado a la supertasa[495]. No obstante, le pareció razonable que los Estados miembros determinasen libremente si deseaban o no seguir aplicando dicha compensación y, sí fuese el caso, reducir las cuotas y nivelar la tasa[496]. De esta manera, apoyó la opinión del socialista holandés, Woltjer, que pedía que cada Estado miembro que optase por la compensación pagase el coste de esta medida, aceptando una reducción de la cantidad referencial que se le otorgaba. Además, era indispensable aumentar la supertasa[497].

Otra medida consistía en suspender temporalmente las intervenciones para la mantequilla y la leche desnatada, que no encontraban salida en el mercado. Colino Salamanca (PSOE S) se opuso a esta medida porque iba a degradar la renta de los agricultores, estimando que devolver a la intervención su papel en los mercados no podía significar la suspensión de dicha intervención[498]. Según él, convenía aplicar una tasa diferenciada para los excedentes de mantequilla y leche, es decir, modular los precios de compra a la intervención en función de las cantidades ofertadas. Entre 1984 y 1987, las cuotas habían sido reducidas en un

---

495 Ibid.
496 Diario Oficial del Parlamento Europeo (23 de octubre de 1986), p. 276.
497 Ibid.
498 Ibid., p. 271.

9,5 %, lo que se había traducido en una reducción del 13 % de los abastecimientos de leche, pero a menudo el reparto no era satisfactorio, y se llegaba a comercializar las cuotas. En consecuencia, algunos productores revendían muy caro un derecho de producción que les había sido otorgado, es decir un derecho que no habían comprado, mientras que las pequeñas explotaciones revendían sus cuotas para sobrevivir, intentando reconvertirse. Los resultados eran negativos: endeudamiento de los productores que se instalaban, con excepción de los más pequeños, y concentración de la producción.

El Parlamento, en su mayoría, era partidario de moralizar este sistema. Según Sierra Bardají (PSOE S), la aparición de un nuevo mercado, donde se compraban y se vendían cuotas no hacía más que confirmar que el derecho a producir leche era un activo en sí y que podría permitir la concentración en explotaciones económicamente más potentes[499]. Por lo demás, indicó las medidas susceptibles de aplicarse en España: introducción de un "banco de tierra", para corregir el carácter no solidario de ciertos contratos de compraventa, sin interferir en la libertad de mercado; limitación de la posibilidad de vender cuotas; y fijación de un porcentaje destinado a la reserva nacional y comunitaria, que frenaría la especulación salvaje, haciendo posible la distribución de parte de las cantidades en venta en conformidad con los criterios socioeconómicos[500].

Del mismo modo, los eurodiputados se preocupaban por la supervivencia de las pequeñas explotaciones que se enfrentaban a este conjunto de medidas. Sierra Bardají (PSOE S) deploró que los pequeños productores del sector lácteo hubiesen sido víctimas de la misma reducción de producción que la que había sido impuesta a los grandes productores[501]. Navarro Velasco (AP DE) compartió la misma inquietud, mostrándose partidario de diferenciar entre zonas de montaña y zonas desfavorecidas (como la Cornisa Cantábrica o Galicia), donde el único recurso de los pequeños productores radicaba en la exoneración de la tasa de corresponsabilidad cuando su producción era inferior a 60.000 litros

---

499 *Ibid.*, p. 276.
500 Diario Oficial del Parlamento Europeo (17 de septiembre de 1987), p. 264.
501 *Ibid.*

al año[502]. Exigió que se revisase el reparto de las cuotas en las regiones cuya única vía de escape era la producción de leche[503].

Tras la adhesión de España y Portugal, la Europa de los Doce se había vuelto excedentaria en aceite de oliva, con una tasa de abastecimiento del 112 %. En cambio, el autoabastecimiento en aceites de semillas procedentes de la colza, el girasol y la soja, era del 63 %; los productores se beneficiaban de ayudas directas, y las importaciones se hacían sobre la base de las cotizaciones mundiales, generalmente inferiores a las practicadas en la CEE.

Este desequilibrio entre una situación deficitaria y otra excedentaria se veía agravada por los comportamientos divergentes de los consumidores. Para el aceite de oliva, mucho más caro que los demás aceites, se observaba una tendencia a la disminución del consumo incluso en los países productores, así como una tendencia al aumento de la demanda en aceites de semillas, cuyos precios se acercaban a los precios mundiales. De hecho, la disminución generalizada del consumo de aceite de oliva, añadida a la adhesión de dos grandes países productores, explicaban que los stocks hubiesen pasado de 75.000 toneladas en 1975 a 283.000 toneladas en 1986, o sea, un aumento del 277 % y un valor contable de 421 millones de ECUS[504].

Paralelamente, en 1986, los gastos del FEOGA habían sido de 2.027 millones de ECUS para las grasas oleaginosas y 604 millones para el aceite de oliva, o sea, un total de 2.631 millones de ECUS, contra 1.803 millones el año anterior. Para el año 1987, las previsiones ascendían a 3.232 millones. Este fuerte aumento de los gastos presupuestarios dedicados a las materias grasas constituía una de las principales razones para una reorganización de la producción y del mercado. Pues la Comisión proponía frenar la producción de aceite de oliva, limitando el período de intervención a los cuatro últimos meses de la campaña, suprimiendo los aumentos mensuales, y reduciendo las cantidades máximas garantizadas. Además, con el fin de reducir las disparidades entre el aceite oliva y los demás aceites, se proponía establecer un mecanismo de estabilización de los precios al consumo que consistía en tasar las importaciones de granos oleaginosos y aceites de semillas. No obstante, esta propuesta se enfrentaba al GATT, dado que era contraria a las reglas

---

502  *Ibid.*
503  *Ibid.*, p. 259.
504  *Ibid.*

La política agraria común

de los intercambios internacionales. Entonces, es cuando se propuso aplicar la tasación a las producciones de la CEE, así como a las de fuera lo que, en un principio, no debía estar en contradicción con el GATT. Esta tasa debería permitir financiar el dosier del aceite de oliva, siendo el objetivo, por una parte, aumentar su consumo mediante reducción de su precio y, por otra, sostener los precios de la producción comunitaria de aceite de semillas que era deficitaria.

Para algunos, la aplicación de esta tasa iba a traducirse en un aumento del 100 % respecto a las importaciones de semillas oleaginosas, del 50 % respecto a las producidas en la Comunidad y del 15 % respecto al aceite de semillas[505].

Después de numerosos debates, el Parlamento Europeo acabó aprobando estas propuestas con 17 votos a favor y 16 en contra.

Colino Salamanca (PSOE S) se declaró a favor de la tasación y opinó que el reglamento en vigor relativo a la importación de semillas oleaginosas, aceites y grasas, exigía que quienes se beneficiaban de esta política contribuyesen a mantener en equilibrio este sector comunitario. En otros términos, no se podían aceptar las medidas incluidas en las propuestas de la Comisión (supresión de los incrementos mensuales; anulación de la intervención con excepción de los cuatro últimos meses; y cantidades máximas garantizadas), sin por lo tanto asegurar el porvenir del sector. Por este motivo, el mecanismo estabilizador de los precios al consumo, que preveía un cierto nivel de financiación, podía ser un factor de garantía con vistas al futuro.

El eurodiputado socialista manifestó que el argumento según el cual el mecanismo estabilizador perjudicaba a los consumidores no era suficientemente justificado[506]. Por lo demás, aconsejó a la Comisión que se mostrase firme en sus negociaciones con el GATT. En efecto, si dicha Comisión estimaba que los mecanismos estabilizadores estaban en conformidad con los compromisos internacionales, tenía que resistir a las presiones que podía ejercerse sobre ella sin, por lo tanto, sacrificar los intereses de los productores comunitarios[507]. No había que olvidar que los acuerdos anteriores relativos a las compras de maíz y sorgo justificaban los temores de ciertos Estados miembros.

---

505 Fiches techniques sur le Parlement européen et les activités de la Communauté européenne (1989), Politique Agricole Commune FR III/P710.
506 Diario Oficial del Parlamento Europeo (12 de mayo de 1987), p. 69.
507 Ibid., pp. 31–32.

En cuanto a Navarro Velasco (AP DE), señaló que en el seno de su grupo habían surgido importantes divergencias referidas a las medidas propuestas en el sector de las materias grasas. Según él, en el mejor de los casos, numerosos agricultores podrían ver sus rentas disminuir y, en el peor, tendrían que abandonar sus actividades, puesto que las tierras que cultivaban no se prestaban a cultivos alternativos[508].

Además, Navarro Velasco (AP DE) apoyó la concesión de ayudas, pidiendo que se valorase el peso específico de las semillas vegetales y del aceite de oliva en comparación con otras producciones comunitarias[509] como la producción lechera. Por una parte, 1.700.000 productores lácteos originaban excedentes que superaban los 3 mil millones de ECUS[510] y, por otra, 2.200.000 productores de olivas de la zona sur se veían afectados por la política comunitaria[511]. En lo que se refiere a las medidas a adoptar, afirmó que su grupo era partidario de aplicar la tasa como un mal menor. No obstante, no se podían aceptar las cuotas de intervención[512].

El sector vitivinícola constituía otro tema de interés para los eurodiputados españoles. Varias razones explicaban su situación excedentaria. Entre ellas, destacaban la reducción del consumo en las regiones donde tradicionalmente la demanda era elevada; el crecimiento de la producción de los viñedos; las dificultades encontradas en ciertos Estados miembros para favorecer el consumo; y las crecientes importaciones de vino procedentes de terceros países.

Para resolver estos problemas de superproducción, Sierra Bardají (PSOE S) sugirió que, además de las medidas de control de la producción como las destinadas al arranque definitivo de las cepas, había que proyectar medidas que aumentasen el consumo de vino y favoreciesen la utilización de los productos del sector vinícola para nuevas aplicaciones[513]. Asimismo, era imprescindible armonizar la fiscalidad en Europa, dado que en ciertos países las tasas penalizaban el consumo de vino con respecto a otras bebidas que le hacían competencia. Por otra parte, estimó conveniente garantizar la calidad del producto que se ofertaba a

---

508 *Ibid.*
509 *Ibid.*, p. 42.
510 *Ibid.*
511 *Ibid.*
512 *Ibid.*
513 *Ibid.*

los consumidores para evitar que se repitiesen los escándalos vividos en Austria e Italia, donde vinos contaminados voluntariamente por metanol habían puesto en peligro la vida de los consumidores[514].

Uno de los problemas derivados de la ampliación comunitaria eran los reglamentos aplicables a los vinos dulces que procedían principalmente de Francia, así como a los vinos espirituosos españoles y portugueses, como el Jerez, el Málaga y el Oporto, en cuanto a denominación y armonización fiscal se refiere. Hasta ahora, los vinos dulces se habían beneficiado de una categoría fiscal específica, debido a que se producían en zonas donde predominaban colinas y suelos pedregosos. Consecuentemente, estos vinos no podían competir con vinos baratos enriquecidos por alcoholes industriales. Sin embargo, con la adhesión de España y Portugal, la Comisión rechazó esta especificidad, y propuso otorgar el mismo régimen fiscal a los vinos dulces y espirituosos, es decir, reducir las ventajas fiscales de los vinos dulces, que iban a tener que soportar la competencia de los espirituosos.

Desde un punto de vista puramente técnico, era cuestión de definir lo que era un vino espirituoso. Sierra Bardají (PSOE S) reaccionó contra la imprecisión de la propuesta de la Comisión, según la que un vino espirituoso era una mezcla de diversos productos, es decir, un producto básico con aditivos. ¿Cómo era posible que un vino elaborado a partir de una mezcla de ingredientes se convirtiese en un vino espirituoso de fama mundial? ¿Cómo era posible olvidarse del proceso biológico de fermentación que confería a cada vino sus propias características?[515] Al fin y al cabo, el representante español pedía el desarrollo de un marco jurídico que permitiese a los vinos espirituosos españoles y portugueses adaptarse, sin tener que modificar sus métodos tradicionales de elaboración que les conferían originalidad y prestigio internacional[516].

El sector de los frutos secos constituía otro sector en el que se habían observado numerosas derogaciones al principio de preferencia comunitaria, a causa de las relaciones de la CEE con terceros países. En efecto, era difícil explicar la política comunitaria llevada a cabo. ¿Cómo se podía justificar la aplicación de un derecho de entrada simbólico para las importaciones comunitarias procedentes de Estados Unidos, por un lado, y la falta de medidas reguladoras para frenar las importaciones

---

514 Diario Oficial del Parlamento Europeo (19 de febrero de 1987), p. 241.
515 *Ibid.*
516 Diario Oficial del Parlamento Europeo (22 de octubre de 1987), p. 65.

de avellanas turcas, por otro?[517] Incluso, la Comunidad autorizaba la práctica del "dumping", permitiendo a los americanos exportar sus productos a un precio inferior (un 50 % menos) al que estaba vigente en su mercado interior.

Al respecto, Sierra Bardají (PSOE S) declaró que, a pesar de que la ampliación hubiese provocado un notable desarrollo de este cultivo en zonas de colinas desfavorecidas, no existía ningún tipo de ayuda comunitaria y, la protección de las fronteras era casi nula, por no decir inexistente[518]. Era fundamental desenvolver una política de reestructuración y reconversión para compensar las importaciones masivas que generaban la caída de los precios, impidiendo a los agricultores europeos hacer frente a los costes de producción[519]. Estas medidas contribuirían a proteger el mundo rural en zonas desfavorecidas, y a luchar contra la desertificación de regiones afectadas por el fenómeno migratorio[520].

Por su parte, Cervera Cardona (CDS CTDI), declaró estar a favor de disposiciones que permitiesen reorientar este sector en función de las exigencias del mercado, y defendió la utilización racional de las tierras liberadas de las producciones excedentarias como el viñedo o el olivar[521]. Según Gasoliba y Böhm (CiU LDR), estas propuestas eran vitales para los agricultores mediterráneos y, particularmente, para Cataluña.

La cría de ganado porcino constituía otro sector sensible. Este sector, de gran relevancia socioeconómica para España, hacía frente al grave problema de la peste africana, aparecida en la provincia de Badajoz en los años sesenta. En 1985, se había registrado un rebaño de unos 11,4 millones de cabezas para una producción de 1,16 millones de toneladas. En cuanto al consumo por habitante, lograba los 30,1 kilos al año. La peste afectaba sobre todo a las explotaciones familiares en las que la prevención sanitaria contra la enfermedad era insuficiente. Estas explotaciones tradicionales no podían competir con la producción industrial e intentaban sobrevivir.

Previamente a la adhesión de España, la CEE, considerando la peste porcina como un verdadero problema comunitario, había sostenido programas de erradicación. Ahora, con la presencia española, esta

---

517 Diario Oficial del Parlamento Europeo (17 de diciembre de 1987), p. 309.
518 Ibid.
519 Ibid., p. 308.
520 Ibid.
521 Ibid.

política se hacía todavía más imprescindible con el fin de impedir que el virus se propagase hacia otros países europeos. Pero, a pesar de ello, el librecambio entre España y los países miembros se veía afectado por esta plaga.

Durante un debate relativo a la peste porcina, Sierra Bardají (PSOE S) expuso que la Comunidad debía seguir sosteniendo los costosos programas llevados a cabo por el gobierno, que pretendían asegurar una detección precoz de la peste; sacrificar los animales afectados; controlar y aislar la enfermedad, así como prevenirla. Finalmente, insistió en la necesidad de una responsabilidad compartida entre España y los demás Estados miembros.

Los nuevos reglamentos iban a tener una incidencia en el conjunto de la producción comunitaria.

A pesar de las medidas restrictivas ya aplicadas, los excedentes no habían dejado de aumentar y, para el año 1988, se preveía un aumento de los gastos agrícolas. Así, la Comisión proyectaba la introducción de nuevas medidas. Colino Salamanca (PSOE S) intervino para defender la reducción de los gastos presupuestarios, porque no convenía dar a la opinión pública la imagen de una agricultura comunitaria egoísta y no solidaria[522]. Simultáneamente, analizó las medidas propuestas, denunciando sus riesgos. Se trataba de reducir los precios garantizados para desanimar la producción excedente. Para cada producto se definían cantidades máximas, más allá de las cuales se aplicaban importantes reducciones de precios pagados por la CEE a los agricultores en el momento de la venta de sus excedentes a los organismos públicos de almacenamiento. Estas medidas, aprobadas por el Consejo Europeo en 1988, se aplicaban a casi todos los productos.

Colino Salamanca (PSOE S) afirmó que convenía acabar con la política irracional y derrochadora[523]. También añadió que una visión puramente presupuestaria hacía olvidar dos aspectos: primero, que el aumento de los gastos públicos se debía a causas externas a la propia PAC, como la situación de los mercados mundiales y cotización del dólar; y, segundo, que las medidas restrictivas adoptadas en el pasado en relación con los precios, las condiciones de la intervención, así como

---

522 Diario Oficial del Parlamento Europeo (14 de noviembre de 1987), p. 171.
523 Diario Oficial del Parlamento Europeo (18 de noviembre de 1987), p. 171.

las tasas de corresponsabilidad, habían precipitado la caída de la renta de los agricultores[524]. Con el fin de evitar esta situación, era partidario de asociar control y rigor presupuestario a otro objetivo claramente definido en el Tratado Constitutivo de la CEE, es decir, la garantía de un nivel de vida equitativo para la población agrícola[525].

Conviene precisar que el sistema de estabilizador propuesto no tomaba en cuenta, ni la diversidad de la agricultura de los doce estados miembros, ni las diferencias de producción por explotación y sector. Se aplicaba indiferentemente a todas las producciones excedentarias o no. Pues esta política se basaba en la técnica contable, así como en una visión tecnócrata y planificadora, pero de ninguna manera en el interés de los agricultores y sus familias[526]. En efecto, parecía extraño querer reducir las producciones de los sectores deficitarios o las que podían hacerse un sitio en los mercados exteriores.

De esta forma lo expresó Cervera Cardona (CDS CTDI), al comprobar que cada año la CEE importaba productos agrícolas por valor de 50 mil millones de ECUS[527]. ¿En virtud de qué lógica se podía aceptar la aplicación de mecanismos estabilizadores al conjunto de los productos agrícolas? ¿Se podía hablar de preferencia comunitaria cuando la tasa de cobertura comunitaria era inferior al 50 % en el sector de los agrios?[528] Según él, la Comisión ignoraba el alcance financiero de su proyecto, ya que imponer nuevos sacrificios a los agricultores europeos, sin coparticipación internacional para lograr el equilibrio de los mercados agrícola y monetario, ni selección de los productos sometidos a una estabilización, era inaceptable[529].

Por su parte, Colino Salamanca (PSOE S) temía que los agricultores pidiesen ayudas directas a sus respectivos gobiernos, poniendo así en peligro la solidaridad comunitaria.

De hecho, y no era nuevo, la PAC hacía frente a tres obstáculos fundamentales: el desequilibrio de los mercados creado por los excedentes; el contexto internacional cada vez más vinculante con los reglamentos

---

524 *Ibid.*
525 *Ibid.*
526 *Ibid.*, p. 172.
527 Diario Oficial del Parlamento Europeo (19 de noviembre de 1987), p. 266.
528 *Ibid.*, p. 267.
529 *Ibid.*

del GATT, las fluctuaciones monetarias y los acuerdos concluidos con terceros países; y la situación presupuestaria interna de la Comunidad. Se reprochaba a la Comisión su incapacidad para presentar una política global coherente[530].

## 9.6. La política pesquera

El ejercicio de un riguroso control de las actividades pesqueras comunitarias era vital, puesto que las irregularidades cometidas por los pescadores eran numerosas y frecuentes. Por lo demás, este sector representaba un valor económico, como reserva biológica y alimenticia, a la vez que un valor ecológico, debido a la fauna y la flora, que garantizaban la supervivencia de la humanidad.

Expresándose sobre este tema, Vázquez Fouz (PSOE S) declaró que, sin duda, una eficaz política de control y vigilancia sería la mejor manera de asegurar el cumplimiento de los objetivos fijados por la política pesquera común. A este respecto, también era importante contabilizar y controlar las capturas, así como modernizar los dispositivos de vigilancia y control[531]. El eurodiputado resaltó que los progresos en este sector seguían siendo insuficientes, teniendo en cuenta que la Comunidad estaba compuesta por doce países de los que once, con excepción de Luxemburgo, poseían costas. Más tarde afirmó que se trataba de dar una nueva dimensión a la política pesquera comunitaria[532]. En este sentido, Vázquez Fouz aludió al delicado tema de la aportación presupuestaria de la CEE y, más concretamente, a su participación financiera en el desarrollo de los medios de vigilancia y control de las actividades pesqueras, que debía ser debatido con seriedad para poder establecer la mejor relación posible entre costes y resultados[533]. Sin lugar a dudas, el trabajo y la buena gestión, así como el compromiso personal y político, constituían factores determinantes para la elaboración de una política pesquera eficaz, que debían acompañarse de un importante apoyo financiero.

Las preocupaciones de la Comunidad sobre este tema remontaban a 1977. Entonces, el Consejo, en conformidad con el Parlamento, había

---

530  *Ibid.*
531  Diario Oficial del Parlamento Europeo (9 de abril de 1987), p. 293.
532  *Ibid.*, p. 294.
533  *Ibid.*

decidido conceder una ayuda de 10 millones de ECUS a Dinamarca y 46 millones a Irlanda, con el fin de mejorar los sistemas de vigilancia y control en las aguas situadas bajo la jurisdicción de ambos países. Cinco años más tarde, en 1982, el Parlamento se había pronunciado a favor de la coordinación de las operaciones de control marítimo para aumentar su eficacia a escala comunitaria. También, había propuesto la creación de un servicio de inspección. Y, poco después, esta misma Asamblea había recordado que la ayuda de la CEE destinada a la compra de equipos de vigilancia naval y aérea, así como a la modernización de sistemas de transmisión y comunicación entre barcos e instalaciones terrestres, debía extenderse a los Estados miembros cuyos medios eran insuficientes o inadecuados para la vigilancia de los espacios marítimos[534].

Como su colega Vázquez Fouz, Durán Corsanego (AP DE) lamentó la ausencia de una verdadera política, afirmando que estas acciones aisladas, aunque se tratase de acciones repetidas, eran insuficientes para hacer avanzar uniformemente el proceso de aplicación de las reglamentaciones comunitarias en materia de pesca[535]. Asimismo, exigió que la participación financiera de la CEE representase el 50 % de los gastos de los Estados miembros dedicados a la mejora y modernización de los sistemas de control y vigilancia[536].

En el marco de las relaciones con terceros países, tuvo lugar un debate relativo al acuerdo pesquero concluido entre la CEE y Mozambique, que sustituía a los acuerdos pasados entre esta República, España y Portugal. Desde ahora, los derechos pesqueros de los que se beneficiaban los nuevos miembros se extendían al conjunto de la Comunidad. El objetivo consistía en conseguir licencias que permitiesen reducir la crisis del empleo resultante de la aplicación del sistema de cuotas, a la vez, que frenar el agotamiento de los bancos de peces en las aguas comunitarias. De hecho, el acuerdo logrado con Mozambique permitiría a la flota comunitaria estar presente en zonas de interés en cuanto a diversas especies se refiere. Por otra parte, la Comunidad estaba en vías de ocupar un nuevo espacio en el Océano Indico, gracias a acuerdos que mantenían la actividad de la flota pesquera, y ofrecían en el mercado especies de calidad para las que la demanda no dejaba de crecer[537].

---

534 Ibid., p. 296.
535 Ibid.
536 Ibid.
537 Diario Oficial del Parlamento Europeo (19 de junio de 1987), p. 351.

*La política pesquera* 209

Abordando en su conjunto la política de acuerdos concluidos con terceros países, Vázquez Fouz (PSOE S) afirmó que subsistían algunos aspectos delicados, refiriéndose a Mauritania y a la incertidumbre que rodeaba el acuerdo bilateral con Marruecos a punto de expirar, y cuya reactualización a nivel comunitario planteaba problemas[538].

El acuerdo logrado con Mauritania en mayo de 1987, que se limitaba a la concesión de licencias para la captura de ciertas especies, no había tenido en cuenta la captura de merluza, practicada por los barcos congeladores especializados en la captura de cefalópodos. Esta disposición creaba problemas económicos para los pescadores de las Islas Canarias, que pensaban que el acuerdo legalizaría la actividad que ejercían en las aguas mauritanas cuando, al contrario, acababa con dicha actividad.

En lo que se refiere a Marruecos, Vázquez Fouz (PSOE S) se quejó de no disponer de la información suficiente sobre el contenido y la evolución de las negociaciones, lo que era inaceptable en el marco del funcionamiento democrático de la Comunidad. La renegociación de un acuerdo pesquero con Marruecos era esencial para el porvenir de la pesca comunitaria, es decir, para el pan cotidiano de los pescadores[539].

Esta opinión era contraria a la del diputado comunista francés, Leroux, que prohibía a la Europa de los Doce arrogarse derechos de explotación en un espacio que no se encontraba bajo la soberanía, o jurisdicción exclusiva, de su cocontratante. Era el caso de las aguas territoriales del Sahara Occidental, y ningún acuerdo pesquero con Marruecos podía otorgar a la CEE derechos en aguas que, según el derecho internacional, pertenecían al pueblo saharaui y la República Árabe Saharaui Democrática[540].

La triple propuesta de la Comisión de modificación del reglamento relativo a la organización común de los mercados fue objeto de un informe presentado por Arias Cañete (AP DE) en nombre de la Comisión de Agricultura y Pesca.

Teniendo en cuenta la ampliación a España y Portugal, se trataba de crear un nuevo régimen de intervención para 14 especies de interés regional, basado en un precio de retirada autónomo, así como una ayuda global. El Parlamento se felicitó de la instauración de este sistema, presentando una única enmienda para que la ayuda global se

---

538 *Ibid.*
539 Diario Oficial del Parlamento Europeo (17 de diciembre de 1987), p. 289.
540 *Ibid.*, p. 287.

correspondiese, como mínimo, al 20 % de las cantidades anuales puestas a la venta, contra el 10 % propuesto por la Comisión[541].

Tras haber subrayado el excelente informe de Arias Cañete, Vázquez Fouz (PSOE S), pronunciándose sobre la consideración de nuevas especies en el marco de la intervención, estimó que se trataba de un proceso lógico de adaptación[542].

La segunda propuesta de la Comisión consistía en la revisión de la ayuda concedida al almacenamiento privado, cuyo beneficio iría a las organizaciones de productores. Además, este nuevo régimen incluiría el atún. Con excepción de dos enmiendas, apoyadas por Vázquez Fouz, la Comisión de Agricultura y Pesca acogió favorablemente esta modificación. La primera radicaba en prolongar la duración máxima de almacenamiento a tres meses en vez de dos, y la segunda a ampliar la ayuda a los productos congelados a bordo[543].

Por fin, la Comisión proponía una modificación en profundidad del sistema de intervención para el atún que no apoyaba el informe. En efecto, la Comisión que se enfrentaba a la ampliación de la Comunidad, por una parte, y a los intereses de determinados terceros países, por otra, planteaba un sistema por lo menos curioso: mientras que mantenía las importaciones procedentes de terceros países con una franquicia aduanera integral que omitía todo precio de referencia en la importación fijado de manera realista y capaz de impedir el dumping, establecía un nuevo sistema de indemnización compensatoria extremadamente restrictivo. El nuevo sistema limitaba la indemnización al 10 % del umbral de activación del mecanismo de intervención. Además, se reducía la indemnización cuando las cantidades comercializadas por las conserveras atuneras o la organización de productores aumentaban. No se entendía por parte de la Comisión la propuesta de una reforma tan restrictiva. Considerando que la flota de los Estados miembros solo cubría el 66 % de las necesidades comunitarias, la instauración de mecanismos de corresponsabilidad en el caso de que surgiesen producciones excedentes, no parecía una solución adecuada para un sector en desarrollo con perspectivas de expansión. De hecho, la flota de los atuneros no era una flota protegida que vivía de las subvenciones comunitarias. Al contrario, se trataba de una flota moderna y rentable, compuesta por

---

541 *Ibid.*, p. 283.
542 *Ibid.*, p. 292.
543 *Ibid.*, p. 298.

*La política pesquera* 211

buques caracterizados por un alto nivel tecnológico, razón por la que se rechazaba el nuevo sistema en vigor.

El mantenimiento de los precios de referencia a la exportación, que no reflejaban la verdadera situación del mercado, añadido a la plena franquicia aduanera, que permitía abastecer la industria comunitaria mediante las flotas de terceros países, debían tener como contrapartida la conservación del régimen de intervención, con reserva de las correcciones técnicas menores que la Comisión juzgase oportunas. Era la única manera de desarrollar una flota comunitaria de calidad. De no ser así, el principio de preferencia comunitaria planteado por el Tratado de Roma[544], se pondría en entredicho.

Vázquez Fouz (PSOE S) declaró que la propuesta de la Comisión carecía de realismo, puesto que no se adaptaba a las necesidades del sector. La flota de los atuneros era la más moderna de la Comunidad, pero en vez de poner en valor el esfuerzo realizado por los armadores en este sentido, la Comisión prefería introducir factores de incertidumbre, poco indicados y poco razonables[545]. Según sus propias palabras, las enmiendas contenidas perseguían, a la vez, la consolidación de la flota y los mercados comunitarios[546].

Los eurodiputados españoles se interesaron igualmente por la política estructural.

Asimismo, a raíz de la adhesión de España y Portugal, Vázquez Fouz (PSOE S) estimó fundamental la elaboración de un "Libro azul" que suponía una revisión en profundidad de la política pesquera común[547]. Por lo demás, se hacía necesario un ajuste de los recursos, las estructuras, los mercados, y las subvenciones, siempre dentro de un marco flexible y dinámico. Esta política permitiría prever el consumo comunitario de los productos pesqueros; abastecer el mercado gracias a las capturas y conservación de los recursos naturales; definir las cuotas de abastecimiento externo; y establecer acuerdos relativos a la pesca de altura[548]. De este modo, se podría delimitar una política estructural adecuada.

Por su parte, Monforte Arregui (PNV PPE) empezó por hacer un balance general de la política pesquera común, recordando que, desde

---

544  *Ibid.*, pp. 283—284.
545  *Ibid.*, p. 292.
546  *Ibid.*
547  Diario Oficial del Parlamento Europeo (12 de diciembre de 1986), p. 406.
548  *Ibid.*

la adhesión de España y Portugal, la CEE poseía una de las flotas más importantes del mundo, pero que dependía esencialmente de recursos exteriores cuya explotación suponía la fijación de acuerdos internacionales. La CEE, que era deficitaria en productos del mar, importaba grandes cantidades de pescado. En consecuencia, para lograr el autoabastecimiento, tenía que aumentar su producción y, por lo tanto, mejorar su política estructural.

A pesar de las dificultades presupuestarias, el representante español insistió sobre el hecho de que toda política estructural debía acompañarse de los medios económicos que permitiesen alcanzar sus objetivos[549]. En otros términos, no había que repetir los errores cometidos en el marco de la PAC, es decir, privilegiar las inversiones dedicadas a sostener los precios del mercado en detrimento de los gastos destinados a las estructuras.

El desarrollo de la acuicultura, además de la mejora de la productividad, era otro de los objetivos de la política estructural. Esta industria que consistía en la cría de animales acuáticos, así como en el cultivo de plantas acuáticas, era susceptible de aportar una solución parcial al paro que afectaba a Europa y, particularmente, las regiones periféricas remotas. Asimismo, se trataba de incentivar el crecimiento de la producción de pescado a nivel mundial, a la vez que asegurar el porvenir del abastecimiento comunitario.

Ardiente defensor de la acuicultura, Vázquez Fouz (PSOE S) declaró que era un sector dinámico con futuro, capaz de crear riquezas y empleos en ciertas zonas periféricas de la Comunidad como Galicia, por ejemplo[550]. No obstante, la problemática era que la CEE no disponía de una verdadera política de investigación pesquera. El eurodiputado se refirió a unas reflexiones llevadas a cabo con científicos que habían permitido establecer cuatro objetivos principales para definir una verdadera política pesquera común: desarrollar la investigación[551]; disponer de medios financieros suficientes; coordinar los esfuerzos entre Estados miembros[552]; y controlar los resultados obtenidos. En lo que se refiere a la coordinación, ciertos Estados miembros que contaban con

---

549 *Ibid.*
550 Diario Oficial del Parlamento Europeo (19 de junio de 1987), p. 351.
551 Diario Oficial del Parlamento Europeo (11 de septiembre de 1986), p. 311.
552 *Ibid.*

estructuras modernas y técnicas avanzadas, actuaban con egoísmo, frenando las posibilidades de desarrollo de países como España o Portugal que poseían recursos naturales considerables, pero no habían podido o sabido sacarles provecho. Asimismo, ignoraban las riquezas de su zona económica exclusiva y dejaban a otras potencias explotarlas. En cuanto al control, era imprescindible controlar los resultados obtenidos en la elaboración y la orientación dada a los programas. Este control se llevaría a cabo con los sectores sociales (científicos, patronal, sindicatos y asociaciones), mientras que el Parlamento se encargaría del seguimiento[553].

En materia de ayudas, la situación era compleja, puesto que los profundos cambios vividos por el sector pesquero en la última década se habían plasmado en la necesidad de recibir ayudas no solo comunitarias, sino también nacionales. En este sentido, la Comisión había definido las ayudas concedidas por los Estados miembros para así evitar los riesgos de competencia desleal que no haría más que acentuar los desequilibrios entre los pescadores de la Comunidad. Sin embargo, la Comisión había tenido que enfrentarse a los gobiernos, que no tenían siempre constancia de los fondos concedidos a las regiones por las autoridades locales, y fingían desconocer las irregularidades cometidas (ingresos ilegales a empresas para resolver los problemas de orden económico o político).

A pesar de las diferencias existentes en cuanto a sistemas de tasación, sistemas sociales, valor de las monedas, o tasa de inflación, había que privilegiar la transparencia y, en consecuencia, mejorar los medios de control.

Vázquez Fouz (PSOE S) animó a la Comisión a tener un repertorio de ayudas y a controlarlas para velar por el respeto de las normas comunitarias en el marco de la política pesquera común[554]. No obstante, precisó que el sector pesquero no representaba un conjunto homogéneo, sino que en cada Estado miembro la situación y el tipo de pesca variaban. A este respecto, la pesca artesanal se diferenciaba de la pesca de altura, y la pesca practicada con instrumentos selectivos de la pesca con jábega. Consecuentemente, convenía tener en cuenta esta diversidad porque la uniformidad no era posible y, por lo menos en español, armonizar no significaba uniformizar[555].

---

553 *Ibid.*
554 Diario Oficial del Parlamento Europeo (19 de junio de 1987), p. 351.
555 *Ibid.*

# 10. Análisis lingüístico

## 10.1. Las características del discurso político

El discurso es la expresión formal de un acto comunicativo, que se presenta bajo diversas manifestaciones (discurso oral, discurso escrito, etc.). El discurso no es un producto, sino que a grandes rasgos se puede definir como un proceso cuyo aspecto más destacado es su finalidad comunicativa[556]. Los discursos se utilizan en situaciones heterogéneas y pueden ser de diversa índole, pudiendo categorizarse en científicos, técnicos, jurídicos, económicos, políticos, etc.

En relación con la presente investigación, el interés se focaliza en el discurso político. Pero ¿qué se entiende por discurso político?

El discurso político se puede definir como el discurso producido dentro de la escena política, nacional o internacional, y las instituciones donde se expresa y está en juego el poder. Se trata de una secuencia ordenada de palabras y de frases emitida por emisores políticos. Por lo tanto, es político todo discurso pronunciado en situaciones políticas en las que el sujeto, el emisor que lo emite, pretende de los receptores una lectura política. Partiendo de esta premisa, el discurso político constituye un objeto de estudio privilegiado de la relación que se establece entre lengua e ideología.

También posee unos rasgos que lo singularizan:

- Tiene como meta principal confirmar a los seguidores de un partido y seducir a los indecisos, haciendo uso de una argumentación lógica.
- Representa un discurso de tipo estratégico, puesto que delimita los objetivos y medios para alcanzar seguidores e indecisos.
- Transmite creencias, pero además formaliza un acto, manifiesta compromisos, y se posiciona acerca de determinados temas.

Las acciones que lleva a cabo el político, así como su estilo personal, son aspectos relevantes para convencer a los indecisos. Del mismo modo lo es su uso de una argumentación lógica, pues debe manejar los recursos lingüísticos, así como las estrategias discursivas a su alcance para ser lo más eficaz posible (Charteris-Black, 2011 & 2018).

---

556 http://www.ub.edu/diccionarilinguistica/node/5514

A continuación, se muestran recursos lingüísticos y estrategias discursivas específicos del discurso político.

## 10.2. Recursos lingüísticos y estrategias discursivas en el discurso político

Según Santiago Guervós (2011), el discurso político se sustenta en la comunicación de tipo persuasivo y, por lo tanto, en la retórica que el Diccionario de la Real Academia Española (DRAE) define como el "Arte de bien decir, de dar al lenguaje escrito o hablado eficacia bastante para deleitar, persuadir o conmover"[557]. Asimismo, los políticos manejan el lenguaje con la finalidad de influir en los demás. En ese sentido, es determinante que recurran a palabras oportunas, puesto que de esta manera estimulan los marcos y contextos (Lakoff, 1996 y 2007; Sperber y Wilson, 1986) que se corresponden con la forma que tienen los individuos de percibir el mundo que los rodea.

Metáforas y símiles

Ambas figuras retóricas son muy parecidas como corroboran las definiciones propuestas por el DRAE: la metáfora es la "traslación del sentido recto de una voz a otro figurado, en virtud de una comparación tácita"[558], mientras que define el "símil" como "una producción de una idea viva y eficaz de una cosa, relacionándola con otra también expresa"[559].

La metáfora representa el principal recurso estilístico que utilizan los políticos en su discurso, ya que a menudo necesitan expresar cuestiones abstractas, y resulta menos complejo expresarlas mediante el recurso a una metáfora o un símil (Jones y Stilwell, 1999). Igualmente se trata de figuras que contribuyen a captar la atención de la audiencia.

Según Félix Rodríguez (1991: 158), la función persuasiva, que es intrínseca al lenguaje político, se fundamenta, en gran parte, en la metáfora, plasmando esta afirmación en estos términos: "No hay que olvidar que un componente esencial del lenguaje político es el de convencer y persuadir y, en definitiva, atraer a su causa el mayor número de electores, al tiempo que se procura restar valor a las tesis adversarias. De ahí el interés en obtener un lenguaje más plástico que simplifique las ideas, y un tono de humor e ironía que las haga calar más hondo. En

---

557 https://dle.rae.es/ret%C3%B3rico
558 https://dle.rae.es/met%C3%A1fora?m=form
559 https://dle.rae.es/s%C3%ADmil#EYvKbej

este cometido, el procedimiento que permite los efectos más bellos y efectivos es, sin duda, la metáfora [...]" (158).

Este autor elabora una tipología de campos semánticos a los que las metáforas y símiles políticos se refieren: la guerra; el juego; el estudio; otras actividades y profesiones; la religión; las relaciones personales, familiares y sexuales; los animales; las referencias gastronómicas; la salud; etc.

Metonimias y prosopopeyas

El DRAE delimita el concepto de metonimia de la siguiente manera: "Tropo que consiste en designar algo con el nombre de otra cosa tomando el efecto por la causa o viceversa, el autor por sus obras, el signo por la cosa significada"[560].

En cuanto al concepto de prosopopeya, es la "Atribución, a las cosas inanimadas o abstractas, de acciones y cualidades propias de los seres animados, o a los seres irracionales de las del ser humano[561].

Estas figuras suelen utilizarse con frecuencia en el discurso político. Asimismo, Lakoff (1991) pone de relieve la metonimia "gobernante por Estado", es decir que, para referirse a un Estado, se recurre al nombre de su gobernante; un gobernante supuestamente ilegítimo. De este modo, se emplea dicha metonimia con vistas a descalificar a un individuo.

Paralelismos

El concepto de paralelismo se define como la "Ordenación de modo simétrico de los elementos de unidades sintácticas sucesivas"[562].

Esta figura se corresponde con una estrategia que se emplea en el discurso político para conformar la ideología. Se identifican distintas maneras de establecer paralelismos, pero la más usual en política es la anáfora, que consiste en la repetición de uno o más vocablos.

Al respecto, Núñez Cabezas (2000: 26–30), afirma que existen distintos tipos de repetición: un primer tipo de repetición, o de redundancia, consiste en ir de lo particular a lo general con el propósito de dar mayor grandilocuencia a las palabras que se pronuncian, como se puede ver en el siguiente ejemplo: "(...) [refiriéndose a la obligación de llegar a la media de la riqueza de los países de la Unión Europea] y eso es mi objetivo, nuestro objetivo, y ese es el objetivo para los primeros años del siglo XXI".

---

560  https://dle.rae.es/metonimia?m=form
561  https://dle.rae.es/prosopopeya?m=form
562  https://dle.rae.es/paralelismo?m=form

Un segundo tipo de repetición es la de conceptos por sinonimia de la que debería servirse el político para hacer más atractivo su discurso y, también, proporcionar un nuevo matiz, puesto que, en principio, no existe una sinonimia perfecta. Sin embargo, en la realidad se produce un discurso aburrido, con la finalidad por parte del político de buscar más tiempo para construir una frase coherente o contestar adecuadamente a una pregunta, como indica el siguiente ejemplo: "(...) ¿qué es lo que yo desearía? Se lo digo con toda sinceridad y franqueza, lo que yo desearía es que España estuviera por encima del 90 % de la media comunitaria".

Y, un tercer tipo, es la adjetivación sinonímica: "(...) se fortalece al Estado siempre que éste sea transparente y cristalino (...)".

Antítesis y regla de tres

La antítesis, según el DRAE, es la "Oposición de una palabra o una frase a otra de significación contraria"[563] y sirve para contrastar entre dos elementos distintos en el discurso político. A partir de esta estrategia de contrastación, se hace hincapié en una determinada parte del discurso, lográndose de esta forma el efecto deseado.

Otro recurso lingüístico frecuentemente usado en el discurso político es la regla de tres que se corresponde con una "regla que enseña a determinar una cantidad desconocida por medio de una proporción de la cual se conocen dos términos entre sí homogéneos, y otro tercero de la misma especie que el cuarto que se busca"[564]. En este sentido, "Liberté, Égalité, Fraternité" ilustra perfectamente dicha regla, que es muy utilizada en política. Se trata de una estrategia atractiva para quienes va dirigida. En determinados casos, la regla de tres puede corresponderse con un único elemento que se repite tres veces ("trabajo, trabajo, trabajo").

Categorías gramaticales

Ciertas categorías gramaticales como los pronombres personales, posesivos y adjetivos resultan ser relevantes en el discurso político (Jones y Stilwell, 1999). Por lo que es de los pronombres personales, los políticos suelen utilizar tanto "nosotros" como "yo", pero en qué situación recurren a la primera persona del plural, y en qué situación a la primera persona del singular. Según Jones y Stilwell (1999), los políticos utilizan "nosotros" cuando abordan cuestiones polémicas de las que, en

---

563 https://dle.rae.es/ant%C3%ADtesis
564 https://dle.rae.es/regla%20?m=form

cierto modo, quieren alejarse, subsumiéndose en la pluralidad; mientras que emplean "yo" para situaciones y cuestiones indiscutibles impregnadas de positivismo, convirtiéndose en actores principales. Otros autores como Chilton (2004), afirman que el uso de "nosotros" sirve para alcanzar el concepto de identidad colectiva.

Respecto a los posesivos, se suele hacer uso de ellos para remitirse a una situación de la que es responsable otra persona.

En cuanto al empleo de adjetivos, como por ejemplo "nuevo" y "mejor", puede generar presuposiciones mediante la comparación.

Eufemismos

El eufemismo es la "Manifestación suave o decorosa de ideas cuya recta y franca expresión sería dura o malsonante."[565]. En el contexto del discurso político, equivale al procedimiento de sustitución léxica mediante el cual se sustituye una expresión por otra con el fin de aminorar sus implicaciones adversas y mantenerse en lo políticamente correcto.

Félix Rodríguez (1991: 44-64) ha analizado el eufemismo que se utiliza de modo específico en el lenguaje político, llegando a la conclusión de que los eufemismos lingüísticos pueden presentar distintos caracteres:

- Léxico: se dice "neutralizar" en vez de "matar".
- Gramatical, distinguiendo dos aspectos:

Nominalizaciones: si se dice que ha habido una descarga nuclear se disimula el agente y las víctimas.

Construcciones pasivas: si se dice que un procedimiento debe ser desarrollado también se disimula el agente y se distancia la acción.

- Presuposiciones, sugerencias: si se dice ¿por qué la OTAN necesita armas nucleares? ya se está presuponiendo que la OTAN necesita armas nucleares.

Ironía

La ironía es una "Expresión que da a entender algo contrario o diferente de lo que se dice, generalmente como burla disimulada"[566]. En el discurso político, es frecuente que los oradores ironicen sobre determinados sujetos, por lo general, adversarios políticos.

---

565 https://dle.rae.es/eufemismo
566 https://dle.rae.es/iron%C3%ADa?m=form

Hipérboles
Esta figura retórica consiste en el "Aumento o disminución excesiva de aquello de que se habla"[567] y, por lo tanto, permite al orador poner de relieve un aspecto de su discurso.

## 10.3. Recursos lingüísticos y estrategias discursivas en el discurso político de los eurodiputados españoles.

Metáforas

**Tabla 36** *Ejemplos de metáforas presentes en el discurso de los eurodiputados españoles*

*Caso 1*
Durán Corsanego (AP DE): "Para los españoles, la América hispanohablante era una **prolongación de España** del otro lado del Atlántico" (Diario Oficial del Parlamento Europeo (13 de marzo de 1987), p. 295).
*Caso 2*
Grimaldos Grimaldos (PSOE S): "… en cualquier momento, el **peso de la deuda** podría **obstaculizar los progresos** conseguidos hacia una **democratización más amplia**. El continente latinoamericano se enfrentaba a dos desafíos: una deuda exterior que supera los 400 mil millones de dólares (…) y la **transición democrática**. Se vive un importante **retroceso socioeconómico** que podría **hipotecar los éxitos políticos**" (Diario Oficial del Parlamento Europeo (21 de enero de 1987), p. 62).
*Caso 3*
Monforte Arregui (PNV PPE): […] conseguir la organización de **elecciones libres y transparentes** […] un grupo próximo al Partido Nacionalista Vasco que recomendaba la violencia como **instrumento de lucha** contra la dictadura se encontraba en el origen de ETA, e insistía en el hecho de que la **dinámica de la violencia** había perdurado en España tras el **restablecimiento de la democracia**. […] la única vía posible para **sacar a Chile del círculo infernal** en que estaba metido era la de la oposición democrática" (Diario Oficial del Parlamento Europeo (9 de abril de 1987), p. 228).
*Caso 4*
García Arias (PSOE S): "Por lo visto, había sido una acción premeditada de la policía para **liquidar unos miembros de la oposición**" (Diario Oficial del Parlamento Europeo (9 de julio de 1987), p. 239.
*Caso 5*
Montero Zabala (HB NI): "[…] solicitó, una vez más, la creación de una comisión que se encargase de las **investigaciones en el terreno** y valorase las **raíces políticas** de la violencia […]" (Diario Oficial del Parlamento Europeo (9 de julio de 1987), p. 231).

---

567 https://dle.rae.es/hip%C3%A9rbole?m=form

*Caso 1*
Al utilizar la metáfora "prolongación de España", Durán Corsanego puso de relieve los vínculos estrechos existiendo entre España y la América hispanohablante y, sobre todo, el hecho de que España se extendía hasta América Latina, intentando captar de este modo la atención de los receptores del discurso.

*Caso 2*
Grimaldos Grimaldos utilizó en su intervención diversas metáforas para recalcar el peligro que para el continente latinoamericano suponía la deuda en relación con el establecimiento de una democracia plena y, consecuentemente, alertar de una situación que debía retener la atención de las instituciones europeas y de su país.

*Caso 3*
Refiriéndose a Chile, Monforte Arregui recurrió a diversas metáforas para insistir sobre el hecho de que era fundamental intentar organizar elecciones libres y transparentes con el fin de restablecer la democracia y evitar, al mismo tiempo, posibles brotes de violencia.

*Caso 4*
García Arias, en relación con la situación que se vivía en Chile, utilizó la metáfora "liquidar unos miembros de la oposición", poniendo así de relieve las actuaciones sanguinarias de la policía que se dedicaba a suprimir la oposición democrática.

*Caso 5*
Montero Zabala recalcó que el problema vasco, complejo de por sí, necesitaba ser tratado debidamente, mediante la puesta en marcha de una comisión que esté capacitada para llevar a cabo las imprescindibles "investigaciones en el terreno", así como estimar las "raíces políticas" de la violencia perpetrada en el País Vasco. El uso de metáforas contribuyó a llamar la atención de la audiencia sobre esta cuestión.

Metonimias y prosopopeyas

**Tabla 37** *Ejemplo de metonimia y prosopopeya presente en el discurso de los eurodiputados españoles*

*Caso 1*
Escuder Croft (AP DE): "Dudaba de que las presiones extranjeras hacia **Pinochet** pudiesen contribuir a facilitar una transición hacia la Democracia" (Diario Oficial del Parlamento Europeo (10 de julio de 1987), p. 299).

*Caso 1*
Escuder Croft, aludiendo al régimen militar de Chile entre 1973 y 1990, citó el nombre del líder de esta dictadura: Pinochet, el comandante jefe del Ejército. El recurso a una metonimia tiende a desacreditar a dicho líder presuntamente ilegítimo.

Paralelismos

**Tabla 38** *Ejemplos de paralelismos presentes en el discurso de los eurodiputados españoles*

*Caso 1*
Morodo Leoncio (CDS CTDI): "[...] manifestó que no se podía definir la situación chilena como la de un **fascismo** típico sino más bien como un **fascismo** "tardío" [...]" (Diario Oficial del Parlamento Europeo (17 de septiembre de 1987), p. 245).
*Caso 2*
Guimón Ugartechea (PDP DE): "[...] condenar, a la vez, dos organizaciones terroristas de tendencias opuestas: ETA, una **organización** criminal cuya actividad era conocida por todos; y los GAL, una **organización** oscura, pero sin piedad, cuyos objetivos, precisamente, pretendían ser la lucha contra ETA" (Diario Oficial del Parlamento Europeo (13 de marzo de 1986), p. 202).
*Caso 3*
Oliva García (PSOE S): "[...] advirtió contra toda reacción apasionada, recordando que el **movimiento** cooperativo había sido tachado de todos los calificativos, desde revolucionario a tremendamente reaccionario e, incluso, **movimiento** de extrema izquierda que aspiraba a retrasar la revolución y la lucha de clases" (Diario Oficial del Parlamento Europeo (9 de julio de 1987), p. 261).
*Caso 4*
Durán i Lleida (CiU PPE): "[...] estas medidas no eran **ni muy** favorables **ni muy** alentadoras para los agricultores españoles que acababan de descubrir la política agraria común" (Diario Oficial del Parlamento Europeo (14 de abril de 1986), p. 84).
*Caso 5*
Navarro Velasco (AP DE): "No se les podía decir que **no debían aumentar su producción** de cereales, leche o carne, porque la CEE era excedente y, al mismo tiempo, que **no debían aumentar su producción** de soja, girasol o forraje [...]" (Diario Oficial del Parlamento Europeo (15 de abril de 1986), p. 57).

*Caso 1*
El hecho de que Morodo Leoncio estableciese un paralelismo entre Chile y fascismo daba cuenta de la percepción que, como eurodiputado por el Centro Democrático Social, tenía de la dictadura militar que gobernaba el país de forma autoritaria.

*Caso 2*
Guimón Ugartechea, al referirse a ETA como a una organización criminal y al GAL como a una organización oscura, expresó claramente que se trataba de organizaciones criminales que tenían como finalidad cometer delitos de terrorismo[568], condenando pues sus actividades.

*Caso 3*
Oliva García defendió las cooperativas de carácter social por fomentar la participación de sus miembros en la gestión e invertir en las zonas más depauperadas, evitando de este modo su despoblación. Además, contribuían a debilitar los efectos de una descontrolada liberalización de los mercados. Asimismo, las cooperativas eran y debían ser un movimiento.

*Caso 4*
Durán i Lleida aludió a las medidas de austeridad y penalización aprobadas por la Política Agraria Común que afectaban de pleno a los intereses españoles. La situación para los agricultores españoles no era ni muy favorable, puesto que iba en contra de sus intereses, ni muy alentadora, puesto que contribuía a poner en entredicho la adhesión a la CEE. Como catalán, el eurodiputado por Convergencia i Unió se expresó a favor de la defensa de los productos mediterráneos perjudicados por la política comunitaria.

*Caso 5*
En el mismo orden de ideas, Navarro Velasco estableció un paralelismo entre, por un lado, la prohibición para los agricultores españoles de aumentar su producción de cereales, leche o carne y, por otro, la prohibición de aumentar su producción de soja, girasol o forraje, poniendo de relieve que la austeridad de las medidas adoptadas iban en contra de los intereses de España.

---

568  https://dpej.rae.es/lema/organizaci%C3%B3n-terrorista

## Antítesis

**Tabla 39** *Ejemplos de antítesis presentes en el discurso de los eurodiputados españoles*

---
*Caso 1*
Según García Arias (PSOE S): "**Europa debía actuar urgentemente sin esperar la implantación** de sistemas democráticos [...]" (Diario Oficial del Parlamento Europeo (10 de junio de 1986), p. 79).

*Caso 2*
Suárez González (AP DE): "**Exigir el pago era una tragedia y olvidarlo una catástrofe financiera**" (Diario Oficial del Parlamento Europeo (10 de junio de 1986), p. 34).

*Caso 3*
Müns Albuixech (CiU LDR): "[...] la violación de los Derechos Humanos, lejos de presentar **síntomas de regresión, seguía practicándose de manera sistemática**" (Diario Oficial del Parlamento Europeo (17 de septiembre de 1987), p. 245).

---

*Caso 1*
García Arias recurrió a una estrategia de contrastación para insinuar que Europa no debía condicionar la concesión de ayudas a países del continente latinoamericano a la implantación de gobiernos democráticos, pues las dificultades socioeconómicas a las que se enfrentaban eran tremendas.

*Caso 2*
Del mismo modo, la estrategia de contrastación propuesta por Suárez González "Exigir el pago era una tragedia y olvidarlo una catástrofe financiera" puso de relieve la situación de determinados países del continente latinoamericano: exigir el pago de la deuda les asfixiaría, y perdonarles el pago asfixiaría a los acreedores y al sistema financiero en su conjunto.

*Caso 3*
La contrastación establecida por Müns Albuixech contribuyó a insistir sobre el hecho de que, en Chile, la violación de los Derechos Humanos no disminuía, sino que se practicaba sistemáticamente, demostrando de esta forma su preocupación por la situación vivida en el país.

Regla de tres

**Tabla 40** *Ejemplos de regla de tres presentes en el discurso de los eurodiputados españoles*

*Caso 1*
Gutiérrez Díaz (IU COM): "[...] el terrorismo dibujaba una nítida frontera entre los que intentaban imponer sus posiciones extremistas y los que deseaban **la democracia, la libertad y la sociedad**" (Diario Oficial del Parlamento Europeo (9 de julio de 1987), p. 226).

*Caso 2*
Gasoliba i Böhm: (CiU): "[...] para ser eficaz, debía disponer de medios importantes en materia de **información, investigación y acción judicial**" (Diario Oficial del Parlamento Europeo (9 de julio de 1987), p. 230).

*Caso 1*
La regla de tres utilizada por Gutiérrez Díaz era una buena estrategia para contrastar entre terroristas y defensores de los valores de democracia y libertad en relación con la sociedad.

*Caso 2*
Por su parte, Gasoliba i Böhm utilizó también la regla de tres para decir sí a un espacio judicial europeo, pero con medios en materia de información, investigación y acción judicial.

Categorías gramaticales
  Posesivos

**Tabla 41** *Ejemplos de posesivos presentes en el discurso de los eurodiputados españoles*

*Caso 1*
Robles Piquer (AP-DE): "[...] esperaba que todas las fuerzas políticas, así como todos los grupos parlamentarios de la Asamblea nunca desmintiesen por **sus** acciones lo que proclamaban claramente en **su** discurso" (Diario Oficial del Parlamento Europeo (20 de octubre de 1987), p. 164).

*Caso 2*
Morodo Leoncio (CDS CTDI): "[...] fuera cual fuera la decisión, había que tener en cuenta la influencia de Estados Unidos sobre América Latina y, particularmente, sobre Chile. **Su** responsabilidad histórica era evidente y **su** deber ético y moral era corregir lo que habían hecho los años anteriores" (Diario Oficial del Parlamento Europeo (17 de septiembre de 1987), p. 299).

*Continuada*

Tabla 41 Continuada

*Caso 3*
Garaikoetxea Urriza (CEP-¬.ARC): "[...] la mayoría de la población vasca seguía esperando que su legítima y mayoritaria aspiración al autogobierno fuese respetada, siempre y cuando se presentase de manera pacífica" (Diario Oficial del Parlamento Europeo (9 de julio de 1987), p. 229).

*Caso 4*
Miranda de Lage (PSOE S): "Con la misma dureza que se condenaba el terrorismo de ETA, había que condenar el de los GAL que causaba estragos en el País Vasco francés y tenía en su activo el asesinato de más de 20 españoles y de varios ciudadanos franceses" (Diario Oficial del Parlamento Europeo (13 de marzo de 1986), p. 201).

*Caso 1*
Robles Piquer expresó con toda claridad que son las fuerzas políticas junto con los grupos parlamentarios, y nadie más, quienes tenían que plasmar en sus acciones lo que declaraban en sus discursos. Se convertían en responsables del éxito o fracaso del nuevo plan de paz para América Central.

*Caso 2*
Morodo Leoncio puso de relieve que Estados Unidos tenía una responsabilidad histórica hacia el continente latinoamericano y, especialmente hacia Chile, y también un deber que consistía en borrar a través de sus acciones lo que había hecho anteriormente.

*Caso 3*
Para Garaikoetxea Urriza, la población vasca en su mayoría aspiraba al autogobierno, era su responsabilidad.

*Caso 4*
Miranda de Lage, sentenció a los GAL, haciéndoles únicos responsables del asesinato de varios ciudadanos españoles y franceses.

Adjetivos

– "Nuevo"

**Tabla 42** *Ejemplos de adjetivos(nuevo) presentes en el discurso de los eurodiputados españoles*

*Caso 1*
Grimaldos Grimaldos (PSOE S): "Había llegado el momento de poner un término final a esta situación y definir un **nuevo** marco [...] más amplio [...]" (Diario Oficial del Parlamento Europeo (21 de enero de 1987), p. 63).

*Caso 2*
Arbeloa Muru (PSOE S): "[...] los **nuevos** modelos de enseñanza, llamados no oficiales, utilizados, tanto para los adultos, como para los adolescentes y los niños, respondían a unas necesidades sociales muy concretas, y alentaban en las regiones rurales y en otras más o menos deprimidas, [...]" (Diario Oficial del Parlamento Europeo (9 de marzo de 1987), p. 20).

*Caso 3*
Arbeloa Muru (PSOE S): "[...] la formación continua era urgente, dado que los **nuevos** procesos tecnológicos como la informática y la automatización ponían un término final al trabajo manual tradicional" (Diario Oficial del Parlamento Europeo (17 de enero de 1986), p. 363).

*Caso 4*
Según Sierra Bardají (PSOE S): "La aparición de un **nuevo** mercado, donde se compraban y se vendían cuotas no hacía más que confirmar que el derecho a producir leche era un activo en sí y que, valorado y deseado, podría permitir la concentración en explotaciones económicamente más potentes" (Diario Oficial del Parlamento Europeo (23 de octubre de 1986), p. 276).

*Caso 1*
Grimaldos Grimaldos dejó entrever que el marco hasta la fecha imperante no había sido satisfactorio y que, por lo tanto, era imprescindible poder contar con un nuevo marco. Comparando y presuponiendo.

*Caso 2*
Arbeloa Muru dejó constancia de que los modelos de enseñanza no oficiales que, hasta ahora, se habían aplicado, no habían respondido satisfactoriamente a las necesidades sociales de determinados colectivos, y tampoco habían logrado poner en marcha un desarrollo adecuado para las zonas rurales deprimidas. Asimismo, eran fundamentales nuevos modelos que sí cumplían con estas exigencias. Comparando y presuponiendo.

*Caso 3*
Arbeloa Muru estableció una comparación encubierta entre los nuevos procesos tecnológicos y el trabajo manual tradicional en vía de extinción para recalcar la urgencia de la formación continua.

*Caso 4*

Sierra Bardají puso de relieve una situación novedosa con la aparición de un mercado, hasta ahora inexistente, de compraventa de cuotas de leche que venía a sustituir al antiguo mercado que no contemplaba esta transacción.

– "Mejor"

**Tabla 43** *Ejemplos de adjetivos (mejor) presentes en el discurso de los eurodiputados españoles*

---
*Caso 1*
Álvarez de Eulate Peñaranda (AP DE): "Subrayó la necesidad de un **mejor** acceso de las cooperativas a las tecnologías, [...]" (Diario Oficial del Parlamento Europeo (9 de julio de 1987), p. 258).
*Caso 2*
Navarro Velasco (AP DE): "[...] un **mejor** equilibrio entre la demanda y la oferta mediante un sistema comunitario de compensaciones destinado a los productores que se comprometían a abandonar definitivamente su producción" (Diario Oficial del Parlamento Europeo (21 de febrero de 1986), p. 336).

---

*Caso 1*

Álvarez de Eulate Peñaranda, al declarar que era necesario un mejor acceso a las nuevas tecnologías por parte de las cooperativas, presuponía que hasta el día no habían dispuesto de tal facilidad.

*Caso 2*

Navarro Velasco denunció la falta de una política adecuada en relación con el tema de reducción de las cuotas de leche por parte de la CEE, y defendió que se podía lograr un mejor equilibrio entre la demanda y la oferta, por medio de un sistema de compensaciones dirigido a los productores que renunciaban a su producción.

## Eufemismos

**Tabla 44** *Ejemplos de eufemismos presentes en el discurso de los eurodiputados españoles*

*Caso 1*
García Arias (PSOE S): "El problema radicaba en **la escasez de los fondos** [...], así como **las dificultades** encontradas por la Comisión para administrarlos y gestionarlos satisfactoriamente" (Diario Oficial del Parlamento Europeo (13 de marzo de 1987), p. 98).

*Caso 2*
Suárez González (AP DE): "[...] los países industrializados acreedores debían mostrarse generosos, ya que **tenían parte de responsabilidad** en la caída sistemática de precios de las materias primas" (Diario Oficial del Parlamento Europeo (10 de junio de 1986), p. 84).

*Caso 3*
García Arias (PSOE S): "[...] todos aplaudían los discursos de solidaridad pronunciados por la Comisión y el Consejo, pero para que fuesen eficaces, **debían traducirse en ECUS**" (Diario Oficial del Parlamento Europeo (17 de septiembre de 1987), p. 249).

*Caso 4*
Morodo Leoncio (CDS CTDI): "[...] fuera cual fuera la decisión, **había que tener en cuenta la influencia de Estados Unidos** sobre América Latina y, particularmente, sobre Chile" (Diario Oficial del Parlamento Europeo (17 de septiembre de 1987), p. 299).

*Caso 5*
Montero Zabala (HB NI): "[...] **no era conveniente abordar el terrorismo** desde un ángulo estrictamente represivo" (Diario Oficial del Parlamento Europeo (9 de julio de 1987), p. 231).

*Caso 1*
García Arias (PSOE S) recurrió a la expresión "escasez de los fondos", por no decir "falta de fondos", esta sustitución léxica tiene como finalidad reducir las posibles implicaciones de su declaración y, al fin y al cabo, ser políticamente correcto. Lo mismo sucedió con "las dificultades encontradas por la Comisión", en vez de "los obstáculos encontrados por la Comisión".

*Caso 2*
Suárez González utilizó una estrategia similar al declarar que los países acreedores "tenían parte de responsabilidad en la caída sistemática de precios de las materias primas", por no decir que eran responsables de la caída.

*Caso 3*
García Arias (PSOE S) afirmó que los discursos solidarios de la Comisión y del Consejo "debían traducirse en ECUS", por no decir que había que aumentar drásticamente el presupuesto de la CEE. Una vez más, se trataba de aminorar las posibles implicaciones y mantenerse en lo políticamente correcto.

*Caso 4*
Morodo Leoncio habló de la necesidad de "tener en cuenta la influencia de Estados Unidos sobre América Latina y Chile", por no referirse a la hegemonía que ejercía sobre el continente latinoamericano.

*Caso 5*
Montero Zabala consideró que "no era conveniente abordar el terrorismo desde un ángulo estrictamente represivo", por no decir que no se debía abordar el terrorismo de esta manera.

Ironía

**Tabla 45** *Ejemplos de ironía presentes en el discurso de los eurodiputados españoles*

---

*Caso 1*
Al contrario, García Arias (PSOE S): "[…] **por qué no se empezaba a estudiar el acceso de estos países al Mercado Común**" (Diario Oficial del Parlamento Europeo (21 de enero de 1987), p. 64).
*Caso 2*
García Arias (PSOE S): "Europa debía actuar urgentemente sin esperar la implantación de sistemas democráticos, **dándose cuenta, fría e impasiblemente**, de las dificultades socioeconómicas a las que se enfrentaban pueblos y gobiernos" (Diario Oficial del Parlamento Europeo (10 de junio de 1986), p. 79).
*Caso 3*
Arbeloa Muru (PSOE S): "[…] una violación sistemática o no de los Derechos Humanos en cualquier parte del mundo, no podía considerarse como un asunto interno de un determinado país. Si fuera el caso, el Parlamento Europeo tendría que **cerrarse durante una buena temporada y ser destruidas las bases de la Declaración Universal de los Derechos Humanos** y, por lo tanto, la unidad europea que se estaba edificando" (Diario Oficial del Parlamento Europeo (12 de julio de 1987), pregunta n.º 98).
*Caso 4*
Robles Piquer (AP DE): "[…] la dictadura cubana, la más antigua de América, pisoteaba los derechos de la gente de bien y [...] había aprendido mucho de **su maestro y abastecedor principal**: la dictadura soviética" (Diario Oficial del Parlamento Europeo (15 de octubre de 1987), p. 40).

Tabla 45 Continuada

*Caso 5*
Agustín Sahagún (CDS-CTDI): "[...] la **Casa Blanca había despreciado a los Aliados tratándoles como ciervos**" (Diario Oficial del Parlamento Europeo (17 de abril de 1986), p. 279).

*Caso 1*
García Arias, con un tono irónico, se preguntó por qué no se estudiaba el acceso de los países del continente latinoamericano al Mercado Común, puesto que estos tenían cada vez menos peso en el comercio exterior de la Comunidad.

*Caso 2*
García Arias, también con ironía, se refirió a la actitud de la CEE hacia los países latinoamericanos que "fría e impasiblemente" se daba cuenta de los problemas que afectaban su realidad socioeconómica, en vez de actuar urgentemente para contribuir a la instauración de la democracia en estos países.

*Caso 3*
Arbeloa Muru manifestó que la violación de los Derechos Humanos en un determinado país no podía considerarse como un asunto interno que solo concerniese al país en cuestión. Irónicamente afirmó que, en caso de ser así, "el Parlamento Europeo tendría que cerrarse durante una buena temporada y ser destruidas las bases de la Declaración Universal de los Derechos Humanos y, por lo tanto, la unidad europea que se estaba edificando."

*Caso 4*
Robles Piquer, a su vez, ironizó sobre la situación en Cuba en cuanto al respeto de los Derechos Humanos se refiere; un país donde la dictadura (el gobierno cubano) "había aprendido mucho de su maestro y abastecedor principal: la dictadura soviética."

*Caso 5*
Agustín Sahagún, de forma irónica, condenó la actitud demostrada por el Gobierno Reagan en su relación con la CEE, alegando que había tratado a los Aliados como ciervos.

## Hipérboles

**Tabla 46** *Ejemplos de hipérboles presentes en el discurso de los eurodiputados españoles*

*Caso 1*
Vázquez Fouz (PSOE S): "[...] la flota de los atuneros es la más moderna, pero en vez de poner en valor el esfuerzo realizado por los armadores en este sentido, **la Comisión prefería introducir factores de incertidumbre, poco indicados y poco razonables**" (Diario Oficial del Parlamento Europeo (17 de diciembre de 1987), p. 292).

*Caso 2*
García Raya (PSOE S): deploró que "las deliberaciones del Parlamento siempre se hicieran por unanimidad y preguntó al Consejo si estaba verdaderamente convencido de que era urgente **combatir esta plaga** que afectaba el organismo comunitario" (Diario Oficial del Parlamento Europeo (27 de octubre de 1987), p. 30).

*Caso 3*
Durán i Lleida (CiU PPE): "Esta **política era nefasta** para la economía en general ya que, no solo acentuaba el desequilibrio entre el norte y el sur, sino que modificaba las condiciones de adhesión de España a la Comunidad" (Diario Oficial del Parlamento Europeo (14 de abril de 1986), p. 84).

*Caso 4*
Colino Salamanca (PSOE S): "[...] se trataba de medidas relativas a la calidad de los productos, la fijación de cuotas para la leche y las grasas oleaginosas. Era **vital** que se respetasen los acuerdos concluidos" (Diario Oficial del Parlamento Europeo (12 de mayo de 1987), p. 51).

*Caso 1*
Vázquez Fouz, interviniendo sobre el tema de la política pesquera común y, concretamente, refiriéndose a la flota de los atuneros, denunció la actitud de la Comisión que, lejos de considerar el esfuerzo realizado por el sector para modernizarse, se limitaba a "introducir factores de incertidumbre, poco indicados y poco razonables". Con esta afirmación, ponía de relieve su descontento hacia la Comisión.

*Caso 2*
García Raya, al emplear la expresión "combatir esta plaga" para aludir a la problemática de los excedentes, denunció la actitud laxista de la CEE sobre esta cuestión.

*Caso 3*
Durán i Lleida, al declarar que la política de la PAC era nefasta, denunció las medidas penalizadoras adoptadas por la CEE hacia las producciones españolas.

*Caso 4*
Colino Salamanca afirmó que las medidas penalizadoras adoptadas por la CEE estaban relacionadas con la calidad de los productos, la fijación de cuotas para la leche y las grasas oleaginosas. Asimismo, era vital que Europa acatase los acuerdos concluidos con España en el momento de su adhesión.

# Conclusiones

El Parlamento Europeo ofreció a los eurodiputados españoles una tribuna para tratar el tema de América Latina, un continente con el que España mantenía (y mantiene) sólidos vínculos afectivos, debido a la historia y comunidad de lenguaje compartidas. En ese sentido, sus discursos mostraron claramente su convicción de que la adhesión española a la CEE representaba una oportunidad de oro para impulsar las relaciones entre la Europa comunitaria y América Latina. Concretamente, los eurodiputados llegaron a la conclusión de que la solución a los problemas políticos y económicos del continente latinoamericano, así como el apoyo incondicional a sus jóvenes democracias no dependía solo de España, sino también de la CEE, frente a la hegemonía de Estados Unidos, y los intentos de apoderarse de este continente por parte de los países del bloque soviético. Asimismo, la Europa comunitaria debía desempeñar un papel de naturaleza política mediante una cooperación a nivel financiero, industrial, técnico e institucional.

En lo que se refiere al tema del terrorismo, la clase política española, a través de los discursos pronunciados en el hemiciclo de Estrasburgo, defendió la unidad nacional frente a los independentistas. El País Vasco, en una determinada época, había gozado de una cierta autonomía, pero nunca se le había concedido la plena independencia, enfrentándose los independentistas con el infranqueable límite de la unidad estatal.

Dos tipos de independentistas se perfilaban: los que pretendían lograr la independencia por la vía democrática, y otros por la vía de la violencia. Los primeros tenían pocas posibilidades de alcanzar su objetivo, puesto que la Constitución española fijaba las reglas del juego, mientras que los segundos no estaban mejor colocados, ya que no solo eran rechazados por el pueblo, sino que la adhesión de España a la CEE abría la posibilidad de luchar más eficazmente contra el terrorismo. Sobre esta cuestión, en el marco de las instituciones comunitarias, diversas iniciativas contra el delito de violencia política basadas en una cooperación entre Estados miembros se habían desarrollado, favoreciendo la libre circulación de las informaciones policiales, y permitiendo la extradición de terroristas refugiados en el extranjero. No obstante, la radicalización de la lucha contra el terrorismo ponía en entredicho la moral de ciertos estados de derecho que recurrían a métodos represivos que violaban los Derechos Humanos, a la vez que aniquilaba la esperanza de partidos como el PNV que pensaba que la creación de una Europa Federal contribuiría a que el País vasco participase en ella en pie de igualdad con los demás Estados miembros. ¿Podrían los estados de derecho luchar de manera eficaz contra el terrorismo, respetando a la vez sus principios democráticos?

A nivel económico, el Tratado de Roma había previsto disposiciones para facilitar la adaptación de la realidad española al nuevo estatus comunitario mediante unos mecanismos de compensación y una progresiva realización de las fases transitorias de dicha adaptación. Aun así, eran de prever a corto plazo choques económicos. En efecto, la adhesión cambiaría drásticamente la economía española y supondría un profundo cambio de mentalidad por parte de los responsables de producción que, hasta entonces, nunca habían tenido que medirse con la competitividad extranjera. La Europa comunitaria era claramente neoliberal, pues la desregulación, la iniciativa privada, y la limitación de la intervención estatal constituían los vectores liberales sobre los cuales se apoyaba.

Las disparidades entre regiones se acrecentaban con cada ampliación. Con vistas a remediar el problema, la política regional comunitaria respondía destinando fondos estructurales a las regiones más desfavorecidas. En cuanto a PIB y tasa de paro se refiere, en la Europa de los Doce, España ocupaba el décimo y duodécimo lugar, respectivamente. Pues el desarrollo de una política regional orientada a la consolidación de la cohesión económica y social ponía a prueba la solidaridad entre los Estados miembros, debido a que los ricos se veían obligados a financiar proyectos de los cuales no se beneficiarían. En cualquier caso, las ayudas del FEDER no podían sustituir los sistemas de financiación nacionales o regionales claudicantes.

Más allá de las imperfecciones de la política regional comunitaria, los Estados miembros también tenían su parte de responsabilidad en la persistencia de las disparidades. Además de las ayudas comunitarias, la política regional de cada Estado seguía siendo el principal instrumento de desarrollo, a la vez que tenía un impacto sobre la competencia. Ciertamente el artículo 92 del Tratado de Roma regulaba las subvenciones concedidas por los Estados miembros. Así, concernían a las regiones cuyo nivel de vida era anormalmente bajo y la tasa de paro muy elevada,

## Conclusiones

y otras que necesitaban desarrollarse. También, podían ser ayudas sectoriales destinadas a sectores en crisis que necesitaban reestructurarse. No obstante, la transparencia de las subvenciones estatales no bastaba de ser dudosa, lo que obligaba la Comisión a intervenir mediante ayudas concedidas en función del grado de desarrollo de cada región.

En el caso concreto de la adhesión española, el problema radicaba en las Comunidades Autónomas. En virtud de la Constitución española, los asuntos internacionales eran competencia del Estado, pero, sin embargo, varios temas comprendidos en el Tratado de adhesión se referían a sectores cuya competencia había sido totalmente transferida a las autonomías; una situación que desembocaba en conflictos entre el gobierno central y los gobiernos autonómicos. Estos últimos se quejaban de no poder participar en las decisiones y que no se tomaba suficientemente en cuenta sus proyectos en el reparto de los fondos estructurales.

Desde hace años, la Europa comunitaria vivía una grave crisis industrial, relegada como potencia industrial por Japón y Estados Unidos. Excluyendo los Tratados, la CEE no contaba con una verdadera política industrial, limitándose a tomar iniciativas con el fin de instaurar un mercado integrado (relaciones comerciales exteriores, política social y regional, competencia, investigación, cooperación entre empresas europeas). De un cierto modo, Europa estaba más abierta hacia el exterior que hacia el interior. Todavía hacía falta una armonización de las normas y una apertura de los mercados públicos.

Frente al declive de las industrias tradicionales, los nuevos sectores no habían adquirido una dimensión comercial, ni tampoco un desarrollo suficiente, y se enfrentaban a la competencia de los terceros países. De este modo, era fundamental reconquistar el mercado comunitario, en vez de conquistar el mercado mundial. Sin embargo, la fragmentación del mercado en los Estados miembros constituía un verdadero hándicap, puesto que había que resolver problemas de armonización de las técnicas, fomentar la cooperación entre sociedades, etc.

En este contexto, la industria española iba a adherirse a la CEE. El principal problema de la adhesión radicaba más bien en el momento y las circunstancias en las que se producía que en la forma. En efecto, en un pasado reciente, el desarrollo de la industria española había sido posible gracias al trabajo a bajo coste, las ayudas del Estado, y el proteccionismo aduanero. Estas condiciones habían atraído inversiones extranjeras que crecieron fuertemente cuando se vislumbró que la adhesión iba a ser efectiva, abriéndoles de este modo el mercado europeo.

La cuestión radicaba en que era necesario controlar esta invasión de inversiones extranjeras para asegurarse de que contribuyesen al desarrollo de las exportaciones y generasen transferencias tecnológicas. De lo contrario, favorecerían el nacimiento de una colonización financiera sin ninguna contrapartida.

Al acabarse el período transitorio, la industria española ya no se encontraría protegida por las barreras arancelarias y tendría que haber realizado las reestructuraciones en sectores muy afectados por la crisis, como la siderurgia o la construcción naval. Por otra parte, podría beneficiarse de las ayudas a la reconversión concedidas por la CEE y, sobre todo, de las transferencias de conocimiento tecnológico susceptibles de colmar su retraso en sectores de alta tecnología.

Al fin y al cabo, España tenía todo que ganar de una verdadera política europea industrial global que tomase en cuenta la ampliación de la Comunidad hacia el sur.

La política agraria común ocupó el discurso de numerosos eurodiputados españoles que pusieron de relieve las dificultades encontradas por la agricultura española para integrase en una PAC presa de una crisis susceptible de frenar el proceso de construcción europea, siendo el creciente coste de los excedentes agrícolas el principal responsable de la crisis. La Europa comunitaria había fijado el autoabastecimiento como objetivo prioritario, pero una vez alcanzado dicho objetivo, no había sabido cambiar de política.

Las mejoras técnico-estructurales llevadas a cabo, junto con el nivel elevado de los precios de garantía habían contribuido a aumentar la productividad. En consecuencia, la CEE consiguió satisfacer la demanda de su mercado interior, pasando de una situación de importador neto a una situación de exportador. No obstante, la producción que había aumentado más rápidamente que el consumo interior causó problemas presupuestarios. La venta de productos en el mercado mundial era complicada (los precios elevados de la agricultura comunitaria necesitaban de la ayuda a la exportación) y, al mismo tiempo, el coste del almacenamiento de los excedentes era elevado.

El control del presupuesto agrícola exigía que la CEE se decantase por una de las siguientes políticas: una política global de precios, basada en el mercado que se plasmaría en una drástica reducción de los precios garantizados; una política de precios y mercado, acompañada de una restricción de la producción.

Conclusiones 239

El objetivo de la reforma iniciada en 1985 consistía en practicar una política de precios realista, fundada en la ley de la oferta y la demanda. Para alcanzar tal objetivo, el coste de los excedentes sería compartido por los agricultores. Sin embargo, a pesar de la aplicación de varias medidas restrictivas, la PAC no logró controlar la superproducción y la caída de ganancias de los agricultores resultante afectó ante todo a las pequeñas explotaciones. Por lo demás, el paro no cesó de aumentar y el fenómeno de desertización no pudo frenarse.

Frente a esta política, incapaz de limitar la producción de excedentes y controlar el presupuesto agrícola, la Comisión decidió aplicar estabilizadores presupuestarios a todos los sectores (excedentarios o no).

La CEE, al buscar un compromiso entre sus obligaciones diplomáticas y las exigencias del GATT, perseguía la reducción de las importaciones, evitando a la vez que las demás naciones mundiales tomasen medidas de retorsión. También otorgó condiciones favorables de acceso a su mercado mediante la firma de acuerdos bilaterales con terceros países y la fijación de disposiciones particulares aplicables a los estados miembros de la AELC. Estos instrumentos permitían que casi la mitad de las importaciones agrícolas y alimenticias de la Comunidad se realizasen sin ninguna carga financiera.

En este contexto, la agricultura española se adhirió a la PAC, sabiendo que sus propias especificidades no le serían siempre favorables.

Entre sus especificidades, las características geográficas y climáticas, así como una estructura territorial desequilibrada heredada del pasado que planteaba problemas sociales como lo corroboraban los proyectos de reforma agraria continuamente aplazados. Los proyectos de reestructuración no lo eran todo, y era ilusorio pensar que las regiones españolas desfavorecidas tendrían la posibilidad de competir con ciertas producciones comunitarias que no se encontraban en esta situación.

La política de precios favorecía las grandes explotaciones y las regiones ricas. De este modo, España se veía afectada por la discriminación relativa a los mecanismos de protección que iban en contra de los productos mediterráneos. Por lo esencial, los problemas se debían a la aplicación directa de medidas que no tenían en cuenta las disparidades regionales. Era el caso de las cantidades máximas garantizadas que penalizaban a los productores, y las cuotas que consolidaban los derechos adquiridos por los países más ricos.

La ampliación de la CEE hacia el sur con la incorporación de países que se caracterizaban por ser grandes productores de vinos, aceites y productos hortofrutícolas exigía una reorganización de la PAC, puesto que la estricta aplicación de las normas en vigor en la Europa de los Diez a las producciones españolas podría tener repercusiones negativas.

La adhesión española a la Europa Azul subrayó la necesidad de definir una nueva política del sector pesquero. De hecho, con España, la CEE vio aumentar las capturas, el número de barcos, el tonelaje total de la flota, así como el número de personas empleadas en este sector. Además, contrariamente a la mayoría de los Estados miembros, España se caracterizaba por ser un gran consumidor de pescado, y la Comunidad llevó a cabo una política restrictiva hacia este país, cuyo mercado era especialmente temido.

Asimismo, las negociaciones para la integración fueron difíciles. Los europeos acusaban a los pescadores españoles de hacer peligrar el equilibrio ecológico de las aguas comunitarias y, al mismo tiempo, pretendían vender a los españoles el pescado que estos consumían.

A pesar de estos obstáculos, el acuerdo que se alcanzó fue más bien favorable, ya que España pudo acceder a las aguas comunitarias, a la vez que ampliar su cuota de pesca respecto al año anterior a la adhesión, lo que se tradujo en una relativa estabilidad del autoabastecimiento. Por otra parte, participó en las organizaciones de productores, lo que supuso mayores controles de calidad y estabilidad de los precios, y se benefició de subvenciones destinadas a la renovación de la flota, así como a mejoras sociales.

En cuanto a los problemas surgidos de la adhesión, por un lado, se trataba de la desaparición de las ayudas concedidas al sector pesquero por el gobierno español, que la Comunidad consideraba incompatibles y, por otro, de la gestión de los acuerdos pesqueros concluidos con los países terceros que pasaban a ser competencia de las instituciones comunitarias encargadas de renegociarlos en conformidad con las grandes orientaciones de la Europa Azul.

Los discursos de los eurodiputados dieron lugar a un análisis de contenido, por un lado, y a un análisis lingüístico, por otro.

# Lista de tablas

| | | |
|---|---|---|
| Tabla 1 | Los eurodiputados elegidos por partido (enero de 1986 - junio de 1987) | 17 |
| Tabla 2 | Los eurodiputados elegidos por partido (tras las elecciones europeas de 1987) | 18 |
| Tabla 3 | Profesión y formación de los eurodiputados del PSOE | 19 |
| Tabla 4 | Profesión y formación de los eurodiputados de AP/CP | 23 |
| Tabla 5 | Profesión y formación de los eurodiputados de UCD/CDS | 25 |
| Tabla 6 | Profesión y formación de los eurodiputados de CiU | 26 |
| Tabla 7 | Profesión y formación de los eurodiputados de IU | 26 |
| Tabla 8 | Profesión y formación de los eurodiputados del PNV | 26 |
| Tabla 9 | Profesión y formación del eurodiputado de CEP | 27 |
| Tabla 10 | Profesión y formación del eurodiputado de HB | 27 |
| Tabla 11 | Profesión y formación del eurodiputado del Grupo Mixto Parlamento | 27 |
| Tabla 12 | Profesión y formación del eurodiputado del Grupo Mixto Senado | 27 |
| Tabla 13 | Temas y número de intervenciones | 30 |
| Tabla 14 | Número de intervenciones por partido | 32 |
| Tabla 15 | Evolución del voto en el País Vasco (1979–1987) | 61 |
| Tabla 16 | Dotaciones del FEDER (1975–1985) en millones de ECUS | 65 |
| Tabla 17 | La Política Regional de la CEE – El sistema de cuotas (1975–1984) por Estado miembro en 1981 | 65 |

## Lista de tablas

Tabla 18   La Política Regional de la CEE – El FEDER
           (1984–1988). Horquillas en 1986 ............................. 66
Tabla 19   La nueva situación regional. Tasas de
           paro en % ................................................................. 70
Tabla 20   La nueva situación regional. Niveles de ingresos
           por habitante ........................................................... 71
Tabla 21   PIB por comunidades autónomas en 1986. ............ 71
Tabla 22   La economía española. Estructura de la industria
           española ................................................................... 72
Tabla 23   La potencia industrial de España (1986) ................ 79
Tabla 24   El desmantelamiento de los aranceles españoles .... 80
Tabla 25   El reto de Europa: España en la CEE - Desarme
           arancelario de España frente a terceros países ....... 81
Tabla 26   Reparto de los créditos FEOGA - Sección
           Garantía en 1987 y en millones de ECUS ............... 95
Tabla 27   Niveles de reservas comunitarias de productos
           agrícolas al 30-06-1987 ........................................... 95
Tabla 28   La Europa de los Doce ¿Llegará a ser una
           potencia mundial? – Tasa de autoabastecimiento
           en cereales ............................................................... 99
Tabla 29   La pesca. Tamaño de la flota española ................ 109
Tabla 30   Fondo comunitario recibido por Estado miembro
           en 1986 .................................................................. 112
Tabla 31   La pesca. Situación de las regiones marítimas ...... 113
Tabla 32.  Los progresos de la construcción europea
           (julio de 1986–junio de 1987) – Tasas de paro .... 154
Tabla 33   La economía española - Saldo migratorio net
           1941–1983 ............................................................. 164
Tabla 34   La economía española. Los emigrantes
           españoles ................................................................ 165
Tabla 35   Boletín de las Comunidades Europeas ................. 169
Tabla 36   Ejemplos de metáforas presentes en el discurso
           de los eurodiputados españoles ............................. 220
Tabla 37   Ejemplo de metonimia y prosopopeya presente
           en el discurso de los eurodiputados españoles ...... 221
Tabla 38   Ejemplos de paralelismos presentes en el discurso
           de los eurodiputados españoles ............................. 222

| | | |
|---|---|---|
| Tabla 39 | Ejemplos de antítesis presentes en el discurso de los eurodiputados españoles .................................. | 224 |
| Tabla 40 | Ejemplos de regla de tres presentes en el discurso de los eurodiputados españoles ............................. | 225 |
| Tabla 41 | Ejemplos de posesivos presentes en el discurso de los eurodiputados españoles .................................. | 225 |
| Tabla 42 | Ejemplos de adjetivos (nuevo) presentes en el discurso de los eurodiputados españoles ................ | 227 |
| Tabla 43 | Ejemplos de adjetivos (mejor) presentes en el discurso de los eurodiputados españoles ................ | 228 |
| Tabla 44 | Ejemplos de eufemismos presentes en el discurso de los eurodiputados españoles ............................. | 229 |
| Tabla 45 | Ejemplos de ironía presentes en el discurso de los eurodiputados españoles .................................. | 230 |
| Tabla 46 | Ejemplos de hipérboles presentes en el discurso de los eurodiputados españoles ............................. | 232 |

# Bibliografía

ABC. (24 de noviembre de 1985).
Anuario *El País*. (1985).
Anuario *El País*. (1988).
Anuario *Grupo Zeta*. (1986).
Arnaud, P. (1992). *La dette du tiers-monde*. La Découverte.
Arroyo Llera, F. (1988). *El reto de Europa: España en la CEE* (Geografía de España, 16). Síntesis.
Beaujeu-Garnier, J. et Lefort, C. (1960). *L'économie de l'Amérique Latine*. Presses Universitaires de France (Que sais-je ? n.° 357).
Bureau d'information du Parlement Européen. *Agriculture, Dossiers et débats* n.° 8
*Cambio 16*. (13 de mayo de 1979).
*Cambio 16*. (12 de mayo de 1986).
*Cambio 16*. (30 de marzo de 1987).
Capdevila Batlles, J. (1985). *Agricultura e industria española frente a la CEE*. Aedos.
Charteris-Black, J. (2011). *Politicians and Rhetoric. The Persuasive Power of Metaphor (2ª ed.)*. Palgrave Macmillan.
Charteris-Black, J. (2018). *Analysing Political Speeches: Rhetoric, Discourse and Metaphor*. Bloomsbury Academic.
Chilton, P. (2004). *Analysing Political Discourse*. Routledge.
Convergencia i Unió. (1987). *Catalunya Veu i vot a Europa*.
Cuadernos CECARI. (1987). *Escenarios políticos en Centroamérica* (n.° 3). México D. F.
De Montbrial, T. et Edin, J. (Dir.) (1993). *Ramses 90. Rapport annuel mondial sur le système économique et les stratégies. Le monde et son évolution*.
Deniau, J. F. et Druesne, G. (1992). *Le Marché Commun*. Presses Universitaires de France (Que sais-je ? n.° 778).
Diario Oficial de las Comunidades Europeas. L 302. 15 de noviembre de 1985. Artículos 79–80.
Diario Oficial del Parlamento Europeo. (1986).

Diario Oficial del Parlamento Europeo. (1987).

Diccionari de lingüística online. Universitat de Barcelona. http://www.ub.edu/diccionarilinguistica/vista_entrada (Fecha de acceso: 15/02/2021).

Dossier Le Monde. (1974-1985).

Doutriaux, Y. (1992). *La politique régionale de la CEE*. Presses Universitaires de France (Que sais-je ? n° 2587).

Drain, M. (1992). *L'économie de l'Espagne*. Presses Universitaires de France (Que sais-je ? n° 1321).

Druesne, G. (1991). *Droit matériel et politiques de la Communauté européenne*. Presses Universitaires de France.

*El País*. (9 de diciembre de 1978).

*El País*. (24 de febrero de 1981).

*El País*. (28 de febrero de 1984).*El País*. (16 de abril de 1986).

*El País*. (6 de noviembre de 1987).

*Época*. (9 de marzo de 1986).

Fiches techniques sur le Parlement européen et les activités de la Communauté Européenne (1989). *Coordination des politiques économique et monétaire FR III/E/2*.

Fiches techniques sur le Parlement européen et les activités de la Communauté européenne (1989). *Les Petites et Moyennes Entreprises (P.M.E.) FRIII/H/2*.

Fiches techniques sur le Parlement européen et les activités de la Communauté européenne (1989). *Politique Agricole Commune FR III/P*.

Fiches techniques sur le Parlement européen et les activités de la Communauté européenne (1991). *Politique Agricole Commune FR III/P/3*.

Fiches techniques sur le Parlement européen et les activités de la Communauté européenne (1989). *Politique Agricole Commune FR III/P/10*.

Fiches techniques sur le Parlement européen et les activités de la Communauté européenne (1991). *Politique industrielle FR III/F/1*.

Fiches techniques sur le Parlement européen et les activités de la Communauté européenne (1989). *Politique industrielle FR III/Fil*.

Fiches techniques sur le Parlement européen et les activités de la Communauté européenne (1989). *Politique régionale FRIII (M/1)*.

Fiches techniques sur le Parlement européen et les activités de la Communauté européenne (1989). *Politique régionale FRIII/M4*.

Fusi, J. P. (Ed.). (1989). *España-Tomo V-Autonomías*. Espasa Calpe.
Galeano, E. (1981). *Les veines ouvertes de l'Amérique Latine*. Pocket.
Georges Lavroff, D. (29–30 mars 1990). *Dix ans de démocratie constitutionnelle en Espagne*. Actes du colloque de Bordeaux. CNRS Éditions.
Guillén, R. et Vincent, J. (1993). *Lexique de termes juridiques*. Dalloz.
Hermet, G. (1992). *L'Espagne au XXème siècle*. Presses Universitaires de France.
Huetz de Lemps, A. (1988). *L'économie de L'Espagne*. Masson.
Instituto Colombiano de Bienestar Familiar. (2019). Informe de Gestión 2019.
Izquierda de los Pueblos. (1987). Programa de Izquierda de los Pueblos para las elecciones al Parlamento Europeo.
Jones, J. y Stilwell, J. (1999). Language and Politics. En I. Singh y J. Stilwell. (Ed.), *Language, Society and Power. An introduction* (2ª Ed.) (pp. 35–55). Routledge.
Labori, M. et Bourdelin, D. (1986). *L'Europe des douze, une puissance mondiale en devenir?* Marketing.
Lakoff, G. (1991). Metaphor and War: The Metaphor System Used to Justify War in the Gulf. *Peace Research*, 23, 25–32.
Lakoff, G. (1996). *Moral Politics. How liberals and conservatives think*. The University of Chicago Press.
Lakoff, G. (2007). *No pienses en un elefante. Lenguaje y debate político*. Editorial Complutense.
*L'État du monde. Annuaire économique et géopolitique mondial.* (1982). Éditions La Découverte.
*L'Etat du Monde. Annuaire économique et géopolitique mondial.* (1984). Éditions La Découverte.
*L'Etat du Monde. Annuaire économique et géopolitique mondial.* (1985). Éditions La Découverte.
*L'Etat du Monde. Annuaire économique et géopolitique mondial.* (1986). Éditions La Découverte.
*L'Etat du Monde. Annuaire économique et géopolitique mondial.* (1986–1987). Éditions La Découverte.
*L'État du monde. Annuaire économique et géopolitique mondial.* (1987–1988). Éditions La Découverte.
*Le Monde diplomatique.* (Janvier 1987).
Letamendia Ortzi, F. (1991). *Breve historia de Euzkadi*. Ruedo Ibérico.

Letamendia, P. (1995). *Les partis politiques en Espagne*. Presses Universitaires de France (Que sais-je ? n.° 2051).

Núñez Cabezas, E. A. (2000). *Aproximación al léxico del lenguaje político español*. Universidad de Málaga.

Oficina de Publicaciones de la Unión Europea. (2020). *Libro de estilo interinstitucional*. 2020.

Organisation des Nations Unies. Extrait du Projet d'Accord de Contadora.

Palacios, M. y Sierra, G. Corpus para el análisis del discurso del concepto de ad-hoc cracia. Congreso de la Unión.

Parlement européen. (1989). *Dix ans ont changé l'Europe (1979-1989)*. Parlement européen.

Parlement européen. (1991). *1993, les nouveaux traités. Propositions du Parlement européen*. Office des publications officielles des Communautés européennes.

Parlement européen. Document de séance, Série A. Document A2 (1989-1990)

Parlement européen. Document de séance, Série A. Document A2 437/88, Partie B

Parlement européen. Les progrès de la construction européenne (juillet 1985-juin 1986).

Parlement Européen. Les progrès de la construction européenne (juillet 1986-juin 1987)

Partido Socialista Obrero Español. Programa electoral 1986-1987.

Pisani, E. (1984). *La main et l'outil*. Robert Laffont.

Ramos Gascón, A. (1991). *España Hoy I. Sociedad*. Cátedra.

Real Academia Española. (2014). *Diccionario de la lengua española* (23a ed.). https://dle.rae.es/ (Fecha de acceso: 16/03/2021).

Rodríguez González, F. (1991). *Prensa y lenguaje político*. Instituto de Cultura Juan Gil-Albert.

Salva Tomás, P. (1987). *La Pesca* (Geografía de España, 8). Síntesis.

Santiago Guervós, J. (2011). Retórica, comportamiento y poder en el discurso político (30–41). En J. A. Caballero López, J. M. Delgado Idarreta, J.M. y C. Sáenz de Pipaón Ibáñez (Eds.), *Entre Olózaga y Sagasta: Retórica, Prensa y Poder* (pp. 117–142). Instituto de Estudios Riojanos.

Sperber, D. y Wilson, D. (1986). *La relevancia. Comunicación y procesos cognitivos*. (Traducción española por Eleanor Leonetti (1994)). Visor

Tio Saralegui, C. (1988). *La integración de la agricultura española en la Comunidad Europea*. S.A. Mundi-Prensa Libros.

Tratado de Roma. (1957).

www.ingramcontent.com/pod-product-compliance
Ingram Content Group UK Ltd.
Pitfield, Milton Keynes, MK11 3LW, UK
UKHW041920140426
5217IPUK00014B/246